信息化进程中的基础教育变革研究丛书

丛书主编：涂艳国

媒体素养教育的嬗变与启示

MEDIA LITERACY EDUCATION
Evolutions and Inspirations

李廷军　著

科学出版社
北京

内 容 简 介

本书从历史角度对媒体素养教育进行研究，将其历史嬗变过程划分为"免疫式"媒体素养教育、"流行艺术式"媒体素养教育、"怯魅式"媒体素养教育和"新媒体素养教育"等不同的阶段，并逐一对其产生背景、本质、形式、价值取向等重要的理论和实践问题进行了系统的梳理，论证了媒体形态、大众文化、相关学科、社会实践等因素对媒体素养教育的影响，探讨了媒体素养教育的历史嬗变规律。其对我国媒体素养教育的启示意义在于：理论上，我国应采取一种基于"保护"与"赋权"取向的媒体素养教育；实践上，无论中小学、高等院校、社会、家庭、媒体和政府，还是社会公民自身，都应该自觉地参与到媒体素养教育这一系统工程中，并承担起各自的责任。

本书对传播学、媒体素养教育等领域的研究者具有一定的参考价值，也可以为教学一线的大、中、小学媒体素养教师提供参考，同时适合对媒体相关领域感兴趣的朋友阅读使用。

图书在版编目（CIP）数据

媒体素养教育的嬗变与启示 / 李廷军著. —北京：科学出版社，2018.8
（信息化进程中的基础教育变革研究丛书 / 涂艳国主编）
ISBN 978-7-03-056777-2

Ⅰ. ①媒… Ⅱ. ①李… Ⅲ. ①中小学-传播媒介-素质教育-教育研究-中国 Ⅳ. ①G631

中国版本图书馆 CIP 数据核字（2018）第 047865 号

责任编辑：付 艳 崔文燕 王丽娟 / 责任校对：何艳萍
责任印制：张欣秀 / 封面设计：润一文化
编辑部电话：010-64033934
E-mail: edu_psy@mail.sciencep.com

科学出版社出版
北京东黄城根北街 16 号
邮政编码：100717
http://www.sciencep.com

北京虎彩文化传播有限公司 印刷

科学出版社发行 各地新华书店经销

*

2018 年 8 月第 一 版 开本：720×1000 B5
2018 年 8 月第一次印刷 印张：15 3/4
字数：282 000

定价：89.00 元

（如有印装质量问题，我社负责调换）

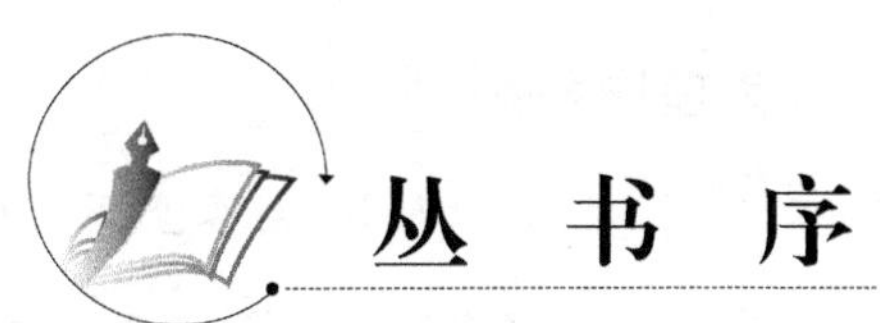

丛 书 序

我们已经生活在信息化时代。人类历史上从未有过这样一个时期，技术发明如此之多，出现的速率如此之快，对我们的生活影响如此之大。就教育领域而言，面对互联网、云计算、大数据、人工智能等信息技术日新月异的创新，不少人真的有些眼花缭乱、不知所措。

信息技术的发展和应用对教育究竟会产生什么样的影响？由美国新媒体联盟发布的地平线报告对此进行了比较系统的研究。《新技术驱动教学创新的趋势、挑战与策略——2017 地平线报告(基础教育中文版)》聚焦最有可能影响其后五年技术规划和决策制定的六个趋势、可能阻碍新技术采用的六个挑战和进入基础教育主流应用的六项技术。[①]

六个趋势是：

远期（未来 6 年乃至更长时间）：推进创新文化、深层学习策略；

中期（未来 3～5 年）：注重学习测量、重构学习空间；

近期（未来 1～2 年）：培养编程素养、STEAM 学习兴起。

六个挑战是：

可解决的挑战：怎样开展实景体验式学习、如何提升数字化素养；

---

① 美国新媒体联盟. 新技术驱动教学创新的趋势、挑战与策略——2017 地平线报告（基础教育中文版）. 北京开放大学地平线报告项目组译. 中国现代教育装备，2017（18）：1-20.

有难度的挑战：怎样重构教师角色、如何发展计算思维；

严峻的挑战：怎样弥合学业成绩差距、如何在领导的变更中保持持续创新。

六项技术是：

近期（1 年以内）：创客空间、机器人；

中期（未来 2～3 年）：分析技术、虚拟现实；

远期（未来 4～5 年）：人工智能、物联网。

地平线报告对于基础教育的信息化发展尤其是推动技术在教育领域的应用具有重要的参考价值。但是，这样的研究主要基于技术的发展及其在教育领域应用的预测，与教育实践的发展往往存在较大的差距。正因为如此，才出现了所谓的“乔布斯之问”。[①]

现阶段，信息技术在教育领域的应用难以取得预期的效果的原因是多方面的，其中一个重要原因是有些热衷于信息技术及其教育应用的研究者自觉或不自觉地忽视了人类学习和教育活动的复杂性。MOOC（慕课）的遭遇就是这方面的明显例证。

2012 年，MOOC 平台优达学城（Udacity）的创建者塞巴斯蒂安·特隆在接受《连线》（*Wired*）杂志采访时预言：50 年之内，全世界将只剩下 10 所大学，而 Udacity 将在其中占有一个席位。也正是在这一年，特隆荣获美国 Smithsonian 杂志授予的美国匠心大奖（American Ingenuity Award）（教育类）。

到了 2013 年，对于只有不足 10%的注册学员完成了他们在 Udacity 上的课程这一事实，特隆指出 Udacity 提供的产品确实令人不满意。但就在他抨击自己产品的同一篇文章里，他又为 Udacity 的缺陷找到了合理的解释：辍学的学员主要来自困难地区，没有足够好的网络接入条件，而他们自身的生活还面临着其他多种挑战，所以 MOOC 可能并不适合他们这个群体。

① 2011 年 5 月，乔布斯与比尔·盖茨会面讨论关于教育和未来学校问题时曾经说过一句话：“为什么计算机改变了几乎所有领域，却唯独对教育的影响小得令人吃惊？”这便是“乔布斯之问”。

2015 年,《纽约时报》报道，经过几年的试验和试错，Udacity 已经找到一种职业训练模式，可对数百万规模的人员进行技能培训。这指的是 Udacity 可为来自企业的学习者授予纳米学位（Nano Degree)。然而不久以后，Udacity 却宣布打算撤离开放课程。公司一位副总裁称“MOOC 已死”，“我们的使命是引入合适的教育促进人们在职业与社会–经济环境中的活动，而 MOOC 显然没有做到这一点”[①]。

仅仅 5 年，从雄心勃勃地要重塑全部高等教育，转向只做公司职业培训，谁能预见 MOOC 这样大反转的命运？别说，还真有人预见到了。Audrey Watters 在特隆获奖后不久就曾指出，MOOC 被吹捧过度了；还有很多人在 2013 年就对那些不遗余力地鼓吹 MOOC 的人表示出理性的怀疑。

Udacity 失败的根源在于“产品”这个词，以及他们的信念——教育类产品可以重塑教育。Audrey Watters 曾经列过一个有关“教学机器”的大事年表，表明近两个世纪以来，这类产品几乎无例外地均未能引发教育的根本转型。也许严格来讲，Udacity 并不是一种教学“机器”，但其设计者认为这个平台属于教学机器。他们深信这个平台自身能够提供教育，而没有意识到，教育不是产品，而是一个过程，这一过程在那些被教育的人群中可能发生也可能不会发生。而 Udacity 似乎把学习视为一种“病毒”，一旦人们足够接近某种教育产品，就会学习。

真实的学习和教育过程要复杂得多。学校教育不仅要传授科学文化知识，还要培养学生的兴趣和能力、陶冶学生的品德和情操、提升学生的人格和价值。技术革命固然会带来人类文明的一些根本性改变，但这种改变在教育中应该是相对滞后的。比较成熟的新技术可以逐步引进教育教学过程，作为辅助手段，但是对新技术的过分热衷，可能会忘记教育的本分。“教育界不必对技术的任何一点进展都过分敏感。从根本意义上讲，教育本身就是一种技术，一种社会技术，这种技术与狭义的技术即科学化的技术所担负的角色完全不同。科学化的物质技术起

① 转引自：Waner J. MOOCs Are “Dead”. What’s Next? Uh-oh. https://www.insidehighered.com/blogs/just-visiting/moocs-are-dead-whats-next-uh-oh［2017-10-11］.

前瞻、引领和拉动作用，社会技术（教育）起积淀、传承和稳定作用。它们之间应该有一个张力，而不是完全顺应狭义的高新技术的路数。”①

人类进入信息化时代的时间不长。信息化时代的教育确实发生了很多变化。如果把古代的教育称为学徒制时代、近现代的教育称为普遍学校教育时代，那么我们现在正在进入教育的终身学习时代。

当我们从学徒制时代过渡到普遍学校教育时代时，在很多不同的方面都发生了变化：谁为孩子的教育负责，教育他们的目的和内容是什么，如何教他们，如何评价，我们希望他们学会什么。学习发生的地点、学习发生的文化、教师和学生的关系也发生了变化。当我们进入终身教育时代时，教育的所有这些方面又一次发生了改变。②

责任：从“家长”到“国家”到“个人和家长”；

期望：从“社会复制”到“全员成功”到“个人选择”；

内容：从“实用技能到学科知识”到“学会如何学习”；

教法：从“学徒制”到“教学主义”到“互动”；

评价：从“观察”到“测试”到“嵌入式评价”；

地点：从“家庭”到“学校”到“任何地方”；

文化：从“成人文化”到“同伴文化”到“年龄混合文化”；

关系：从“个人亲情关联”到“权威人物”到“计算机中介的互动”。

根据柯林斯等人的研究，从学徒制时代到普遍学校教育时代最引人注目的变化是国家接管了对儿童进行教育的责任。国家控制教育，带来了大众教育模式的诞生，即将学生按年龄组别集合起来，推进标准化的课程和评价，重组师生关系。在终身学习时代，乐于自己学习的人开始从国家手中收回教育责任。但同时，有些学习者不愿意利用或不会利用那些推动各种终身学习的技术，那么他们又会如

① 吴国盛. 技术革命与教育改革. 人民教育，2018（1）：20-24.

② 柯林斯，哈尔弗森. 技术时代重新思考教育——数字革命与美国的学校教育. 陈家刚，程佳铭译. 上海：华东师范大学出版社，2013：93-104.

何呢？因此，我们需要在技术世界中重新思考教育：重新思考学习、动机、重要的学习内容、职业、学习与工作之间的过渡、教育领导、政府在教育中的作用。

通过不同时代的教育对比，我们可以更清晰地感受信息化时代的教育变化。当然，信息化时代的教育变化远不止柯林斯等人所列举的那些方面。就研究而言，信息化进程中的基础教育除了教育技术应用研究以外，还有学校教育变革、教育政策研究、教育理论创新等多方面的问题值得关注。近年来，我的一部分学生对信息化进程中的基础教育进行了比较深入的专题研究，取得了一批研究成果。这些成果涉及中学生的综合素质评价、中小学教师的生存方式、中学生的数字化成长、中学校长的决策过程、媒体素养教育、馆校合作、学习自由等基础教育的实践和理论问题，具有重要的现实意义。这些成果有的是在博士学位论文的基础上修改完善的，有的则是通过课题研究而取得的，达到了较高的水平。我为这些成果的正式出版而感到高兴，也希望各位作者继续深化有关问题的研究，为信息化时代的基础教育变革做出更大的贡献。

这套丛书的出版得到了科学出版社教育与心理分社付艳分社长的大力支持，教育与心理分社袁玲和崔文燕两位女士对出版工作尽心尽力。谨在此一并表示衷心的感谢！

陈桂生

2018年1月

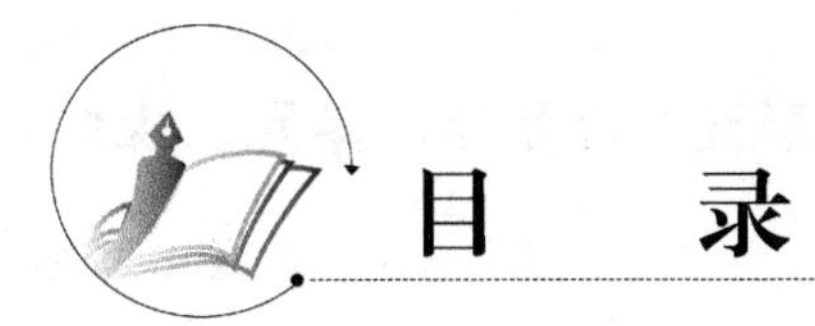

目　　录

丛书序

第一章　媒体素养教育概说　/ 1

第一节　媒体素养教育的意义与价值　/ 1
第二节　媒体素养教育的概念与辨析　/ 10
第三节　媒体素养教育的国内外研究综述　/ 14
第四节　媒体素养教育的研究方法与思路　/ 28

第二章　“抵制”取向：“免疫式”媒体素养教育　/ 32

第一节　大众媒体和大众文化的兴起　/ 32
第二节　“免疫式”媒体素养教育的形成　/ 49
第三节　“免疫式”媒体素养教育的发展演化　/ 66

第三章　“甄别”取向：“流行艺术式”媒体素养教育　/ 71

第一节　大众文化的平民立场　/ 71
第二节　“流行艺术式”媒体素养教育的形成　/ 77
第三节　“流行艺术式”媒体素养教育的发展演化　/ 87

第四章　“再现”取向：“怯魅式”媒体素养教育　/ 90

第一节　大众文化的中立立场　/ 90

第二节　“怯魅式”媒体素养教育的形成　/ 97
第三节　“怯魅式”媒体素养教育的发展演化　/ 110

第五章　参与、多元：媒体素养教育嬗变规律与最新发展　/ 115

第一节　新媒体与参与式文化　/ 115
第二节　新媒体素养教育的形成　/ 120
第三节　媒体素养教育嬗变的历史规律　/ 132
第四节　媒体素养教育的多元化发展　/ 151

第六章　媒体素养教育嬗变对我国的启示　/ 165

第一节　我国的媒体环境与大众文化现状　/ 166
第二节　我国媒体素养教育的主要问题　/ 179
第三节　“超越保护主义”价值取向的媒体素养教育理论建构　187
第四节　多路径的媒体素养教育实践策略　/ 208

后记　/ 241

第一章
媒体素养教育概说

第一节　媒体素养教育的意义与价值

一、媒体素养教育的意义

套用尼古拉·尼葛洛庞帝（Nicholas Negroponte）的“数字化生存”（being digital），我们很容易得出“媒体化生存”（being mediated）的概念。在尼葛洛庞帝的“数字化”的世界里，“比特是最基本的元素，它就好比人体内的 DNA 一样，是信息的最小单位。比特没有颜色、尺寸或重量，能以光速传播。比特是一种存在状态：开或关，真或伪，上或下，入或出，黑或白，等等。出于实用目的，我们把比特想成‘1’或‘0’”[①]。其实，尼葛洛庞帝所谓的“数字”，本质上所代表的是计算机、网络等高级媒体形式。当前，数字化生存主要表现在以下三个方面：“①生活工具数字化。网络和数字产品成为人们的生活必需品。传统生活用品的技术与信息含量越来越高，成为每个人日常生活必不可少的信息终端。随着技术的不断创新与广泛扩散，其应用成本将显著下降，数字化生活工具将高度普及，数字化生活工具带来的舒适和便捷将被看作是自然而然的事情。②生活方式数字化。信息社会中，借助于数字化生活工具，人们的工作将更加弹性化和自主化，终身学习与随时随地学习成为可能，网络购物成为主流消费方式，人际交往

① 尼葛洛庞帝. 数字化生存. 胡泳，范海燕译. 海口：海南出版社，1997：24.

范围与空间无限扩大，娱乐方式数字化，数字家庭成为未来家庭发展趋势。③生活内容数字化。数字化生活时代，人们的工作内容以创造、处理和分配信息为主，学习内容更加自主化与个性化，信息成为最主要的消费内容，数字化内容成为多数人娱乐活动的首选。”[①]其实，在以比特为核心，以网络为主要媒体形式的“数字化生存”状态之前，人类早就开始媒体化生存了。广义地讲，媒体化生存可以说是人类社会自有媒体开始就绵延至今的存在状态；狭义地讲，媒体化生存应该是人类社会进入大众媒体时代后所特有的一种生存状态。当今社会，随着大众媒体的高速发展，其种类越来越多，形式越来越新，功能越来越强，大众媒体和人的关系也变得越来越密切，越来越复杂。媒体几乎“无处不在，无时不有，无所不及，无远弗届”；日常生活媒体化、媒体生活日常化的媒体化生存渐渐构成了人们生活的宏大背景。“当人们的生活知识和经验大多来自大众媒体，人们与他人和外界的交流大多来自大众媒体，人们对于社会乃至对于自己的本身认识和了解大多依赖大众媒体的时候，人们的生活状态便会自然而然地受到大众媒体极有力的牵引而很大程度上被涂抹上媒体化生存的色彩。”[②]

事实上，自 19 世纪 30 年代以来，随着报刊、广播和电影等大众媒体的出现，人类便进入了大众传播时代。相应地，媒体化生存理所当然地成为人类不可逾越的生存状态。而且，随着大众媒体的不断发展，人类媒体化生存也就变得越来越深入和全面。当今，书籍、报刊等印刷媒体早就开始了对人们的书斋、卧室、车厢等固定和流动时空的占领，广播、微信、微博和 QQ 等占据了人们移动空间和私人休闲时间，电视、微视频占领了人们从客厅到卧室、餐厅、书房、盥洗室等私人领域，甚至商场、广场、车站码头和楼宇电梯间等公共空间，而计算机网络（有线和移动）更是全方位地渗透到人们的生活空间。保罗·利文森（Paul Levinson）曾对这种惬意的“网络化生活”做了精彩的描述：“头脑在无限中徜徉，身体靠在椅子中，手指轻轻触动键盘和鼠标就能进入广阔的网络宇宙，简直比从冰箱中拿一份小吃还简单。”[③]各种形式的媒体犹如八仙过海，无不大显神通、极力扩大自己的势力范围，最终迫使现代人不得不媒体化生存。“无人能自绝于媒体，媒体已经超越物件的本质，而成为环境，如同阳光、水、空气，是生命与生活的要素；媒体更是教育环境，人人透过媒体认识世界，认识人、事、

① 国家信息中心. 中国信息社会发展报告 2016. http://www.sic.gov.cn/archiver/SIC/UpFile/Files/Htmleditor/201605/20160518160003970.pdf[2016-5-18].

② 张燕. 大众传播中异化现象的原因与防范. 现代传播（北京广播学院学报），2001，(6)：39-43.

③ 利文森. 软边缘：信息革命的历史与未来. 熊澄宇译. 北京：清华大学出版社，2002：138.

地、物与自己的关系。”[①]

那么，媒体化生存在给人们生活带来便利的同时，究竟还会给人们带来什么呢？“在这种媒体化生存的状态中，大众传播媒体所提供的超越时空的、高度密集的并且获取便捷的各类信息，在给人们提供切实的帮助与服务的同时，也自觉不自觉地使人们逐渐漠视自己所拥有的思维与行为的自由，漠视自然而传统的人际交流，日甚一日地习惯于闭塞的环境、习惯于依靠大众媒体，沉溺于大众媒体提供的信息所引发的喜怒哀乐之中，满足于大众媒体牵引下自我营造出的色彩斑斓却往往子虚乌有的交流幻觉，忽略甚至放弃与外界的真实接触与交融。”[②]由此可见，“人性的‘潘多拉’盒子在被数字化再度开启时，天使与魔鬼可能一道迸出，翩翩共舞”[③]。不可思议的是，人们似乎非常享受这种生存状态，他们对媒体的种种“占据”“占领”“扩张”“渗透”好像并不介意，相反地，还表现出对日益强大的媒体某种程度的不离不弃、欲罢不能、流连忘返。这种状态不由让人想起狄更斯在其名著《双城记》中的感叹：“这是最好的时候，这是最坏的时候；这是智慧的年代，这是愚蠢的年代；这是信仰的时期，这是怀疑的时期；这是光明的季节，这是黑暗的季节；这是希望之春，这是失望之冬；人们面前有着各种事物，人们面前一无所有；人们正在直登天堂，人们正在直下地狱……”[④]这段气势不凡、对比强烈的开场白，虽然讲的是18世纪法国大革命时期的社会状况，但如果借用来描述现代人类媒体化生存状态，又何尝不是非常贴切的呢？当前，我们何尝不是身处这样一个令人备感幸运而又异常尴尬的媒体化社会、网络时代、自媒体时代和大数据时代？在这个媒体化生存时代，媒体时而被敬为福音，时而又被贬为魔咒，可谓“丰富与贫乏共存，自由与孤独并生”的矛盾体。的确，这是一个最好的媒体化生存时代，指尖轻点鼠标、滑动屏幕之际，人们便能尽览新闻头条、欣赏精彩赛事、学习微课慕课、享受在线支付购物、分享生活点滴。同时，这又是一个最坏的媒体化生存时代，在指尖轻敲键盘、滑动屏幕之际，人们也不时会遇到泛滥成灾的虚假诈骗、层出不穷的淫秽暴力、无孔不入的黑客病毒、防不胜防的隐私泄露、欲罢不能的棋牌网游等种种不良现象的侵袭和困扰。

其实，对于媒体的功能，保罗·拉扎斯菲尔德（Paul Lazarsfeld）早就指出：“大众媒体是一种既可以为善服务，又可以为恶服务的强大工具，而总的说来，

① 吴翠珍，陈世敏. 媒体素养教育. 台北：巨流图书股份有限公司，2007：8.
② 王爱玲. 媒介的自主性异质与人的施动效能. 当代传播，2005，(4)：35-37.
③ 刘守芬，孙晓芳. 论网络犯罪. 北京大学学报（哲学社会科学版），2001，(3)：114-122.
④ 狄更斯. 双城记. 罗稷南译. 上海：上海译文出版社，1983：3.

如果不加适当的控制，它为恶的可能性更大。”[①]的确，大众媒体是个“时间的窃贼”，它有的是能量——信息超载与信息爆炸，有的是闲工夫——一天 24 小时轮番轰炸，从而可以充分地迎合、满足人们的种种需求。在媒介即信息的当下，“互联网新闻碎片化特征阅读明显。单次浏览新闻在30分钟以内的网民比例高达62.4%，其中 26.6%的用户浏览时间在 10 分钟以内。平均浏览场景为 3.1 个，在家休息、睡前、饭后休息时为最典型的浏览场景，占新闻资讯网民用户的比例分别为 69.7%、67%、52.1%；超过 30%以上的网民会在早上起床后、乘坐交通工具时、等人排队等碎片化场景下上网看一下新闻”[②]。就这样，我们心甘情愿地任由媒体这个温情而又聪明的窃贼盗走大量弥足珍贵的时间和精力，不仅没有将“碎片时间黄金化”，反而将“黄金时间碎片化”。

更为可怕的是，随着媒体对人们的侵犯和人们对媒体的依赖的不断加深，媒体不仅实现了对人的物理时空的占有，更实现了对人的思维、心理和精神的控制，结果势必导致媒体的不断进化和人的相对退化、异化之间的矛盾，从而使人们面对媒体时所应保持的独立性、自主性，以及判断力与批评力不断遭到破坏。我国也有学者指出：“数字化的结果，使你时刻不能离开电脑终端而生活。因为你只能在电脑所给予你的信息之下去选择、去生活。在这种情况下，你除了手脑和眼睛在动外，身体的其他器官都处于一种‘停滞’的状态。久而久之，你的双腿甚至不能支撑你的头脑的重量。身体在‘停滞’中变得越来越衰弱。”[③]如此一来，媒体便造就了无数的“容器人”“屏幕人”“宅男”“原子化的人”“网络水军”等消极被动的或过于活跃的受众。这还只是表面现象，从深层上讲，媒体的负面作用还表现在以下几个方面：“①大众媒体持续不懈的宣传会使人们丧失甄别力，从而不假思索地顺从现状；②媒体是使大众的审美鉴赏力退化和文化水平下降的重要原因；③媒体以低廉的代价占用或剥夺人们的自由时间；④媒体具有麻醉精神的功能，媒介不仅让人沉醉在虚幻的满足之中，而且由此剥夺人的行动能力。”[④]毫无疑问，大众媒体的这些负面作用，对人们的媒体化生存状态造成了极大的干扰和破坏，并最终引起了人们对在媒体化生存中的重要技能——媒体素养的向往、关注、思考和研究。事实上，自 19 世纪初以来，大众媒体便在其与人的互动关系中逐步塑造了一个媒体与有

① 转引自：李彬. 传播学引论. 北京：新华出版社，1993：127.

② 中国互联网络信息中心（CNNIC）. 2016 年中国互联网新闻市场研究报告. http://www.cnnic.cn/hlwfzyj/hlwxzbg/mtbg/201701/P020170112309068736023.pdf[2017-01-12].

③ 王荣江. “数字化生存”提出的问题. 江苏社会科学，2000，(4)：53-54.

④ 郭庆光. 传播学教程. 北京：中国人民大学出版社，1999：115.

关个人、家庭、学校及社会的公共生活共同体。而这一共同体的每一方面，尤其是教育，几乎都无法回避、忽略大众媒体这一中坚力量。因为大众媒体这一“平行学校”（parallel school）和“看不见的学校”（invisible school），“甚至直逼学校，有取而代之成为第一教育体制的可能”①。而且，“伴随电视、网络等大众媒体的勃兴，媒介已经成为社会第二教学园地，它不但进一步使家庭的教育功能再度边缘化，还在逐渐渗透、肢解、动摇学校的教育权威地位”②。媒体俨然成为影响年轻一代建立价值观及世界观的重要因素。由此看来，媒体具有与生俱来的教育功能，也自然需要人们开展针对媒体自身的教育。

在这种情况下，媒体素养要求人们重视媒体信息对学习、生活和工作的作用，持续地关注与其自身需要密切相关的媒体信息，并在需要时能够及时获取并加以有效利用，重视媒体化生存过程中的媒体安全和人类健康问题。这也正是人们适应信息时代，克服媒体化生存过程中媒体种种负面影响的利器。我们要有和媒体打交道的素养和技能，既要会用媒体，也要用好媒体，要在使用媒体时保护自己的身体健康和心理健康，保证个人财产和生命安全。当然，这些态度、技能和素养，只是媒体素养的重要方面，并不能概括媒体素养的全部。可以毫不夸张地讲，媒体素养在全球政治、经济、教育与文化日益相通的媒体化社会中，已越来越成为当今地球村每个世界公民的生活必需品；媒体素养之于人的媒体化生存的作用，丝毫不亚于阳光、水与空气之于人的日常生活的作用。因此，媒体素养作为调解与改善人与媒体之间关系的一个重要砝码和利器，日益受到人们的重视。近年来，正如人们用雨具来躲避风雨或用涂抹防晒霜的手段防止紫外线对皮肤的损伤一样，越来越多的教师、学者也寄希望于媒体素养这一“媒体世界的防身术”来让广大媒体受众正确参与媒体、利用媒体和抵御、消解媒体的一系列不良影响，因为“在信息洪水和视觉文化的密集包围中，仅有读、写和说的能力已经远远不能应对信息社会获取知识的需要，对承载信息的新媒介（大众媒介）具有解读和利用能力是信息社会中有‘文化’的标准”③。

媒体素养如此重要，因此开展媒体素养教育很有必要。在我国，开展媒体素养教育，“有利于更广泛的公众认识媒体对信息的控制与垄断；有利于改善公众对媒体权威的盲从现象；有利于降低媒体素养的马太效应；有利于在全球文化和文化融合过程中增强批判、质疑的能力；有利于在一定程度上弥合‘信息沟—知

① 台湾教育部门媒体素养教育政策白皮书撰写小组. 媒体素养教育政策白皮书. http://homepage. ntu.edu.tw/～floratien/gen_whitepaper.files/mediaequipment.pdf[2017-10-12].

② 戴永明，蒋宏. 媒介“封杀”与公民媒介素养. 新闻记者，2004，(5)：14-15.

③ 李琨. 媒介素质教育与中国. 国际新闻界，2003，(5)：38-43.

沟’；有利于促进公共领域质量的提升；有利于为媒体与资本结盟后的强相关行为打好预防针”[①]。这显然更具有现实意义。而且，我国推行媒体素养教育的客观条件已经初步成熟：“①公民社会的雏形已经显现，中产阶级正在快速成长，是推行媒介教育的社会基础。②中小学信息技术教育课程普遍开展，互联网校校通工程的日渐完善，客观上为媒介教育的启动和实施提供了一个极好的技术平台。③我国香港特区及台湾地区的媒介教育发展在前，不但可以带动大陆的媒介教育，还可提供相关经验。④中国已经成为世贸组织的成员，社会必将极大地开放，以改善文化及生活素质的媒介教育将具有发展空间。⑤近年来大众媒体的商业化色彩渐浓，媒介病已经出现了泛滥的势头，社会各界对此表示了极大担忧和不满，将成为推动媒介教育的主要力量。”[②]由此可见，我国的媒体素养教育，不但存在着越来越广泛的社会需求，而且具备了初步的社会条件、教育资源及一定的技术基础，因此也存在开展媒体素养教育的可行性。正是在这种背景下，笔者认为，从教育的角度研究现代人的媒体化生存，研究媒体化生存所必须具备的素养和技能——媒体素养——便具有非常迫切的理论和现实意义。

二、媒体素养教育的历史研究及价值

（一）媒体素养教育的历史研究

媒体素养教育包罗万象，研究视角和研究领域极为广泛。从其历史嬗变发展过程来看，媒体素养教育肇始于英国，成长壮大在加拿大、美国，以及其他西方发达国家，发展至今已有近一个世纪的历史。一般来说，西方国家是指与发展中国家相对而言的、处于西半球的欧美国家，它们一般经济上比较发达。1997年，Alice Yuet Lin Lee博士研究发现，世界各国的媒体素养教育大致处于四个阶段[③]：①高级阶段。如在英国、法国、加拿大、芬兰、挪威、瑞士、瑞典、澳大利亚等国，媒体素养教育已经成为中小学必修科目，在正规教育体系中逐步取得稳固地位。②中高级阶段。如美国、德国及以色列等国，这些国家主要依靠个别教师的推动或国际机构的资助来促使媒体素养教育的发展；因此，其媒体素养教育尚未得到国家或地方政府教育机构的认同和资金支持，尚未对社会全体成员产生重大影响。③中级阶段。如在日本、菲律宾、印度等亚洲国

① 林爱兵. 新媒介时代受众的传媒素养教育. 合肥：中国科学技术大学，2004：40-45.

② 杨如春. 论中国大陆媒介教育的现状与前景. 南京：南京师范大学，2003：7.

③ Lee A Y L. Legitimating media education：From social movement to the formation of a new social curriculum. Vancouver：the University of British Columbia，1997：6-7.

家及一些拉美国家，媒体素养教育还只是某些先驱人物的个人主张，尚未得到相应国家教育组织、政府部门的认可，其发展资金也相当匮乏。④初级阶段。如在苏联和斯拉夫等传统的社会主义国家，政治变革或社会变革为其媒体素养教育提供了新的机会和要求，并使大众媒体的性质和社会作用发生了重大变化；但这些国家的媒体素养教育尚处于理论引入与论证的初级阶段，并无具体有效的实践开展活动。当然，李月莲（Alice Yuet Lin Lee）博士研究的时代背景是 20 世纪末，至今 20 余年过去了，情况又有了很大的变化。但从其历史嬗变的整个过程来看，媒体素养教育在世界范围是很不平衡的，其中西方一些发达国家的媒体素养教育不但开展得较早，而且发展得也较快，这是不容置疑的事实。2003 年，为了解世界各国专家对有关媒体素养教育实践活动的看法，俄罗斯 Alexander Fedorov 教授向 10 个开展媒体素养教育主要国家的 26 位专家发起了一项特别的问卷调查，结果同样显示，“大众传播业高度发达的西方国家的媒体素养教育大都开展得有声有色，且较为系统。与之形成鲜明对照的是，非洲绝大部分国家和亚洲部分国家及地区的媒体素养教育则刚处于萌芽状态，国际学者公认在媒体素养教育方面领先的国家依然是：英国、加拿大、澳大利亚、法国、美国和俄罗斯”[①]。在这些国家中，媒体素养教育不但受重视程度高，普及范围广，而且在其各自的正规教育体系中逐渐取得了稳固的地位。其中，英国、加拿大和美国的媒体素养教育比较有代表性，堪称世界媒体素养教育理论与实践的典范。从某种意义上说，英国是最早开展媒体素养教育的国家，加拿大是近年来推广最为得力的国家，而美国也可谓是后来居上，被喻为媒体素养教育的“黑马”。基于这些原因，笔者决定从历史的视角对媒体素养教育进行研究。本书拟将英国、加拿大和美国这些主要西方国家的媒体素养教育的历史嬗变过程纳入考察、研究的范围。当然，根据研究的需要，本书也会适当论及其他一些西方、非西方国家和地区的媒体素养教育理论及实践发展情况。

另外，自入读大学以来，笔者在近 30 年的学习、工作和生活中一直在和媒体打交道。在本科阶段，笔者学习、研究摄像机、幻灯机、电视机、录像机、计算机等媒体硬件的工作原理和使用技能。本科毕业之后，笔者在一地方高校电教中心（后更名为教育技术中心）工作了 10 余年，随后又转到教学机构从事教育技术和数字媒体技术的教学工作。在工作期间，笔者相继在职获得教育技术学硕士学

① Fedorov A. Media education and media literacy：Experts'opinions. //MENTOR. A Media Education Curriculum for Teachers in the Mediterranean. Paris：UNESCO，2003：1-17.

位和教育学博士学位。在攻读硕士学位期间，笔者对视频、网络、多媒体技术、数字媒体、社会化软件等各种媒体在教育教学中的应用进行了一定的思考和研究。2005 年，笔者将媒体素养教育作为博士论文选题，学术方向又转到了和大众媒体息息相关的传播学、教育学研究领域。回想起来，在略显复杂的学术背景背后，“媒体”和“教育”这两个关键词，一直与笔者如影随形。10 多年来，笔者还获得了到媒体素养教育比较发达的奥地利、新西兰、美国、新加坡等国进行培训、访学、参观和出席学术会议的机会，因而得以近距离地感受、考察这些国家媒体素养教育的发展状况，并搜集到一些有关媒体素养教育的第一手资料，切实地触摸到其历史起源和发展脉络。笔者在网上搜集、下载了大量研究资料，这些资料主要来自西方发达国家的一些著作和学术论文，它们对笔者全面研究西方媒体素养教育的历史嬗变提供了种种便利。

本书拟在充分的第一手的外文文献资料和一些有价值的中文文献的基础上，以广角的镜头，从媒体形态演化、大众文化变迁的视角，系统梳理、呈现西方媒体素养教育在其历史演进过程中的相关概念、理念、原则和价值取向等重要理论与实践问题，以期揭示出隐藏其中的理论渊源和现实动因。具体来说，西方媒体素养教育起源的背景是什么？其发展经历了哪些特殊阶段？在各个发展阶段，其价值取向又分别呈现出什么特点？受到哪些因素的影响？有哪些学科理论基础？其与大众媒体、大众文化及社会实践之间又有着怎样的联系？有什么特殊的历史意义？西方媒体素养教育的历史嬗变对我国当前的大众文化语境又有哪些启示意义？我国媒体素养教育应该建构什么样的价值取向和实践策略？……尤为重要的是，笔者希望通过对西方媒体素养教育的历史嬗变规律的分析和总结，对影响其发展的诸多因素的考察和反思，能够探求其在中国的理论发展和实践意义。西方媒体素养教育在其历史嬗变过程中的价值取向是否在我国也有生存的土壤？究竟什么样的媒体素养教育价值取向更加符合我国当前的政治语境、媒体环境和大众文化语境？如何建构适合我国国情的媒体素养教育理论和实践体系？等等。这些都是本书力求探索的问题。

（二）媒体素养教育的研究价值

笔者认为，对西方媒体素养教育发展演化的研究，应该具有理论与实践两个方面的价值。

西方媒体素养教育在其并不太长的历史发展过程中，虽然已经取得了诸如“十八项基本原则”、五大甚或八大“核心概念”和“关键问题”等许多具有一定理论价值的研究成果，但不可否认的是，世界各国的媒体素养推广者对于媒体素养教育的终极目的和价值取向等诸多方面，迄今为止仍存分歧——“媒体素养教育的七大分歧”[①]便是明证。当然，媒体素养教育在其发展过程中存在分歧，价值取向出现多元化等现象，也是很正常的。但无论如何，分歧和多元背后的原因是必须要探明的。“若要分析其原因，其中固然有各国独特的社会文化背景以及其大众传媒体制问题，但还有一个因素不可忽略，那就是媒体素养教育至今没有一套体系化的理论。对于媒介素养教育教什么，如何教，教的效果如何等一系列实践教学中的问题无法给出明确的指导性答案。这在一定程度上反过来也阻碍了媒体素养教育理论的发展和深化。可以说，媒介素养的实践性要远远强于其理论的发展速度。”[②]由此看来，对媒体素养进行深入的理论研究已经刻不容缓；而对其进行历史研究更是其理论研究的基础和重中之重。笔者自知个人力量单薄，本书并不奢望建立一套体系化的理论，只是希望通过对上述研究问题的探讨，能够比较全面、系统地介绍、总结西方媒体素养教育的历史嬗变过程及其发展规律，以期能够继续丰富、深化目前已有的媒体素养教育理论体系。

另外，我国的媒体素养教育研究从 20 世纪 90 年代末正式启动，至今已有 20 余年。在引入西方媒体素养教育理念之后，对其进行本土化实践的呼声也日渐高涨。笔者认为，历史研究重在古为今用、洋为中用；对西方媒体素养教育的历史嬗变进行研究，其目的也在于从中发掘出一些值得我们借鉴的经验和教训。在构建我国媒体素养教育本土化理论体系之初，我们一定要事先对西方媒体素养教育进行全面的梳理和考察，在此基础上才能再进行参考和借鉴；否则，盲目地“移植”和全盘地“拿来”只会造成水土不服、南橘北枳。本书正是在深入、全面梳理西方媒体素养教育历史嬗变的基础上，针对我国特有的政治制度、媒体制度及媒体环境和大众文化环境，探讨了我国现阶段媒体素养教育应该选择和建构的价值取向，并提出了一个政府、学校、家庭、社区、媒体和个人等多方面共同参与的、多路径的媒体素养教育实践策略。笔者认为，这些策略基于我国当前实际情况，具有较强的现实性和可操作性，可以为我国媒体素养教育的政策制定与决策者提供参考，并且显示了本书的实践价值。

---

① Hobbs R. The seven great debates in the media literacy movement. Journal of Communication，1998，48（1）：16-32.

② 蔡骐. 论大众文化与媒介教育的范式变迁. 现代传播中国传媒大学学报，2002，（1）：118-121.

第二节　媒体素养教育的概念与辨析

“媒体素养教育”这一表面看似简单的概念，实际上是由“媒体”“素养”“教育”等三个上位概念构成，蕴涵着丰富的内涵和广阔的外延，由此在中外学者面前呈现出较为复杂的特性和意义。

一、“媒介”、“媒体”和“传媒”

Media 源自拉丁语 medius，其单数原形为 medium。英国媒体素养教育专家 David Buckingham[①]认为，media 意指“一种用来承载或传递某种信息的介质、渠道或工具，包括电视机、电影、录像、广播、摄影、广告、报纸和杂志、音乐唱片、电脑游戏和互联网等现代传播的所有范围。介质文本有节目、电影、图像、网站等，由传播的不同形式传递。传统的书籍却不被看作是‘media’”[②]。然而，media 的翻译，在海内外华人学界引起了较大混乱。目前，media 主要有“媒介”“媒体”“传媒”等几种对应的中文翻译形式。一般说来，传播学意义上的“媒介”，主要是指直接面向受众的信息载体及其内容，如书写媒介、印刷媒介、广播媒介、影视媒介和网络媒介等，包括传统的书籍、报刊、广播、电影，以及现代的电视、网络等。从这个意义上讲，媒介是连接传输与接收双方的中介物，强调的是信息传播的物理形态。而从技术本质上讲，“媒体”包括两层含义[③]：一是指信息的物理载体，如书本、硬盘、光盘、磁带及相关的播放设备等；二是指信息的表现形式，如文字、声音、图像、动画等。“多媒体”“流媒体”“数字媒体”“超媒体”等相关概念正是与其技术性相关联的。教育技术学也将“媒体”纳入其重要的研究范畴，并将“媒体”划分为“软件”和“硬件”两大系统。譬如，“教育/教学媒体”“影视媒体”“网络媒体”“新媒体”“多媒体教学”等一批带有浓厚教育技术学色彩的术语自有其特定的技术含义。可见，这层意义上的“媒体”，实际上等同于“媒介”。然而，在新闻传播学领域，“媒体”往往等同于某种“媒介组织”“媒介机构”“新闻机构”。譬如，

① 有学者将其译为大卫·帕金翰，也有学者译为大卫·伯金汉.

② Buckingham D. Media Education：Literacy，Learning and Contemporary Culture. Cambridge：Polity Press，2003：3.

③ 鄂大伟. 多媒体技术基础与应用. 北京：高等教育出版社，2007：1.

主持人主持会议时有时会说“我们今天来了很多媒体的朋友”，这里的“媒体”就是指杂志社、报社、出版社、广播电台、电视台、学报编辑部、网站或这些机构的综合等。至于“传媒”，顾名思义，带有“传播媒体”的意思，基本上与“媒体”的定义相同，因为“媒体”本身包含有传播信息的内涵，其使用也较频繁，如国内有著名“中国传媒大学”和“传媒”中文核心期刊，“新华网——新华传媒”设有“评点传媒”“传媒人物”“国际传媒”“传媒研究”等栏目，人民网也设有“传媒”频道，等等。

在实际应用中，许多理论性文章和一些重要的学术会议对这些相关概念也并未区分清楚，譬如，有关学术杂志（包括一些核心期刊）中刊发的文章也未对其加以规范。笔者查询国家图书馆有关图书目录和中国知网（CNKI）所登载的有关论文发现，目前，这三个词的使用不分伯仲。总体来说，“媒介”“媒体”“传媒”的使用有越来越趋同的趋势——也就是趋向于使用“媒体”这一术语。

二、“素质”与“素养”

比较、总结我国古代文献和《辞海》等权威工具书对“素质”和“素养”所作出的解释，我们可以得出以下几条简单的结论：①“素质”既可指先天的生理资质、条件和特点等，也可表示后天形成的品质，包括精神、感情和道德方面的内容。在《管子・势》中，有“正静不争，动作不贰，素质不留，与地同极”的表述；在晋代张华《励志诗》中，有“如彼梓材，弗勤丹漆，虽劳朴斲，终负素质”的诗句；清朝汪懋麟《忆秦娥》词里，也留有“天然素质铅华贱”的语句。上述的“素质”，其实就是“事物本来性质”的意思。②“素养”主要指平日的修习涵养，以及由训练和实践而获得的技巧或能力。《汉书・李寻传》中说道：“马不伏历，不可以趋道；士不素养，不可以重国。”宋代的陆游在《上殿札子》提及：“气不素养，临事惶遽。”元代刘祁在《归潜志》（卷七）中认为：“士气不可不素养。如明昌、泰和间，崇文养士，故一时士大夫，争以敢说敢为相尚。”《后汉书·刘表传》有云：“越有所素养者，使人示之以利，必持众来。”这些文献中出现的“素养”，基本是指“平素涵养”或“平素所供养”。到了现代，“素养”可以和“人文”“健康”“数字”“数据”“文化”“科学”等连在一起使用，如“人文素养”“健康素养”“数字素养”“数据素养”“文化素养”“科学素养”等。由此可见，“素养”是一个动态的概念，它本身蕴涵着“教育、训练和培养”，也就是说，素养是人的一种可以通过教育而发展的潜能的实现状态。③我国自古就是礼仪之邦，首先讲的是道德，再就是素质和素养。素质的含义及应用都较素养更为广泛，甚至可以包含素养的意义。总体来说，素养是人的素质与修养的综合表征，人的素养教育是一个永恒的话题。

我们发现，英文中的 literacy 和中文中的“素养”意思比较接近，虽然也有人将其译为“素质”。在中文出版物中，吴翠珍所撰写的《媒体教育中的电视素养》[①]是较早出现的将 literacy 翻译为“素养”的译法。从词源来看，literacy 源自中世纪英语 literalis，而后者又源自中世纪拉丁语 litura。litura 意指“文字的”“字面上的”[②]的意思。literate（有文化的）、literary（文学的）、literature（文学）和 literacy（识字、有文化）等词正是由此字根派生出来的、与“文字的”相关的同根词汇。由此可见，素养和识字、文学等概念具有密切的联系。另据《牛津英语词典》（*Oxford English Dictionary*，OED），1883 年，美国马萨诸塞州教育委员会发行的 *The New England Journal of Education* 率先使用了 literacy 这一术语。美国学者 Art Silverblatt 认为：“传统的‘Literacy’定义只适用于印刷物或出版物。它是关于文字的知识；是受过教育的、有学问、有学识的意思。”[③]巴西著名教育家保罗·弗莱雷(Paulo Frere)则将 literacy 视为一种“意识启蒙”（conscientization）的过程，该过程涉及整个阅读世界，不仅仅只是会阅读文字；他进一步认为，literacy 属于人们的权利，“素养的内涵是随着新的媒体技术的发展而发展变化的，其素养实践活动也会相应地随之变化；但是，不管怎么变化，新的素养不会自动取代其旧有的形式”[④]，因为传统的语言文本素养实践活动和目标依然保持不变。“素养”是一个发展中的概念，它的内涵与外延总是随着时代变迁、社会进步和媒体的不断演化而不断拓展。

三、“媒体素养”与“媒体素养教育”

在当今的信息化和媒体化社会里，有关媒体的素养开始演化为对某一媒体的使用、批判或解读、应用的能力。西方研究者将这种素养称为 media literacy，它成为信息时代人们必须具备的能力。与人们对 media 和 literacy 的不同理解相对应的是，华语学界对 media literacy 也有不同的翻译——“媒体素质”“媒体素养”“媒介素养”等。笔者以为，media literacy 一词还是翻译为“媒体素养”较好，

① 转引自：卜卫. 大众媒介对儿童的影响. 北京：新华出版社，2002：448.

② 高玉华. 简明英语词源构词词典. 济南：山东教育出版社，1993：628.

③ Silverblatt A. Media Literacy：Keys to Interpreting Media Messages. WI：Praeger Publishers，2001：2.

④ 转引自：Tyner K. Foreword：Expanding literacy in a shrinking world//Pailliotet A W，Mosenthal P B. Re-conceptualizing， Literacy in the Media Age. New York：JAI Press. 2000：1-5.

理由如下：①如前所述，中文术语“媒介”“媒体”“传媒”都是由英文 media 翻译而来，但“他们的使用有越来越趋同的趋势——也就是趋向于使用‘媒体’这一术语”，因此 media 译为“媒体”较为合适。②从使用习惯上看，“媒体素养”已广为研究者和人们日常生活所使用。况且，依照前文对“媒介”和“媒体”的解释，“媒介素养”和“媒体素养”之间应该是既有联系又有区别的，虽然这种区别非常微妙。按照字面意义来理解，“媒介”的侧重点在于“介质”或“渠道”，和人的关系仅限于工具层面；因此，单纯的“媒介素养”一般仅侧重于对某种媒介特性的了解，主要指关于某种媒介的操作与使用的技能、技巧等。“媒体素养”则不仅包括这些能力技巧，“还包括一些文化的、政治的、审美的、心理的、意识形态的以及教育的解读能力。从这个角度来说，‘媒体素养’比‘媒介素养’层次更高，也更为复杂和抽象”[①]。而英文 media literacy 也正好包含这层意思。因此，用具有丰富意义的“媒体素养”一词来表示同样具有丰富意义的 media literacy 这一术语似乎更为合适。当然，由于我国学术界许多学者都按照自己的理解采用了自己认为合适的概念，学术论文中相关术语的不同使用也是正常的现象。在这种情况下，本书将“媒介素养”“传媒素养”“媒体素质”等术语作为“媒体素养”这个广义概念的近义词,有时甚或为同义词，在引用其他作者论述的时候，保留其上述说法。

而针对 media literacy 进行的教育活动，在英、法、德等欧洲国家和澳大利亚被称为 media education，联合国教育、科学及文化组织（United Nations Education，Scientific and Cultural Organization，UNESCO）在相关国际会议和声明中也采用 media education 这一术语[②]。该术语从教育者角度出发，认为媒体素养是教育行为的结果，不同的媒体教育取向产生不同的教育结果。在美国和加拿大被称为 media literacy 或 media literacy education。这一术语在我国台湾被译为“媒体素养”“媒体识读教育”“媒体（公民）教育”，在我国香港被译为“传媒教育”，而在我国大陆，有学者将之译为“媒介认知能力”[③]，但更多的人采用“媒体素养”这一名称。该术语立足于媒体使用者角度，认为素养是人与媒体接触中所具备的能力，媒体素养的内涵是随着媒体的变迁而不断变化和演化的。况且，现在教育界已经很自然地接受了媒体和多媒体的概念，新闻媒体界也因媒体技术的渗

① 蔡骐. 论媒介认知能力的建构与发展. 国际新闻界，2001，(5)：56-61.

② Grunwald，Federal Republic of Germany. Grunwald declaration on media education. http://www.unesco.org/education/pdf/MEDIA_E.PDF［2017-10-12］.

③ Buckingham D. Media Education：Literacy，Learning and Contemporary Culture. Cambridge：Polity Press，2003：4-6.

透逐渐跨媒介经营形成媒体集团。因此，运用“媒体”更能代表媒体的整体性及现代性。为了理解上的方便及便于推广，本书也采用“媒体素养”这一称谓。

在此，我们有必要进一步理清媒体素养 media literacy 和“媒体教育”（media education）这两个概念之间的关系。关于媒体教育，大卫·帕金翰曾作了如此解释：“媒体教育是关于媒体的教育和学习的过程。显然，媒体素养是媒体教育的结果，亦即学习者所获得的有关媒体的知识和技能的结果。”[①]我国学者张玲进一步指出：“当我们把‘媒体教育’的教育目标定位为‘媒体素养’时，‘媒体教育’便是为达到这个目标的一个教育过程，此时的‘媒体教育’即可表述为‘媒体素养教育’（media literacy education）。”[②]由此看来，若非特殊说明，媒体教育的内涵限定非常明确，就是指媒体素养识得、养成的整个教育全过程，也即“媒体素养教育”。当前，“媒体素养教育”这个术语对于我国普通民众可以说还比较陌生；大概是因为长久以来，人们所了解的媒体与教育的关系，仍然停留在如何在教学、教育情境中使用媒体或将媒体作为学习（认知）工具这一层面上。但是，媒体素养教育显然不同于教学媒体或教育媒体，也不同于电化教育和教育技术。另外，尽管“媒体素养教育”一词凸显了媒体与教育密不可分的关系，但媒体教育并非等同于媒体的教育功能。后者是指包括大众媒体在内的教育媒体向广大受众和学习者源源不断地传播有利于其生存与发展的知识、技能、审美意识、思想观念等信息，使教育过程不仅包括在校学习阶段，而且可以超越学校教育，从而贯穿于从幼儿到晚年的各个时期。相对而言，媒体素养教育的重点则是放在教育上，是针对媒体本身进行的分析、研究与教育，它是本书的一个核心概念。

第三节 媒体素养教育的国内外研究综述

一、国外研究综述

西方媒体素养教育比较成熟，有关媒体素养的论文、专著等学术成果非常丰富，这里仅就和本书有密切关系的历史方面的研究作一些梳理和介绍。由于世界

① Buckingham D. Media Education：Literacy，Learning and Contemporary Culture. Cambridge：Polity Press，2003：4-6.

② 张玲. 教育学对媒介素养教育的解读. 现代传播（中国传媒大学学报），2005，（6）：119-121.

各国不同的政治制度、媒体制度、教育制度和文化环境，媒体素养教育在其产生、发展的不同历史阶段中，很自然地出现了各具特色的历史路径和取向。其中，英国作为媒体素养教育的主要发源地，在这方面的研究一直走在世界的前列，其理论建树可谓独树一帜。英国等西方国家的媒体素养教育的历史研究，主要存在着如下几种观点。

（一）莱恩·马斯特曼的“三大历史范式”

英国学者莱恩·马斯特曼（Len Masterman）是国际媒体素养教育运动的先驱者，他的论著 *Teaching about Television*、*Teaching the Media* 和 *Media Education in Europe in the 1990s*，可以说是欧美乃至世界媒体素养教育界的重要文献。同时，在其著名的 *Foreword: The Media Education Revolution* 一文中，他将以英国为主的西方国家的媒体素养教育运动的不同发展阶段总结为“三大历史范式”[①]：免疫范式（inoculative paradigm）、流行艺术范式（popular arts paradigm）和再现范式（representation paradigm）。莱恩·马斯特曼（Len Masterman）认为，在保卫精英文化的免疫范式阶段，媒体素养教育基本上是采用一种预防的方法。20 世纪 60 年代末和 70 年代初，媒体素养教育开始进入欣赏流行文化的流行艺术范式阶段。新的范式并不是要求学生反对媒体，排斥媒体，而是要学会区别、判断和欣赏媒体，即由抵制立场转变为培养甄别能力的立场。20 世纪 80 年代初，媒体素养教育开始进入再现范式阶段。新的范式主要来自结构主义思潮中符号学和意识形态思想的启发。莱恩·马斯特曼所总结的媒体素养教育三大历史范式，尽管主要是针对英国的媒体素养教育的历史嬗变而言的，但由于其广泛的适应性，很快成为其他一些西方国家如澳大利亚、加拿大、美国及亚洲诸国的模板。

（二）大卫·帕金翰的“五阶段论”

长期以来，关于如何在英国中小学开展媒体素养教育，如何设置媒体素养教育的基本目标和基本方法，英国教育界一直存在着争论。譬如，有的人认为媒体素养教育应该培养学生抵制媒体影响的能力，这种观点基本对应莱恩·马斯特曼的“免疫范式”；有的人主张“将学生的校外生活和社会生活引入课堂，并以此为主讨论问题，展开教师与学生之间、学生与学生之间的批判分析性对话，切实培养学生分辨并抵御媒体负面影响的能力”[②]，这种观点基本对应莱恩·马斯特曼

① Masterman L. Forword：The media education revolution//Hart A. Teaching the Media：International Perspectives. London：Lawrence Erlbaum Associates，Publishers，1998：vii-x.

② 秦学智. 帕金翰“超越保护主义”媒介教育观点解读. 比较教育研究，2006，(8)：49-53.

的“流行艺术范式”和“再现范式”，虽有进步，但仍有欠缺。这些争论引起了大卫·帕金翰博士的历史性思考，他于1998年发表了一篇纵论英国媒体素养教育思潮更迭的论文——《英国的媒介素养教育：超越保护主义》[①]（*Media Education in the UK：Moving Beyond Protectionism*）。在这篇论文中，大卫·帕金翰在莱恩·马斯特曼的“三大历史范式”的基础上，提出了媒体素养教育历史嬗变的“五阶段论”[②]：①甄别（discrimination）；②文化研究与流行艺术（cultural studies and the popular arts）；③屏幕教育与祛魅（screen education and demystification）；④民主化与防御论（democratization and defensiveness）；⑤超越保护主义（beyond protectionism）。显然，前四个阶段基本上和莱恩·马斯特曼的三大历史范式基本类似，帕金翰将他们都归结为保护主义。帕金翰认为，在新的媒体环境和历史条件下，教育者对媒体的态度要变“堵”为“导”，应以青少年为中心，尊重他们既有的媒体知识和媒体体验，引领青少年根据自身的利益对媒体信息作出明智的选择，尤其是要鼓励青少年参与媒体制作，以增进他们对传播的本质和媒体新技术的认识。换句话说，媒体素养教育必须“彻底超出保护主义的范畴”[③]。事实上，这种观点一经提出，便对加拿大、美国、澳大利亚等国，以及对其他开展媒体素养教育的国家都产生了深远的影响。

（三）其他研究

除了上述两位学者外，Jacques Piette 和 Luc Giroux 两位学者也曾作了一项粗略的调查，“结果发现媒体素养研究中关注媒体素养教育理论基础的研究比例相对要少，大部分研究关注的多是实践的项目”[④]。在这些有限的媒体素养教育理论基础研究中，Alexander Fedorov 教授在一篇名为 *Media Education around the World：Brief History* 的论文中，将世界范围内媒体素养教育的历史嬗变过程，划分为四个基本阶段[⑤]：①20 世纪 20—40 年代，“起源阶段”；②20 世纪 50—60 年代，“美学概念”主导阶段；③20 世纪 70—80 年代，从报刊、电影到媒体的阶段；④20 世纪 90 年代之后，新的里程碑探索阶段。需要指出的是，Fedorov 将媒体素养教育的起源上溯到 20 世纪 20 年代的法国。他认为，“法国早期的媒体

① 帕金翰，宋小卫. 英国的媒介素养教育：超越保护主义. 新闻与传播研究，2000，(2)：73-79.

② Buckingham D. Media education in the UK：Moving beyond protectionism. Journal of Communication，2010，48（1）：33-43.

③ Buckingham D. Media Education：Literacy，Learning and Contemporary Culture. Cambridge：Polity Press，2003：12.

④ Piette J. Giroux L. The theoretical foundations of media education programs//Kubey R W. Media Literacy in the Information Age：Current Perspective. New Brunswick，NJ：Transaction Publishers，1997：89-94.

⑤ Fedorov A. On Media Education. Moscow：IPOS UNESCO Information for All（Russia），2008：20-36.

素养教育大多是有关电影美学欣赏教育的一种课外活动。事实上，早在 20 世纪 20 年代，法国巴黎就发起了电影俱乐部运动，明确提出了有关电影的教育目标。1922 年，法国召开了首届有关电影教育的全国性会议，会议讨论了在大学培养电影教育工作者的可行性。同时，俄罗斯的媒体素养教育也开始于上世纪二十年代”[①]。国内有研究者分析了阻碍俄罗斯中等学校开展媒体素养教育的因素，认为“文化禁锢、政府约束、经济滞后与师资匮乏是俄罗斯媒体素养教育进展缓慢的主要原因”[①]。

美国早期媒体素养教育的积极倡导者之一 Walsh 认为，美国媒体素养教育历史大致经历了以下四个不同阶段[②]：①“空白阶段”。从整体上看，在 20 世纪 60 年代以前，教育家忽视大众媒体的影响，媒体素养教育基本上处于空白地带。②“免疫阶段”。正如接种各种疫苗来提高人体自身免疫力一样，在 20 世纪 60 年代，教师将大众媒体“注射”进教学，就是为了展现大众媒体是如何的空洞、愚蠢与无价值。③“吸引阶段”。这个阶段试图把大众媒体转化为一种能把青少年儿童引入真正值得学习研究的领域中去的诱惑物。④“转型阶段”。进入 21 世纪，人们已经对大众媒体有了新的认识。今天，人们不只从书籍、报纸、广播电视来获知信息，还有网络、手机短信等新媒体。运用媒体教授学生关于媒体的一切知识，继续推动媒体素养教育，应是一项艰巨的任务，因为大多数老师仍会被限制在忽视、嘲弄媒体的想法之中，或只把媒体作为诱导学生的一种手段而已。

我们发现，不管是莱恩·马斯特曼的“三大历史范式”，还是大卫·帕金翰的“五阶段论”，都是以单篇论文的形式进行论述的，它们对西方媒体素养教育历史嬗变阶段的划分，总体来说只是粗线条的、纲领性的，并没有对其各阶段的特点及它们相互之间的联系和影响因素作出比较系统和深入的分析。而且，它们大都使用到了“范式”的概念和理论，但它们对“范式”概念的使用，基本上是“拿来主义”，并没有（由于篇幅限制，也不可能）对其作过多的交代，也没有论证其是否合适。2008 年 1 月，笔者分别以 media literacy 和 media education 作为关键词在 ProQuest Digital Dissertations 进行关键词检索和标题检索，剔除重复条目，发现有 60 余篇关于媒体素养研究的博士学位论文。其基本上是对媒体素养的

① 转引自：廖峰. 阻碍俄罗斯中等学校开展媒体素养教育的因素分析. 丽水学院学报，2007，(1)：95-98.

② Walsh B：A brief history of media education. http://www.medialit.org/reading-room/brief-history-media-education[2017-10-12].

影响和作用进行研究①和对媒体素养教育或课程设置问题的研究，方法上偏于微观量化的分析和实证研究。譬如，Nadide 在其博士学位论文中认为，虽然媒体制作被认为是一个困难、耗时和耗费精力较多的过程，教育者还是需要将媒体制作融合到课程教学中去，以便让新的一代在富含文化的媒体中做好准备。该论文“描述和分析了美国一些学校的一个由 48 名教育硕士组成的 3 个视频制作小组的对视频制作的不同反应和教育体验，探讨了他们对媒体素养教育丰富意义的理解，视频制作活动对学生理解媒体的影响，以及他们将媒体作品融合到他们期中和期末测试成绩中去的方案”②。这为本书媒体素养教育新的发展阶段提供了很好的范例。另外，还有少量对媒体素养理论的研究，方法上偏向于文献分析。譬如，Piette 和 Giroux 两位学者就指出，目前的媒体素养研究关注理论基础的很少，研究者首要关心的是现行媒体素养项目的具体情况，即使是认真考察媒体素养理论的研究，通常也只是为了更广泛的教育发展。他们发现，“如果媒体素养教育想要将自己建成一个自主研究的领域，甚或是一个基础牢固的教育领域，它不得不明确它的理论基础”③。虽然几乎每篇硕士、博士学位论文在其理论介绍或文献综述部分都或多或少地对媒体素养教育的历史做了一些回顾，但基本上只限于对莱恩·马斯特曼和大卫·帕金翰等学者理论的综述，还没有发现专门以考察研究媒体素养教育历史嬗变的论文或专著。

二、国内研究综述

早在 20 世纪的 20—30 年代，我国一些具有远见卓识的新闻界学者，诸如戈公振、邵飘萍、鲍振青、黄天鹏、谢六逸、杜维涛、区永祥、张萝兰等就曾阐述过新闻与公民教育的必要性和重要性，也提出了一些切实可行的措施。譬如，黄天鹏认为，学校最低应给中学生以“新闻纸是什么”的观念。中等教育的目标是“要使学生对新闻纸有一个正当的认识，或者能引起相当的兴趣”④。但自 1949 年中华人民共和国成立至改革开放之间的很长一段时期，由于种种原因，有关媒体的教育并未受到国家的高度重视。直到 1986 年，学者廖榆林在《信息革命对青

---

① Edward 在其论文中，通过对媒体素养的数量化测量，用实证的方法调查、探索了媒体素养和批判性思维技巧之间的关系，指出了在高等院校开展媒体素养教育的意义。参见 Edward T A. Media Literacy and Critical Thinking：Is There a Connection?Pittsburgh：Duquesne University，2005.

② Nadide M. Analog and digital video production techniques in developing new media literacy skills among university students. Massachusetts：University of Massachusetts Amherst，2002：1-5.

③ Piette J，Giroux L. The theoretical foundations of media education programs//Kubey R. Medialiteracy in the Information Age. New Brunswick，London：Transaction Publishers，2001：98.

④ 黄天鹏. 怎样做一个新闻记者. 上海：上海联合书店，1931：38.

年思想政治工作的影响》一文中，才首次使用了“大众媒介教育”一词。他认为，“大众媒介教育有其优势，但也有其不足，一是缺前馈。前馈，是指在使用大众媒介进行教育时，事先通过调查研究等方式了解教育对象的需要，以改进教育（或节目）的制作，增强教育效果的过程”[①]。由此可见，这里的“媒介教育”，其实是利用媒体进行教育，是和电化教育相联系的一个概念，并不是本书所讨论的媒介教育——关于媒介的教育。1994 年，夏商周（陈力丹笔名）认为：“随着世界新技术革命的兴起，大众传播业在世界各国，特别是发展中国家，发展极为迅速。从 70 年代起，不仅发达国家，而且拉美、亚洲的发展中国家，开始意识到进行传播文化教育的必要。这种教育被称为‘媒介扫盲’、‘媒介教育’，还为此产生了一个新的英文名词 educcommunication（教育传播）。它的发展趋势是将媒介教育列为正规教育（小学、中学、大学）的一部分，以帮助一代新人了解大众传播，培养他们对大众媒介的正确态度。”[②]于是，媒体素养概念和教育理念才被正式引入国内。1997 年，中国社会科学院副研究员卜卫率先追溯了“公民媒介教育的概念及其发展”[③]。该文被公认为国内改革开放以来第一篇系统论述媒体素养教育的论文，文中的“媒介教育”即今天的“媒体素养教育”。卜卫认为，媒体素养教育的概念最初由英国学者提出。她把西方媒体素养教育的历史基本上概括为：①20 世纪 30—60 年代的对大众媒体的抵制阶段；②20 世纪 60 年代以后的“流行文化运动”阶段；③20 世纪 80 年代以后的强调“人的能力的培养”阶段。[③]她认为，“媒介教育的概念经过近 60 年的演变，发展成一种多含义、多角度和多层面的概念，目前还未有一个统一的定义”[③]。事实上，在 1996 年，卜卫就明确指出了媒介教育的对象和基本内容：“对大多数人来说，媒介教育还是一个新概念。媒介教育即对儿童及其父母进行的有关如何有效地使用大众媒介的教育。”[④]针对互联网这一新型媒体，她还进一步阐明了媒介教育的目的：“媒介教育不只是要阻止媒介中的暴力、性别歧视等消极影响，重要的是要通过有效的训练，提高公众对媒介中暴力、性别歧视现象的醒觉能力和批判能力，鼓励公众同媒介表现作斗争。”[⑤]同时，她认为媒介观念和媒介教育之间具有紧密的联系：“我们看到，如果以职业分组比较不同职业的受众在媒介观念方面的差异，那么，国家

---

① 廖榆林. 信息革命对青年思想政治工作的影响. 青年研究，1986，(6)：1-6.

② 夏商周. 我国需要“媒介扫盲”. 新闻记者，1994，(1)：9-10.

③ 卜卫. 论媒介教育的意义、内容和方法. 现代传播（北京广播学院学报），1997，(1)：29-33.

④ 卜卫. 关于青少年网络管理的理论和实践探讨. 现代传播（北京广播学院学报），1996，(5)：41-46.

⑤ 卜卫. 媒介与妇女——第四次世界妇女大会非政府组织论坛“媒介与妇女”专题讨论会综述. 国际新闻界，1996，(1)：37-42.

干部、科教文卫工作者较其他职业的受众具有较积极的媒介观念，这种媒介观念为他们积极吸收和有效利用媒介传播的信息提供了机会和条件。农民群体媒介观念得分不如其他职业的受众。这提出了一个媒介教育的问题，因为即使拥有了现代传播媒介，如果没有积极的媒介观念，也会影响受众有效利用信息。”[①]为此，她一再呼吁：“研究媒介教育的问题，探讨适合中国国情的媒介教育的内容、目标和手段。培养公民信息处理的能力。”[②]

随着这些研究的开展，媒体素养教育方面的论文等研究成果也逐渐丰硕起来。笔者分别以“媒介素养”“媒体素养”“媒介教育”“媒体教育”“传媒素养”“传媒教育”等作为关键词，在中国期刊全文数据库按“篇名”进行精确检索，剔除重复条目后，截至2017年9月12日，分别得到3844、349、112、101、80、175 篇论文，相关论文总共 4661 篇。这还不包括以“电视素养”“数字素养”“信息素养”“视觉素养”“网络素养”等与“媒体素养”具有“近亲”关系的概念为关键词检索的论文。这显示出媒体素养教育在我国俨然已成显学之势。分析这些论文，我们按内容和主题基本上可以将其概括为以下七个方面：一是有关媒体素养的译文、访谈类论文[②]；二是有关媒体素养内涵、价值或价值取向类论文[③]；三是有关媒体素养教育范式、历史、综述类论文[④]；四是有关媒体素养与媒体文化、文化研究类的论文[⑤]；五是媒体素养教育相关问题的调查实证研究论文[⑥]；六是网络素养、新媒体素养等最新发展研究方面的论文[⑦]；七是我国媒

① 卜卫. 受众的媒介观念研究. 新闻与传播研究，1996，(2)：46-55.

② 这方面的论文主要有：肯斯汀·大卫，王堃，卢楠楠. 媒介素养：美国的发展和国际溯源. 大学（研究与评价），2008，(2)：56-61；大卫·帕金翰，张开，林子斌. 媒介素养教育在英国（上），(下）——访谈与思考. 现代传播（中国传媒大学学报），2006，(5)：135-139，(6)：117-121；大卫·帕金翰，宋小卫. 英国的媒介素养教育：超越保护主义. 新闻与传播研究，2000，(2)：73-79，等等。

③ 这方面的论文主要有：刘文静，刘洪铎. 新媒体形势下辅导员媒介素养的内涵与价值研究. 西部素质教育，2016，(4)：38；叶思诗. 公众媒介素养提升的当代内涵和意义——基于影像素养视角. 新闻研究导刊，2016，7（10)：4-5；刘辛未. 试论新媒介素养中法制内涵的重要价值. 新闻研究导刊，2015，(8)：9-10，等等。

④ 这方面的论文主要有：袁军. 媒介素养教育的世界视野与中国模式. 国际新闻界，2010，(5)：23-29；张冠文. 论媒介素养教育的构成与范式. 当代教育科学，2004，(4)：14-16；邱昊. 数字时代背景下中国媒介素养教育的当下选择——西方媒介素养教育范式的演进及其启示. 湖南师范大学教育科学学报，2012，11（4)：103-106，等等。

⑤ 这方面的论文主要有：黎筝. 新媒体时代本土文化对媒介素养教育的影响. 教育评论，2017，(3)：35-38；于淼. 参与式文化背景下大学生的媒介素养教育. 青年记者，2017，(5)：116-117；卢锋，丁雪阳. 文化向度的国际媒介素养教育考察. 现代传播（中国传媒大学学报），2016，38（8)：145-149，等等。

⑥ 这方面的论文主要有：何齐宗，常魏魏，周益发. 新媒体时代中学教师媒介素养的调查与思考. 中国成人教育，2017，(16)：68-71；王茹雪，欧阳德龙. 济南市民办大学大学生媒介素养调查分析. 新闻研究导刊，2017，8（2)：50-51；曾凡斌. 社会化媒体下传媒工作者的媒介素养调查. 新闻战线，2017，(6)：28-31，等等。

⑦ 这方面的论文主要有：喻国明，赵睿. 网络素养：概念演进、基本内涵及养成的操作性逻辑——试论习总书记关于“培育中国好网民”的理论基础. 新闻战线，2017，(3)：43-46；叶定剑. 当代大学生网络素养核心构成及教育路径探究. 思想教育研究，2017，(1)：97-100；王鼎，张宏树. “互联网+”时代公民网络素养分析——以“魏则西事件”为例，新闻研究导刊，2016，7（22)：55-56，等等。

体素养教育本土化的意义与建构策略研究方面的论文[①]。其中，第一至四类文献对本书具有一定的史料价值。譬如，蔡骐教授在《论大众文化与媒介教育的范式变迁》一文中，将西方媒体素养教育的发展划分为三个范式的变迁，即批判范式、分析范式和表征范式，并认为决定媒体素养教育范式转换的主要因素是人们对待大众文化态度的变化。陆晔教授认为，“在过去几十年间，媒介素养历经了四次可称之为‘范式转移’的变化”[②]：①20 世纪 30 年代的保护主义立场；②20 世纪 60 年代强调提升对媒介内容的选择和甄别力；③20 世纪 80 年代重点对媒介文本的批判性解读；④20 世纪 90 年代以来的参与式社区行动。第五、第六和第七类文献同样对本书的关于我国媒体素养教育策略的建构具有一定的借鉴和启发作用。上述 4661 篇媒体素养相关论文中，还包括硕士学位论文 360 余篇[③]，除了作为本书基础的笔者本人的博士学位论文《从抵制到参与——西方媒体素养教育的嬗变与启示》外，还有另外 10 篇博士学位论文[④]。其中，张学波主要是对媒体素养教育的课程设置进行规划：“在历史的考察和学科视角的解析中，较深入地辨析了媒体素养和信息素养这两个概念的区别与联系，并尝试对媒体素养内涵作出探索性的解析。在课程发展理论和媒体文化理论的跨学科研究中，提出了一个

---

① 这方面的论文主要有：陈燕. 三位一体：中小学媒介素养教育的提升策略. 新闻界，2016，(18)：36-39；禹哲. 批判性思维下的大学生媒介素养提升策略. 传媒观察，2016，(12)：24-26；赵婧. 中小学生媒介素养教育的紧迫性与策略取向. 教育探索，2017，(2)：41-43，等等。

② 陆晔. 媒介素养的全球视野与中国语境. 今传媒，2008，(2)：11-14.

③ 其中对本书有重要参考价值的硕士论文主要有：郭金平. 西方各国媒介素养教育价值观研究. 锦州：渤海大学，2017；宗佳惠. 媒介形态变化对媒介素养教育的影响研究. 南京：南京邮电大学，2015；陈夏蕊. 新传播技术呼唤新“媒介素养”. 合肥：安徽大学，2014；王一茹. 两岸大学生媒介素养教育比较研究. 大连：大连理工大学，2014；赵冬娜. 加拿大中学媒介素养教育研究. 沈阳：辽宁师范大学，2014；李晓培. 美国青少年媒介素养教育的经验与启示. 郑州：郑州大学，2014；郭铮. 英国青少年媒介素养教育的实践与启示. 郑州：郑州大学，2014；王泉. 参与式文化背景下的大学生媒介素养教育. 南京：南京邮电大学，2014；彭艺美. 日本媒介素养教育研究. 长春：东北师范大学，2013；王雨馨. 加拿大青少年媒介素养教育的经验与启示. 郑州：郑州大学，2013；王晓卉. 终身教育视域下的媒介素养教育. 沈阳：辽宁大学，2012；李保金. 大卫·帕金翰媒介素养教育思想初探. 北京：中国传媒大学，2009；彭聪. 媒介素养理论溯源研究. 长春：东北师范大学，2011；邱勇. 中国式媒介素养教育的本土探索与建构. 重庆：西南大学，2012；康彦姝. 加拿大中小学校学生媒介素养教育研究. 重庆：西南大学，2011；张瑞静. 发达国家及地区媒介素养教育研究. 乌鲁木齐：新疆大学，2009；孙文彬. 媒介素养内涵演变与发展研究. 合肥：中国科学技术大学，2009；邱伟. 台湾媒体素养教育的发展与困境. 厦门：厦门大学，2007；孙巍. 英国中学传媒素养教育. 长春：东北师范大学，2008；秦莹. 媒介素养教育的中外比较研究. 上海：华东师范大学，2007；吴琛. 论推行青少年媒介素养教育的必要性和方法. 南京：南京师范大学，2004；刘伟国. 本土视野下的中国媒介素养教育. 兰州：兰州大学，2006；邢瑶. 媒介教育在社会主义核心价值观培育中的责任研究. 石家庄：河北经贸大学，2014；高兵. 电视暴力及媒介教育探究. 广州：暨南大学，2003，等等。

④ 它们分别是：林晓华. 媒介素养与少数民族发展. 成都：四川大学，2006；江宇. 家庭社会化视角下媒介素养影响因素研究. 北京：中国传媒大学，2008；刘晓敏. 美国中小学媒介素养教育研究. 长春：东北师范大学，2012；刘津池. 当代媒介素养教育研究. 长春：东北师范大学，2012；卢锋. 媒介素养教育的本土化研究. 南京：南京师范大学，2011；吴靖. 小学媒介素养“晶体”课程实施路径研究. 长春：东北师范大学，2015；周素珍. 英国媒介素养教育研究. 武汉：武汉大学，2014；张学波. 媒体素养教育的课程发展取向研究. 广州：华南师范大学，2005；吴鹏泽. 中日学生对媒体态度的比较研究及提高媒体素养的策略. 广州：华南师范大学，2006；王帆. 教育技术学视野中的媒介素养教育研究. 南京：南京师范大学，2009。

解读媒体素养教育课程发展取向的理论分析框架。还提出了教育技术工作者应当承担媒体素养教育的新使命，拓展研究领域，在更广阔的学科背景和实践舞台上创新发展的建议。”[①]江宇的博士学位论文《家庭社会化视角下媒介素养影响因素研究》，“旨在从社会化视角对可能影响青少年学生媒介素养水平的家庭因素进行探究，以期在把握一手实证数据的基础上，为在家庭中较好培育青少年学生媒介素养提出针对性建言：树立现代的家庭媒介教育理念、明确家庭媒介教育的目标、更新教育理念、家长提高自身的社会化程度、营建良好家庭文化氛围等等”[①]。吴鹏泽的博士学位论文《中日学生对媒体态度的比较研究及提高媒体素养的策略》，对中日学生媒体态度进行比较研究，提出了提高学生媒体素养的策略，并对这些策略的效果进行了验证。该研究认为，“青少年对媒体的态度包含认知和情感成分将直接影响他们面对媒体时的行为，而且认知和情感是媒体素养的两个基本维度……提高中国学生媒体素养的策略，应从综合实践活动课、不同学习阶段、学生和教师上入手”[②]。林晓华则对媒介素养与少数民族发展问题进行了有益的尝试、开拓与创新，也应该属于实证研究。在该论文的第一章中，作者在系统梳理中外媒介素养的起源与发展现状的基础上，将西方各国媒介素养教育的理论与实践划分为三个阶段[③]：①反对媒介阶段；②认同媒介、解读媒介阶段；③深度推进与全球扩散阶段。刘津池在其博士学位论文《当代媒介素养教育研究》中认为，“在西方发达国家，媒介素养教育开展的时间较早、理念较为先进，实践比较成熟，积累的经验也比较丰富。我国要进一步推进媒介素养教育的深入实践，就需要在立足本国情况下，向西方发达国家进行有效的借鉴。具体来说，应当包括以下几个方面：①要正确地认识媒介素养教育的性质与任务，坚持‘培养人’的使命，树立超越‘生存’而创造‘意义’的价值理想，与时俱进地进行观念的更新；②当代中国的媒介素养教育实践需要立足国情，在坚持‘文化关照’的同时，还要加强‘本土性’的培育；③媒介素养教育需要坚持‘主体建构’的原则，激发学生主体意识，完善学生的基本素质结构；④在当代媒介社会中，媒介素养教育建立‘社会—学校—家庭’三方联动机制，形成强劲的实践合力，推进自身与生活相结合”[④]。刘晓敏强调，“在现时代中国，中小学媒介素养教育开展的必要性和急迫性日益突出。而美国中小学媒介素养教育的推进和发展情况，为我国中小学媒介素养教育的发展提供了有益的启示”。该研究“通过展现美国

---

① 张学波. 媒体素养教育的课程发展取向研究. 广州：华南师范大学，2005：8.
② 吴鹏泽. 中日学生对媒体态度的比较研究及提高媒体素养的策略. 广州：华南师范大学，2006：3.
③ 林晓华. 媒介素养与少数民族发展. 成都：四川大学，2006：8-24.
④ 刘津池. 当代媒介素养教育研究. 长春：东北师范大学，2012：ii.

媒介素养教育开展的状况，包括美国媒介素养教育开展的背景、发展阶段、模式、实施的基本理念与方法等展现了美国中小学媒介素养教育的面貌，并通过对美国德克萨斯州中小学媒介素养教育的案例研究，透视美国中小学媒介素养教育开展的具体情况。最后对美国媒介素养教育存在的问题与可借鉴的方面进行探讨，并对中小学媒介素养教育的进一步发展完善进行关照”①。卢锋提出，“我国媒介素养教育理论的本土化应转变思路，即从历史的、现实的取向转向未来的视角，在确定‘媒介对人的影响’为逻辑起点的基础上，以原创性和自主性为目标，以形成本土意识、有一批致力于本土化研究的学术社群、正确处理国外媒介素养教育理论、本国当代实践和传统的关系问题为条件，通过由外及内和由内及外两个维度，努力实现与西方国家的对话。在媒介素养教育实践的本土化方面，我国媒介素养教育应采取一种‘积极建构的保护主义’的价值取向，即在教育目标上应该既有保护的色彩，也有积极建构的诉求，在教育模式上强调学生的积极参与。在当前学校媒介素养教育的全面推进并不顺利的情况下，家庭教育和社会教育逐渐引起了人们的重视，家庭教育更是由于其感染性、针对性和灵活性的特点成为了媒介素养教育的主战场。当前在我国开展家庭媒介素养教育，是媒介素养教育实践本土化的重要途径”②。吴靖对小学阶段的媒介素养课程进行了系统的开发、设计与实践。该研究“在大量国内外媒介素养教育研究的基础上，基于大数据时代的学习环境，通过考察西方课程思潮，提出了‘晶体’课程理念，并在该课程理念下，从不同维度构筑了我国小学媒介素养课程的实施路径，具体表现为对小学媒介素养‘晶体’课程标准的研制、课程教材和‘晶体’课程资源的设计与开发、‘晶体’教学策略的提出、‘晶体’教学环境以及教学评价的设计与实践，重点指向该小学媒介素养‘晶体’教学策略的开发和应用”③。周素珍则“通过对英国媒介素养教育理念的发展历史和英国的媒介素养教育在义务教育课程中的实践进行研究和分析，期望为中国的中小学媒介素养教育的推动和发展提供有益的启示”④。王帆博士在其博士学位论文中，“回溯、对比了中外媒介素养教育发展历史，以教育技术学的视角，从‘媒介素养’基本概念入手，试图突破以传播学为主的媒介素养的研究思路，突出其教育的本质属性。阐明媒介素养教育是以媒介本身为教育内容且与‘技术’密切相关的大众化的普及性教育。形成了以信息处理为线索构建媒介素养本体，视觉文化为导向践行媒介素养教育

① 刘晓敏. 美国中小学媒介素养教育研究. 长春：东北师范大学，2012：i.
② 卢锋. 媒介素养教育的本土化研究. 南京：南京师范大学，2011：i-ii.
③ 吴靖. 小学媒介素养“晶体”课程实施路径研究. 长春：东北师范大学，2015：i.
④ 周素珍. 英国媒介素养教育研究. 武汉：武汉大学，2014：i.

的研究思路，凸显教育技术的学科特色”①。另外，张艳秋博士和白传之博士的博士学位论文也是以媒介素养为主题的，但并没有放到中国博士学位全文数据库中。白传之在其博士学位论文《媒介素养教育研究——范式、模式与课程模型》②的基础上，于2008年出版了学术专著《媒介教育论》。作为较早的系统的中国媒介教育理论著作，该书在考察和解读国外主要国家媒体教育实践和理论的基础上，首次提出了中国媒介教育从“范式”到“模式”的理论框架，并建构出我国现阶段的媒体教育CTL内容模型。作为中国媒体素养方面的首篇博士学位论文，张艳秋的博士学位论文《信息社会媒介素养研究——兼论中国媒介教育的必要性与可行性》③对在中国开展媒体素养教育的必要性与可行性进行了充分的论述。2012年，以该博士学位论文为基础的学术专著——《理解媒介素养：起源、范式与路径》得以出版。该书“既侧重媒介素养的理念挖掘与路径探索，也强调在国际比较视域下反思并建构媒介素养的本土行动。作者秉持历史研究、批判研究和比较研究的方法，主要通过阐述媒介素养与媒介技术、媒介社会、媒介生态、媒介研究、媒介教育、媒介机构、媒介管制、媒介融合等核心概念及研究范式之间的关系，梳理并论证了媒介素养的起源与沿革、范式与理念、路径与实践等几大主要问题，是对媒介素养进行的一次基础性、综合性和学理性的论述”④。

同一时期，国内有关媒体素养教育的学术著作也逐渐多了起来。这些著作，在涉及有关国外媒体素养教育的内容时，一般用一章或一节的篇幅对其历史嬗变过程给予简单介绍。其中，谢金文著、上海社会科学院出版社2004年出版的《新闻·传媒·传媒素养》一书，在序言中对国外媒体素养教育进行了概述；邵瑞著、中国传媒大学出版社2006年出版的《中国媒介教育》一书，在第二章对世界媒介教育实践活动状况进行了介绍；张开著、中国传媒大学出版社2006年出版的《媒介素养概论》一书，在最后一章对媒体素养教育在各国的发展进行了概括；刘勇、汪海霞编著，合肥工业大学出版社2007年出版的《当代媒介素养教程》一书，在第十章第一节简要介绍了西方发达国家的媒体素养教育概况；陈龙主编、中南大学出版社2007年出版的《媒介素养通论》一书的第一章为国外媒体素养教育的历史与现状扫描；段京肃、杜骏飞等编著，福建人民出版社2007年出版的《媒介

① 王帆. 教育技术学视野中的媒介素养教育研究. 南京：南京师范大学，2009：iii.

② 白传之. 媒介素养教育研究——范式、模式与课程模型. 北京：中国传媒大学，2006.

③ 张艳秋. 信息社会媒介素养研究——兼论中国媒介教育的必要性与可行性. 北京：中国人民大学，2005.

④ 张艳秋. 理解媒介素养：起源、范式与路径. 北京：人民出版社，2012：1.

素养导论》一书的第一章第四节主要介绍了发达国家的媒体素养教育；党静萍著、法律出版社2007年出版的《传媒教给我们什么——青少年传媒素养教育研究》一书的第二章的第四节为传媒素养教育在各国及地区的发展扫描。秦永芳著、广西人民出版社2008年出版的《青少年媒介素养教育研究》一书的第六章为国外青少年媒介素养教育的历史、现状与趋势。

进入2009年，有关媒体素养教育的著作开始井喷般涌现。较有影响的著作分别是：《国际媒体素养教育的课程发展》（张学波，暨南大学出版社，2009年8月）、《媒介素养教育论》（袁军，中国传媒大学出版社，2010年5月）、《媒介素养教育理论与实践》（宫淑红、张洁，山东人民出版社，2010年7月）、《媒介素养：理念、认知、参与》（陆晔，经济科学出版社，2010年9月）、《面对媒体的策略——新闻发言人媒介素养实务》（王婷，中国传媒大学出版社，2011年1月）、《中国与日本学生媒介素养比较研究：态度和策略》（吴鹏泽，华南理工大学出版社，2011年4月）、《教育技术学视野中的媒介素养教育研究》（王帆，中国社会科学出版社，2011年10月）、《媒介素养与政治传播》（骆正林，中国广播影视出版社，2012年3月）、《新媒介素养》（黄楚新，知识产权出版社，2012年6月）、《公务员媒介素养》（匡文波、曾卫，新华出版社，2012年6月）、《媒介素养：已悄然融入执法能力》（李雪慧，中国长安出版社，2012年9月）、《领导干部新视野：现代领导媒体素养》（石国亮、李培晓，国家行政学院出版社，2013年8月）、《走进媒介世界：媒介素养50讲》（陈晓慧、袁磊，东北师范大学出版社，2013年10月）、《苹果世代："00后"儿童的媒介化生存及其媒介素养教育研究》（张海波，南方日报出版社，2013年10月）、《谁蒙上了你的眼睛？：人人必备的媒介素养》（李希光，法律出版社，2013年11月）、《媒介素养教育与包容性社会发展》（张开、张艳秋，中国传媒大学出版社，2014年6月）、《媒介素养与媒介德育创新——大中学生如何应对色情与暴力信息》（覃川、李海霞、戚天雷，清华大学出版社，2014年7月）、《媒介素养十四讲》（吴玉兰，北京大学出版社，2014年9月）、《危机传播视野下的媒介素养教育》（庞亮，中国传媒大学出版社，2015年2月）、《当代媒介素养十讲》（高萍，中国人民大学出版社，2015年4月）、《做媒介的主人——大学生媒介素养导引》（江宇、薛强、段送爽，科学出版社，2015年5月）、《新媒体素养论——理念、范畴、途径》（张成良，人民出版社，2015年9月）、《新媒体时代领导干部的媒介素养》（张红兵，暨南大学出版社，2015年5月）、《新媒介素养教育》（李舒东，高等教育出版社，2015年7月）、《高校辅导员媒介素养》（邵瑞，山东人民出版社，2015 年 10 月）、《城镇化进程中农民工媒介素养与利益表达研究》（党静萍、欧宁、徐春英，中国社会科学出版社，2015 年 11 月）、《媒介素养概论》（刘勇，中国人民大学出版社，2016 年 1 月）、《媒介素养教育研究》（胡婷婷，电子工业出版社，2016 年 5 月）、《媒介素养与传媒批评》（程丽蓉、蒋忠波，科学出版社，2016 年 5 月）、《在乡村望世界：中国农村青少年媒介素养研究》（周敏，中国广播影视出版社，2016 年 7 月）、《媒介素养·彩色漫画版第二版》（张海波，南方日报出版社，2016 年 8 月）、《家庭媒介素养教育》（张海波，南方日报出版社，2016 年 9 月）、《农村留守儿童的媒介使用与媒介素养教育》（郑素侠，社会科学文献出版社，2017 年 4 月）、《90 后的数字化成长：中国高中生手机媒介素养教育研究》（于杨，中国传媒大学出版社，2017 年 6 月）、《视觉文化与媒介素养研究手册》（张舒予，中国广播影视出版社，2017 年 7 月）和《中国媒介素养研究人物史》（王天德，中国广播影视出版社，2017 年 7 月），等等。

应该说，我国有关媒体素养的大多数学术论文与著作对本书都极具史料、借鉴和启发意义和价值。不过，我们仍然要清醒地看到，我国的媒体素养教育毕竟还处于起步阶段，至今还没有出现媒体素养教育历史研究专著。这说明我国在媒体素养教育历史研究方面还存在着有待提高、深化的研究空间。首先，从研究内容上看，上述研究中对西方媒体素养教育介绍性的、浮光掠影式的历史描述较多，基于历史事实的原因总结、分析相对较少，且比较分散；研究材料中互相转引、雷同的中文文献较多，直接引用英文原文文献相对较少。出于准确性的考虑，本书将力求突出媒体素养教育研究中的文献价值，力求把文献文本选择的目光首先集中于有关西方媒体素养教育的第一手英文文献资料，特别是类似 *Culture and Environment*：*The Training of Critical Awareness*①这样的经典媒体素养教育著作；当然，一些有价值的相关中文文献也在笔者考察、参考范围之内。其次，从研究主体上看，似乎一直是一些新闻传播学院的学者和有关青少年教育的社团组织在唱主角，研究力量显得比较单一和单薄；教育学者特别是教育技术学领域的学者近年来对媒体素养教育虽然有所涉猎，但纯粹从教育学的角度、教育技术学的角度对其进行研究的论文和成果数量仍非常有限。作为教育技术学专业的高校教师，笔者愿意就此做些尝试。最后，上述研究对西方媒体素养教育的历史考察基本上是对莱恩·马斯特曼和大卫·帕金翰的理论的注释和解读，自然没有跳出

① Leavis F R，Thompson D. Culture and Environment：The Training of Critical Awareness. London：Chatto & Windus，1964.

“范式”的理论范畴。那么，“范式”理论是否就一定适合用来研究媒体素养教育的历史嬗变呢？笔者以为，以“范式”理论考察媒体素养教育的历史嬗变，似乎并不太合适，也不太容易。这是因为，根据美国科学史家和科学哲学家托马斯·库恩的解释，“范式”主要是指科学研究中“那些公认的科学成就，它们在一段时间里为实践共同体提供典型的问题和解答”①。在库恩之后，“范式”一词被广泛用来指称一种一致的世界观或共同的观点、理论，并作为引导一个领域内人员工作、研究的共同的规范和方向。库恩使用范式概念，不仅源自自然科学，而且也是旨在描述自然科学的发展，对于人文社会科学，他认为并不适用：“在社会科学各个部分中要完全取得这些范式，至今还是一个悬而未决的问题。”②在他看来，人文社会科学的发展还不成熟，它只有学派，没有范式，尚处于“前范式时期”（pre-paradigm period）。媒体素养教育显然属于人文社会科学，但反观莱恩·马斯特曼和大卫·帕金翰等所谓的媒体素养教育“范式”，其在使用的过程中似乎并没有严格的概念界定，实际上往往是和“范例”“方法”“模式”“视角”“取向”等概念相混用的，因此并非严格意义上的库恩“范式”概念。

事实上，“价值取向”，是一个涵盖社会各个领域、各个层面，涉及各个学科的价值哲学范畴。因此，人们对它的理解见仁见智，目前还没有高度一致的认识。譬如，有人从主体自身需要的角度，认为价值取向是一种“价值标准”，“价值取向是指某一个人所信奉的，而且对其行为有影响的价值标准”③；有人从客体价值认识的角度，认为“价值取向就是人们在一定场合以一定方式采取一定行动的倾向性”④；还有人从行为价值倾向角度，认为“价值取向是在价值选择过程中决定采取的方向”⑤，亦即“行动取向”。其中，“主体自身需要”构成了价值取向的重要维度，因为任何实践都具有选择性，而所有的选择都受制于主体的价值取向，主体一般会根据自身的价值取向对有关的目标、方向、手段及各种结果进行评价、判断，从而做出取舍。而且，“任何主体都是处于一定社会历史背景下的主体，其价值取向与所处社会的政治、经济、文化等背景密不可分。随着社会的变迁，价值取向作为一种社会意识，体现为一种对社会存在的反

① 库恩. 科学革命的结构（序言）. 金吾伦，胡新和译. 北京：北京大学出版社，2003：5.
② 库恩. 科学革命的结构. 李宝恒译. 上海：上海科学技术出版社，1980：14.
③ 汝信. 社会科学新辞典. 重庆：重庆出版社，1988：401.
④ 袁贵仁. 价值学引论. 北京：北京师范大学出版社，1991：350.
⑤ 马志政. 哲学价值论纲要. 杭州：杭州大学出版社，1991：339.

映，也会相应地发生改变”[①]。所谓媒体素养教育的价值取向，就是指媒体素养教育的政策制定者、组织者及各级教育机构——媒体素养教育的主体——基于自身需要和对媒体价值的认识，在开展媒体素养教育活动时的价值倾向。“就教育的价值问题而言，有一点是毋庸置疑的，媒介素养教育作为人类的一种社会实践活动，是具有其特殊价值的，本质上蕴含着教育主体的价值取向。”[②]在西方国家开展媒体素养教育的历史过程中，由于各国国情的不同、发展阶段不同，其所选择和确定的媒体素养教育的目标和教育内容自然各具特点；相应地，媒体素养教育主体的自身需要、对于媒体价值的认识及开展教育活动时的行为倾向也有所不同。换句话说，西方国家不同阶段的媒体素养教育，都隐含着一定的价值取向，而且总体上呈现出多样性的趋势。“这种以独特性为表象、以多样性为整体特征的媒体素养教育实践印证了媒体素养教育具有多元价值取向这一命题，不同的媒体素养教育价值取向正是媒体素养教育者对各自国家媒介与公众等环节之间关系的不同反思。”[③]从这个意义上分析媒体素养教育的价值取向，有助于我们认识媒体素养教育的核心和本质，并具有一定的现实参考价值。而且，影响西方媒体素养教育价值取向的因素众多，但其中最主要的还应该是大众文化，或者更确切地说是人们对大众文化的态度。既然如此，笔者以为，不如就以媒体素养教育的内涵和价值取向等的历史嬗变为主线来梳理、推理媒体形态进化、大众文化演变与西方媒体素养教育发展之间的关系，进而归纳总结西方媒体素养教育的历史嬗变规律。

第四节　媒体素养教育的研究方法与思路

一、研究方法

“研究方法是从事研究的计划、策略、手段、工具、步骤以及过程的总和，是研究的思维方式、行为方式以及程序和准则的集合。”[④]根据研究问题，本书拟采用历史文献法、跨学科研究方法和比较研究法等研究方法。

---

① 易显飞. 技术创新价值取向的历史演变研究. 沈阳：东北大学出版社，2009：47-48.

② 吴文涛，张舒予. 从抵制到赋权：论西方媒介素养教育价值取向的历史演变. 当代教育科学，2016，(5)：44-47.

③ 蔡帼芬，张开，刘笑盈. 媒介素养. 北京：中国传媒大学出版社，2005：101.

④ 陈向明. 质的研究方法与社会科学研究. 北京：教育科学出版社，2000：5.

（一）文献法

历史研究应该尽力将其所研究的问题置于相应的社会背景中进行分析，以避免孤立地研究某一问题。教育历史研究，同样意味着必须将其与特定时期的政治、经济及文化传统等背景联系起来考察，这就需要用到文献法。“在严格意义上，文献法并不是一种资料搜集方法，而是一种研究方式——既包括资料的搜集方法也包括对这些资料的分析方法。”[①]其中，内容分析法是文献法的主要形式。它通过考察人们所写的文章、书籍、日记、信件、讲法等，来了解人们的态度、思想和行为动机等的特征，进而推演和说明特定历史条件和背景中的某种社会结构及文化变迁。由此可见，文献法本身就是一种历史的考察，非常适合对媒体素养教育的历史演化进行研究。媒体素养教育在国外已经有了近一个世纪的发展历史，无论是理论研究还是实践研究，都有不少有见地的成果。这些成果不仅为本书提供了大量可供参考的资料，而且也为本书提供了一种整体思路和理论上的准备。

（二）跨学科研究方法

媒体素养教育是一个横跨传播学、教育学（含教育技术学）、心理学、文化研究和美学等学科领域的新型边缘学科，笔者在写作的过程中，将尽量从不同的学科角度来对其进行诠释。

（三）比较研究法

媒体素养教育肇始于西方，是一个典型的舶来品。因此，本书还采用比较研究的方法，以期对英国、加拿大和美国等具有代表性的西方国家和地区的媒体素养教育运动进行对比，并分析、总结其各自的经验、特色与得失；在此基础上，希望能够找到适合我国国情的媒体素养教育建构策略。毕竟，从西方媒体素养教育的成败得失中吸取经验教训，是开展有本国特色的媒体素养教育必须要走的第一步。需要说明的是，在我国开展媒体素养教育研究，自然应该先对目前中国大众媒体素养的总体水平和一般状况进行分析，它是我们解决研究问题的出发点。这就需要我们进行基于科学方法的广泛的社会调查。幸运的是，当前国内这方面的研究逐渐多了起来，在需要的时候，笔者将引述、分析这些有价值的实证研究，努力将本书建立在严密的实证分析和逻辑思辨基础之上。

---

① 袁方. 社会研究方法教程. 北京：北京大学出版社，1997：392.

二、研究思路

本书的研究思路如图 1-1 所示。围绕上述研究问题，本书在结构上除了绪论之外，主体部分共由五个章节构成，这五章按照一定的逻辑又分为三个部分。

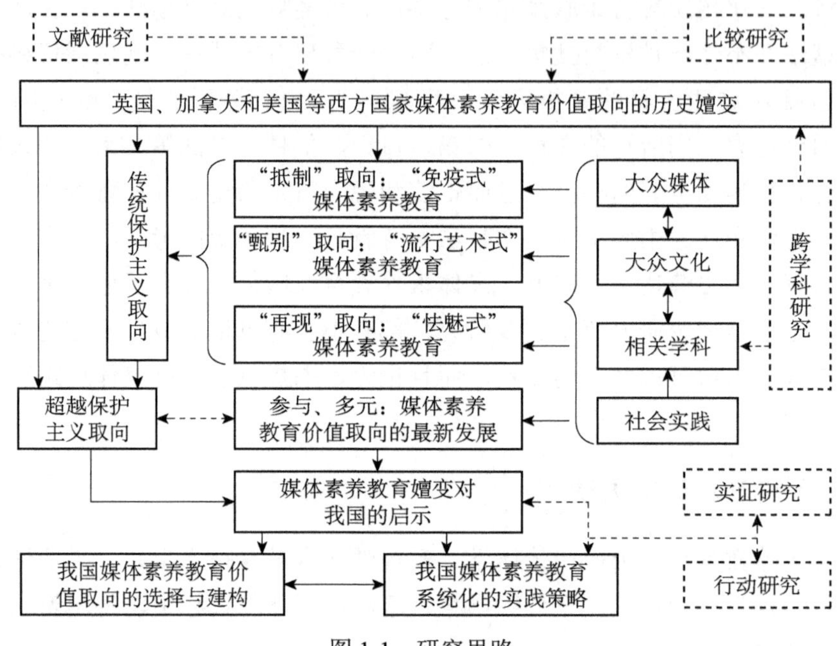

图 1-1　研究思路

绪论部分，通过对媒体化生存中媒体素养重要性和开展媒体素养教育的意义的论述，对本书的选题缘由、研究问题、研究价值作出交代；通过对“媒体”“媒体素养”“媒体素养教育”等核心概念的界定，对中外媒体素养研究相关文献作出简要述评；通过对本书的研究方法和论文框架的介绍，使本书的研究思路与研究范围得以明确。

第一部分（第二～四章）重点论述西方传统的基于保护主义取向的媒体素养教育。这一部分沿着大众媒体→大众文化→人们对待大众媒体和大众文化的态度→媒体素养教育所采取的价值取向这样的逻辑思路，层层递进，分别对在西方媒体素养教育发展过程中产生重要影响的“免疫式”媒体素养教育、“流行艺术式”媒体素养教育和“祛魅式”媒体素养教育进行系统的梳理、考察、分析和评述。

第二部分（第五章）论述媒体素养教育嬗变规律和最新发展。自 20 世纪 90 年代以来，随着新媒体的蓬勃兴起和参与式文化的日益兴盛，一种以参与为基本价值取向的新媒体素养教育应运而生。同时，世界各国媒体素养教育已经发生了深刻的变化——传统的纯粹“保护主义”色彩已经渐渐暗淡，以批判意识、民主参与、赋权和媒体快感为核心理念的“超越保护主义”取向逐渐成为主流。从实践层面来看，西方各国政府的支持、学校教育以及社会团体和专业协会组织的有力推动，以及它们的社会需要和经济水平的发展状况，则为其各自的媒体素养教育发展提供了必要的保障。而且，在当前世界多元文化背景中，由于大众媒体与大众文化的影响、相关学科理论的影响及社会和实践领域的影响，西方媒体素养教育越来越呈现出多元化、社会化、终身化、全球化和网络化的发展趋势。

第三部分（第六章）论述媒体素养教育嬗变对我国的启示。本书认为，参照媒体素养教育历史嬗变的经验和教训，并鉴于我国当前的媒体素养教育在文化层面的精英思维倾向颇为严重、在价值层面“妖魔化”媒体倾向依然存在、在教育层面的灌输式教学尤为普遍的具体国情，我国媒体素养教育应采取一种“超越保护主义”的价值取向，即既要“保护”，又不能仅仅限于保护，而应“超越保护”——“赋权”。在具体实践上，媒体素养教育在我国是一项需要全社会都动员起来的、庞大的系统工程，无论学校、家庭、政府、媒体、民间团体及教育科研等相关部门，还是社会公民主体自身，都应该自觉参与其中并承担各自的责任。

第二章
“抵制”取向：“免疫式”媒体素养教育

第一节　大众媒体和大众文化的兴起

一、大众媒体的兴起

由于“人类最古老的媒介不是别的，而是人类本身”[①]，人类发展的历史也可以说是一部媒体演化发展和人类传播活动的历史，“于历史而论，一部人类文明史，必然是一部媒介的发展创造史，于文化而论，它必然是一定媒介系统作用下的文化，一种媒介的创制与推广，往往孕育了一种新的文化或文明”[②]。关于人类文明历史和媒体发展的历史，传播学之父威尔伯·施拉姆（Wilbur Schramm）曾作了一个很生动的比喻进行描述：

若把人类历史的 100 万年作为“一天”来算，那么这“一天”的“一小时”约等于 41666.7 年，“一秒钟”约等于 11.6 年。

人类的原始语言产生于公元前 10 万年，相当于这天的晚上 9：33；人类有正式语言在公元前 4 万年，等于晚上 11：00；

文字产生于公元前 3500 年，相当于晚上 11：53；

公元 1000 年左右中国宋朝的毕昇创造活字印刷，这时已经是 11 点 59 分

① 崔保国. 媒介变革与社会发展. 南京：南京师范大学出版社，1999：47.
② 王政挺. 传播：文化与理解. 北京：人民出版社，1998：20.

零4秒，距离午夜仅56秒；

1839年发明摄影与午夜仅差12秒；

爱迪生发明电影与午夜仅差9秒；

无线电的发明距离午夜7秒；

1920年美国人首开无线电广播，距离午夜6秒；

1936年英国人首播电视，距离午夜4.5秒；

1945年有了电脑，这时距离午夜3秒；

1954年发明了人造卫星，接着又有了卫星传播，这些新的发展都是在最后的“一两秒”内陆续出现的。1991年美国政府提出信息高速公路计划，相应地网络和基于网络的博客、微信、手机短信等最新媒体都发明于最后的一秒钟之内。①

由此可见，一部人类传播发展史，归根到底是一部媒体形态演化、媒体技术发展的历史。其实，人类传播发展与传播技术、媒体形态演化是同步进行的，它们是相互影响的。历史上，每一次传播技术突破性的变革，都会大大提高媒体传递信息、传播文化、传承文明的能力，因此都通常伴随着一种新的传播媒体的诞生。而且，从语言传播、文字传播、印刷传播到电子传播的媒体发展过程来看，媒体技术的发展变革与人类文化、思想变迁紧密相连，并且越来越呈现出一种“部落化—非部落化—重新部落化”②的发展趋势。事实上，语言文化形态的特点是口耳相传，非常适合早期人类的部落化生存，因此成为部落文化的重要组成部分。当前，“世界上存在的语言和重要的方言不下3000种。无论语言滥觞之初有多少源头，它们都是在无数的部落和部落群中形成的，这些部落彼此几乎没有接触，几乎没有必要去发展彼此相通的语言。每一种部落语言必然是部落人经验的反映，也是其发展中的文化的反映”③。那么，“语言是怎样产生的呢？我们只能猜测。和其他许多重大事件一样，我们可以相当肯定地说，大事发生时，并没有人认识到那是大事。然而，在某时某地，正在形成中的人学会了声音信号，其特点是：便于携带，无论在哪里都表示相同的意思，无需手指对象，无需站在其旁边，或对其号叫”④。总之，由于交流的需要，原始人类发明了语言。口耳相传形式的语言传播使人类祖先逐渐摆脱了“与狼共舞”的野蛮状态，完成“从

① 转引自：陶丹. 从电报到网络. 中国记者，2000，（12）：18-21.

② 麦克卢汉. 理解媒介——论人的延伸. 何道宽译. 北京：商务印书馆，2000：2-3.

③ 施拉姆，波特. 传播学概论. 何道宽译. 北京：中国人民大学出版社，2010：9.

④ 施拉姆，波特. 传播学概论. 何道宽译. 北京：中国人民大学出版社，2010：7.

猿到人”的转变。人类语言的诞生，使人类之间的交流和表达不易被垄断和控制，从而有利于自由、平等、民主参与的个体交流和社会表达方式的产生。但是，限于当时的技术条件和手段，加之由于自身极大的随意性和流动易变性，语言媒体难以超越时空，更无法存储，只能在个体之间进行直接、短距离、面对面地即时交流。

为了克服人类语言的这种缺陷，“自古以来，就有种种空间媒体被设计出来，如火炬、烽火、狼烟、鼓声、笛、鼓、手语、旗子等。这些信号，多借助传播系统，能迅速地进行远距离传送。其中，不乏能传播相当复杂的内容的符号体系”[①]。同时，那些“刻在石头、金属上的文字、图画，刻在泥板上的楔形文字和印章，刻在龟甲、兽骨上的卜文，还有金字塔、石雕、羊皮纸文书等”[①]则构成了典型的时间媒体。当然，这些空间媒体和时间媒体，各有所短，也各有所长。时间媒体有耐久性，但不适于搬运；空间媒体轻便，但是不如时间媒体持久。就这样，“沿着历史的小径，循着漫长的斜坡，在语言出现几十万年之后，兀然竖立着另一个里程碑：文字。人类学会将语音及其所指分离开以后，来到这个里程碑，又学会了把语音和发出语音的人分离开来，于是，语言符号就更易传之久远了”[②]。然而，“回头看来，那的确是惊天动地的大事。文字使人能在地球上传递信息，传递的范围超过说话人所到之处，超过烽火、旗帜或纪念碑能被看见的距离，也超过鼓声所能传递的距离。文字为后世保存大事或商定的事情，使人能够储存那些经验，而不用费力去记忆。于是，人们就能有更多的时间去加工当下的信息，未雨绸缪，而且，他们在必要时改变生活方式的能力就大大加速发展了”[③]。随着文字的发明使用，人类在追求传播空间和传播速度的不懈努力过程中，又发明了纸张和印刷技术，使传播终于可以逾越时间和空间限制，从而让信息存储和更远距离的传播成为可能。恩格斯对印刷术赞美有加：“你在数百年前给予思想和言语以躯体，你用印刷符号锁住了言语的生命，要不它会逃得无踪无影……思想冲破了藩篱，在襁褓时代就长久地限制着它的藩篱，终于展翅飞向遥远的世界，在那里，正进行着郑重的对话，这就是过去和未来。”[④]在恩格斯看来，书写或印刷在纸张上的文字既是时间媒体，又是空间媒体；而印刷术让思想文化传播插上了展翅高飞的翅膀。更重要的是，印刷文化超出了特定的部落

---

① 竹内郁郎. 大众传播社会学. 张国良译. 上海：复旦大学出版社，1989：20-22.

② 施拉姆，波特. 传播学概论. 何道宽译. 北京：中国人民大学出版社，2010：9.

③ 施拉姆，波特. 传播学概论. 何道宽译. 北京：中国人民大学出版社，2010：12.

④ 中共中央马克思恩格斯列宁斯大林著作编译局. 马克思恩格斯全集（第 41 卷）. 北京：人民出版社，1982：41-50.

范围，属于一种“非部落化文化”。但当电子传播时代来临之后，以电子媒体、网络媒体、移动智能终端为基础所形成的新的文化形态，则将整个人类居住的世界连成了一个地球村，因此可以被视为部落文化的复归。而且，“这个历史进程并不是媒介依次取代的过程，而是一个依次叠加的过程”[①]，一个逐步融合的过程。正是媒体技术进步带来的媒体形态变化，不仅将媒体本身的变迁载入历史，而且也将负载其上的知识、宗教、教育、政治、思想和文化等内容加以记录并传播。

然而，印刷媒体虽然在克服时空限制方面，比口头传播有相当大的优越性，但文字的相对复杂性，使识文断字绝非天成，必须经过训练和教育，这就不可避免地将社会大众划分为两大阵营——识字的极少数人与不识字的大众。会识字、读书和写作的人就是有文化的人、有素养的人；而不识字的广大民众就是没文化的人，就是文盲。到了1045年，我国宋代的毕昇发明了胶泥活字印刷术。但更适用化的印刷机器的发明却出现在几百年后的西方。“15世纪中期，德国的美因茨发生了一件事，有一个名叫约翰·根斯弗莱施的人把业已普及的印刷材料和方法综合起来，印制了多种宗教文本，每种均印制许多副本；他更广为人知的名字是谷登堡。”[②]1456年，正是这位德国人谷登堡（Gutenberg）首次将机械技术运用于印刷术，印刷出版了200多本《圣经》。印刷术的发明和普及，为随后大众化报纸的出现奠定了技术基础，也为文化大众化的腾飞插上了翅膀，并大大消解和淡化了人们对文字和文化的神秘感和敬畏感。“古罗马元老院每次开会后写在石板上的公报《每日纪闻》可以说是第一种报纸，尽管它只有一个副本。这种报纸是写在石头上的，而地中海周围地区的文字通常都写在莎草纸上，后来则写在羊皮纸上。”[②]但是，直到1665年11月16日，英国近代第一家真正意义上的报纸——《牛津公报》（*Oxford Gazette*）才得以创刊；虽然其受众面非常狭小，因此还不能称为大众报纸。到了18世纪末19世纪初，随着滚筒式和轮转式动力印刷机的相继问世，廉价报纸终于得以诞生，并由此拉开了媒体大众化和媒体现代化的序幕。1833年，在美国纽约，本杰明·戴成功创办了世界上第一家价格低廉的便士报——《纽约太阳报》。他在该报创刊号上说：该报的目的是办一份人人都买得起的报纸，为公众报道当天的新闻，同时为公众报道当天的新闻。[③]其实，“廉价报纸”产生之前的报纸

① 郭庆光. 传播学教程. 北京：中国人民大学出版社，1999：28.

② 施拉姆，波特. 传播学概论. 何道宽译. 北京：中国人民大学出版社，2010：13.

③ 转引自：方毓强. 论报业经济的动作规律. 新闻记者，1996，（12）：28-30.

年定价为当时有关国家人均收入的 8%以上，只有少数社会上层人士才能订报、看报。正是“廉价报纸”将报纸年定价降到占人均收入的 3%～4%，才使大量中等收入水平的人加入了买报、看报的行列。《纽约太阳报》正是这样，它采用商业经营手法，直接面向大众阶层，并深受其欢迎。随后，美国又出现了《纽约先驱报》《论坛报》《纽约时报》等价格低廉、发行量大、在社会上产生广泛影响的报纸。在英国，随着印花税降为一便士及“知识税”的渐次废除，便士报等大众报刊得到了快速、全面发展。一般认为，真正意义上的近代大众传播的起点，就是从20世纪30年代英国、美国等西方资本主义国家的大众报刊的出现开始的。

当然，除了媒体技术的因素，城市的形成和不断壮大也是促成大众报刊诞生的深层社会原因和重要条件。Raymond Williams 认为，“伴随资本主义商业化、工业化的转型，大量城市应运而生。城市的出现为英国大多数居民提供了闲暇时间和普及教育，普及教育又培养了城市居民的阅读能力，刺激了他们的阅读需要。这就为大众报刊的产生准备了大批既拥有阅读能力、阅读需要同时又有闲暇时间的报刊受众。为此，每一位公民都应该受到文化、知识、态度和劳动技能等方面的一定程度教育，以便在保证其生活并为其所在的社会做出贡献的同时，也能够尽快推进社会的文化普及”①。另外，城市的发展也刺激、催生了一大批专门以通俗文化为职业的人及相关的印刷、出版机构，正是这些机构出版发行了大量被雷蒙·威廉斯（Raymond Williams）称为通俗读物的、具有强大威力的报纸和杂志。结果，大规模存储、传播这些通俗文化读物的公共场所也逐渐多了起来。譬如，从 18 世纪开始，英国就出现了第一家流通图书馆，而到了 18 世纪末，已经大约有 1000 多家图书馆分布在英国各地，英国国民的阅读因此有了显著的增长。从某种意义上说，正是这些廉价报纸的出现，也正是报纸开始成为获取、渲染事实，以报道新闻、传播知识、提供娱乐为宗旨的信息产业，使作为阅读对象的读者不再局限于特定的社会阶层和群体，而是使这些读者扩展到分散的、异质的、多数的一般社会大众。事实上，到了20世纪，报纸和杂志已经成为英、美等西方国家大多数人的常规性读物。

19 世纪末 20 世纪初，西方主要的资本主义国家大都实现了从前工业化到工业化的转变。与此同时，各种现代电子媒体也纷纷登上历史舞台。1844 年 5 月 24 日，发明了第一台实用电报机的美国人塞缪尔·莫尔斯从华盛顿美国国会大厅向

① Williams R，The Long Revolution. London：Chatto & Windus，1961：147.

巴尔的摩发出了人类历史上第一封电报，其电报内容是《圣经》中的一句话：“去传扬上帝为你行了何等的大事。”[①]事实上，电报本身并不是大众媒体，但电报作为电子媒体的开端，“顷刻之间就可以把自己的发明传遍全世界的报刊和电讯，在一天所制造的神话，比前一个世纪内制造的还要多”[②]。它为大众媒体提供了快速有效的技术手段，使大众媒体的蓬勃发展成为现实。因此，与其说莫尔斯是在表达其对上帝的虔诚，倒不如说他在表达人类对其自身的创造——电子媒体巨大力量的惊叹和赞美。1895 年，法国人卢米埃尔兄弟“研制出第一台较完备的电影放映机，并藉此拍摄了近十二部描述 19 世纪法国富裕家庭的社会纪录片”[③]。电影的诞生标志着人类迎来了一个自我观照的镜像世界，开创了声像媒体的新纪元。到了 1901 年，马可尼成功地进行了跨越大西洋的远距离无线电信号传递。1920年，美国的匹兹堡KDKA电台作为世界上第一家广播电台开始播音，这标志着无线电广播的正式诞生和传播技术的又一场革命。正是由于无线电广播这一全新的媒体形态，信息、文化传播才变得更快、更远、更广，传播效果也更好。1927 年，有声电影首次实现了声音与图像的结合。1936 年，英国广播公司（British Broadcasting Corporation，BBC）在伦敦建立了世界上第一家电视台，开创了电视时代。随后，法国、苏联和美国等国也开办了电视台。作为20世纪最成功的媒体形态，电视以其生动、直观的形象表达方式开启了一种全新的立体媒介时代，成为很长一段时期内深刻影响大多数受众兴趣、品位的新兴媒体形态。

“纵观世界传媒业的发展历程，我们可以发现，历史上任何一次传播领域的变革都离不开先进媒介技术的支持，都是以技术为支撑、以市场为引领、以制度作保障的结果。每一次媒介技术的变革，都会引发出一种新的媒介形态，拓宽了传播途径，延展了时空范围。媒介形态从低到高，从简单到复杂，从不完备到逐渐完备，中间经历了坎坷、漫长的演变，它对社会的影响也在不断的加深，它总是在有意或无意中改变着社会进化的过程。媒介形态本身就蕴含着具有丰富意义的信息，媒介发展的历史证明，每一种新的媒介形态都会对社会发展产生重大影响。”[④]从造纸术、印刷术，到电报、无线电广播、电影、电视，再到互联网、移动互联网和新媒体，其发展演化的历史莫不如此。大众媒体的全面兴起，不仅

① 其内容出自：圣经·新约全书之“路迦福音”第 8 章第 39 节的一句话，“and shew how great things God hath done unto thee”（去传扬上帝为你行了何等的大事）。

② 中共中央马克思恩格斯列宁斯大林著作编译局. 马克思恩格斯全集（第 33 卷）. 北京：人民出版社，1973：258.

③ 萨杜尔. 世界电影史. 徐昭，胡承伟译. 北京：中国电影出版社，1982：9.

④ 帕夫利克. 新媒体技术：文化和商业前景. 周勇译. 北京：清华大学出版社，2005：286.

深刻地改变了人们的生活习惯，也大大促进了以娱乐为主的大众文化的发展和繁荣。自19世纪中叶起，通俗小说、杂志、电影、流行歌曲，还有后来的电视等，无不以锐不可当之势进入人们日常生活当中，成为一种文化现象。譬如，“在英国，1850年至1900年间，成人报纸的读者比率，已经从每80（人）中1人上升至每5～6人中就有1人。到了1939年，英国每周涌入电影院的人数达1900万人”[①]。在广播和电视普及之前的20世纪20年代，电影是美国家庭中最普遍流行的休闲活动。1896年4月23日，纽约的一家音乐厅（Bial’s Music Hall）举行首次商业电影放映。自此以后，这样一种价格低廉的商业电影在美国发展极其迅猛，“仅1922年一年，美国每周卖出电影票约4000万张。到二十年代末，这个数字增长了两倍多，达到9000万张！1929年大约有4000万未成年电影观众，其中1700万不到十四岁。短短十年中，这种令人惊讶的新媒体迅速发展成为整个国家的娱乐形式”[②]。越来越多的青少年成为电影迷，而电影里面有“四分之三的主题是关于爱情、性和犯罪的”[③]。由此可见，不论是在英国还是美国，总之在西方国家，不论从类型到数量，还是从生产到分配，大众媒体都得到了巨大的增长和飞速的发展，但同时也带来不少问题。

大众媒体的发展不仅极大地扩展了人们的视听范围，而且显著地改变了传统社会的文化格局和心理格局。在媒体技术不断进化的过程中，人类与媒体的关系并不是静止不变的，而是动态发展的。在人类传播发展的较早时期，当媒体只是少数人的特权时，被排除在媒体之外的大众往往对其普遍怀有一种敬畏和崇拜之情。语言如此，文字如此，后来的造纸术、印刷术、无线电技术等媒体也无不如此。20世纪初至30年代，随着大众报刊、电影、广播等媒体迅速普及，人们在对它们的社会作用和影响力寄予高度期待的同时，却又感到深深担忧。因为当这些强大的、神奇的媒体突然出现在受众的生活中并很快成为强势媒体时，受众对它们的震惊、崇拜甚至某种程度上的恐惧似乎就变得不可避免。但当媒体进入了大众化阶段之后，这种情况又悄然发生了变化。在传播学的定义里，达到5000万人使用的媒体被称为大众媒体，达到这个标准的传播就会被统称为大众传播。为了达到这个标准，大众报刊用了将近1000年，广播媒体用了38年，电视媒体用了13年，互联网用了4年，Facebook（脸书）用了2年，新浪微博用了15个月，

① Bradbury M. The Social Context of Modern English Literature. Oxford：Basil Blackwell，1971：251.

② 洛厄里，德芙蓉. 佩恩基金会研究：传播学史上的第一座里程碑. 陈虹编译. 国际新闻界，1999，(1)：33-37.

③ Lowery S A.，Defleur M L. Milestones in Mass Communication Research. Londoni：Longman Inc. 1988：33.

推特（Twitter）用了 1 年，微信只用了 10 个月。随着大众传播时代的到来，人们对广播、电影、电视等大众媒体的神秘感和恐惧感虽然渐渐消失了，但他们似乎并没有能够真正地在心智上和行为上成熟自如地驾驭大众媒体。伴随着大众媒体神秘化色彩的部分淡化，新的神秘、新的疑问、新的恐惧又在人们心中产生。“观看电影中的戏剧场景常常会使年轻观众经历痛苦、恐惧或者自己无法控制的爱怜。这些感觉会被某种形式的传播内容强烈地激起，并表现在外部行为上，如眼泪、尖叫、躲藏和掩饰等。在我们今天早已习惯媒体传播的年轻人中，很难激起强烈的情绪反应。但在二十年代，被电影吓得灵魂出窍，或为剧中人的悲惨遭遇而伤心难过是很普通的现象。”①更有甚者，人们在短暂地体验了大众媒体的新鲜感、神奇感之后，发现其传播的社会价值观和审美情趣与传统的文化理念多有抵触和冲突，因而它们招致的非议、批评和指责越来越多，也越来越激烈，甚至被视为洪水猛兽，这在特别注重文化传统的英国显得特别突出。

1922 年，在美国，出于对电影业发展的高度警惕和反应，在民间慈善机构佩恩基金会（Payne Fund）资助下，一些社会学家、心理学家、传播学者和教育学家共同开展了一项规模宏大的有关电影与青少年的佩恩基金会研究。该项目是美国历史上第一次大规模的媒介效果调查研究，旨在探寻电影对青少年尤其是对儿童在认知、情感、态度及行为等方面的影响。具体来说，电影是否影响青少年对待大众媒体的态度？是否影响他们的媒体行为？是否影响他们的闲暇时间和睡眠？电影是否会诱导青少年犯罪？1922—1955 年，该项目的 13 个子课题组运用了当时能得到的最先进的研究方法、手段和技巧，分析了近 1500 部影片，获取了成千上万的青少年观看电影的第一手数据，最后由麦克米兰公司陆续出版了 12 部学术专著②，由此拉开了媒体对人的影响和人—媒关系研究的序幕，同时也对上述问题给出了基于事实的、令人信服的答案。这些学术著作的基本结论，就是电影确实对青少年的生理和心理都有影响，而且可能有不少负面影响，从而证实了电影评论家先前对电影及电影业最坏的担心，并由此促使电影业界积极应对。20 世纪 30 年代初，“电影业加强了《制作法》，并建立起行业的自我监督机制。30 年代中后期，电影内容中大大减少了社会影响有争议的事物。这种变化的发生，也有

---

① Bradbury M. The Social Context of Modern English Literature. Oxford：Basil Blackwell，1971：251.

② 这 12 部著作分别是：*Motion Pictures and Youth*：*A Summary*；*Getting Ideas from the Movies*；*Motion Pictures and the Social Attitudes of Children*；*The Social Conduct and Attitudes of Movie Fans*；*The EmotionalResponses of Children to the Motion Picture Situation*；*Motion Pictures and Standards of Morality*；*Children's Sleep*；*Movies and Conduct*；*The Content of Motion Pictures*；*The Children's Attendance at Motion Pictures*；*Movies Delinquency*，*and Crime* 和 *How to Appreciate Motion Pictures*。

佩恩基金会研究的一部分功劳。总之，佩恩基金会的研究无疑比较正确地描绘了20年代电影对当时青少年儿童的影响。电影对态度施加了影响；为行为提供了模仿对象；还引导了人生观的形成。电影的各种影响当中，可能符合既定社会道德标准的（或者至少是无害的）与让当时的成年人不安的不相上下”①。

其实，纵观整个20世纪，几乎每个时代都有自己特有的媒体形态、媒体特征，以及由媒体引发的各种社会问题。出于对当时电影、广播、网络等“新媒体”所传播的流行文化的质疑和反对，在西方社会，在整个20世纪，几乎每隔10年，从第一个10年的电影、到20年代与30年代的无线电广播、40年代的卡通漫画、50年代的电视、60年代的摇滚乐、70年代的电视暴力节目、80年代的电子游戏，一直到90年代的计算机和网络，几乎伴随着每一种媒体形态的登场亮相，教育家、家长、社会科学研究者乃至全社会都会对其进行一次充满焦虑的追问：它们对孩子究竟是有好影响，还是坏影响？②这样的追问，实际上都是围绕几乎相同的问题展开的：这些媒体对儿童会产生什么样的影响？我们应该如何教育已被深度卷入媒体包围中的儿童？实际上，已被深度卷入的不仅是儿童，从摇篮到坟墓的几乎各个年龄阶段的现代人，在媒体的天罗地网、无孔不入的包围中也同样面临着这些问题。对于上述这些问题，人们从最初的惊奇、焦虑、诘难，到后来理性的讨论、思考、研究，最终直接导致了关于媒体素养的教育理念的提出。美国学者唐·泰普斯科特（Don Tapscott）认为，“N世代已经长大，并且开始冲撞世界，他们是有史以来掌握信息最多、也最活跃的一代，这些人必将主导二十一世纪，如何让他们更好地改造世界？如何让他们在人际互动网络中茁壮成长并展现出积极的社会责任感？要务之一就是让他们获取良好的教育，通过教育让儿童学会发挥自我潜力，发展自我能力，学会与网络世界和谐相处。”③通过前面的研究，我们知道，媒体素养简单地讲就是人们对于媒体的态度或识读能力。媒体态度方面，譬如有反对或认同媒体的态度；而媒体识读包括识读什么，要识读到什么程度，这种识读最终有何意义等。同时，这些媒体态度或媒体识读能力又会因不同时期、不同媒体形态而有所不同。由此可见，媒体素养教育完全是因媒体而起，具体来说是因大众媒体而起。正是上述这些电子媒体的发明和应用，引发了人类传播史上的革命，也引发了人类文化、社会、政治、教育等层面的一系列问题，最终导致了媒体素养教育的出现。大众媒体应该是导致媒体

---

① 洛厄里，德芙蓉. 佩恩基金会研究：传播学史上的第一座里程碑. 陈虹编译. 国际新闻界，1999，(1)：33-37.

② 卜卫. 大众媒介对儿童的影响. 北京：新华出版社，2002：4.

③ 泰普斯科特. 数字化成长3.0. 云帆译. 北京：中国人民大学出版社，2009：12.

素养教育产生的外部和直接原因。“西方媒体素养教育运动从其起源到现在，其历史嬗变差不多经历了一个世纪。但到目前为止，世界各国的媒体素养研究的发展并不均衡。比如，英国、加拿大、澳大利亚和后来的美国等大众媒体比较发达的国家的媒体素养教育与研究开展得比较早，现已取得一些成功的经验；而亚洲国家及非洲国家的媒体素养教育与研究不但发展时间短而且速度较慢。究其原因，其实是与亚洲国家本身媒体素养意识不强和大众媒体不甚发达不无关系。”①这也进一步说明了媒体素养教育与大众媒体的密切联系。

二、大众文化的精英立场解读

（一）大众与大众文化

在英国工业化、城市化过程中，由于社会人口不断向工业城镇集中，工人不断向工厂集中，源自工人阶级的大众行动愈演愈烈，“大众”（mass）这一概念便应运而生。从历史上看，“大众”一开始就是现代工业化社会的产物，它反映了脱离家庭、血缘、土地等传统纽带的人们相互依赖却又彼此陌生的一种生存形态。同时，“大众”在很大程度上是英国精英们看待不同于他们的人们的一种便利的称谓，是被有意制造出来的一个概念：“大众最初不是用于指‘普通民众’（people in general），而是指‘多数民众’（the mass of the people），以与贵族、富人、社会精英和知识阶层相区别。”②在精英们的眼里，大众无异于群氓无赖（populace）：“大众一词也就等同于粗俗、低劣、卑微、平庸、低下、粗野、普遍、廉价。”②他们是英国社会新崛起的劳工阶层，长期生活在社会最底层，生活在贫困和肮脏之中。马修·阿诺德（Matthew Arnold）曾对其这样描述：“这个阶层一直受到日常物质之需严重匮乏的困扰，自然而然成了那种认为能够随心所欲就是理想的权利和幸福的国民思想之核心和堡垒。”③他还对“群氓”的种种“失序”极尽刻薄挖苦之能事：“它粗野，羽毛未丰，从前长期陷在贫苦之中不见踪影，现在它从蛰居之地跑出来了，来讨英国人随心所欲的天生特权了，并开始叫大家瞠目结舌了：它愿上哪儿游行就上哪儿游行，愿上哪儿集会就上哪儿集会，想叫嚷什么就叫嚷什么，想砸哪儿就砸哪儿。对于这人数甚众的社会底层我

① 黄旦. 媒介观念与媒介素养研究——20 世纪西方媒介素养研究综述//复旦大学信息与传播研究中心. “传播与中国”复旦论坛（2007）：媒介素养与公民素养论文集. 2007：22.

② 费斯克. 关键概念：传播与文化研究辞典. 李彬译注. 北京：新华出版社，2004：212.

③ 阿诺德. 文化与无政府状态——政治与社会批评. 韩敏中译. 北京：生活·读书·新知三联书店，2008：41.

们可以起一个十分合适的名字，那就是群氓。”[①]由此可见，大众要么依附于中产阶级，盲目跟风；要么粗野愚钝，随心所欲，俨然成为当时精英们统治、控制、教诲、取乐的对象。

可想而知，这样的大众自然便成为文化的威胁、成为对精英文化捍卫者的威胁；大众文化（mass culture），主要是通过大众媒体来广泛传播的文化——“为普通民众所拥有，为普通民众所享有，为普通民众所钟爱的文化”[②]——也自然成为精英文化的严重威胁。从本质上讲，大众文化和大众媒体一样，也是人群聚集、大众社会的产物，是一种通俗文化。“不论通俗文化会是其他什么样子，毋庸置疑的是它是一种伴随着工业化和城市化的出现而兴起的文化”[③]。更确切地说，大众文化是一种“产生于 19 世纪城市工业社会、消费社会的以大众传播媒体为载体并且以都市大众为对象的复制化、模式化、批量化、类像化、平面化、普及化的文化形态，如电影、电视连续剧、广告、流行歌曲、MTV、通俗音乐、畅销书、言情武打侦探作品，等等”[④]。由此看来，大众文化发展至今也不过一两百年的历史。由于“大众”一开始带有明显的贬义，与之相联系的许多概念，如“大众文化”“大众教育”“大众传播”“大众思想”等，自然在其原始的意义中也无不带有贬义，至少当时的主流社会对其秉持一种相当冷漠和轻视的态度。事实上，在马修·阿诺德等文化精英的眼里，“文化为人类担负着重要的职责；在现代世界中，这种职责有其特殊的重要性。与希腊、罗马文明相比，整个现代文明在很大的程度上是机器文明，是外部文明，而且这种趋势还在愈演愈烈”[④]。大众文明或机器文明，则是由机器生产出来的文化，它是一种充满了商业气息的、虚伪的、机械的、单调的、“没有受过教育”的大多数人消费的商业文化，如社会上充斥着的“视觉文化无疑占主导地位”的电影、广播、流行小说、流行出版物、广告等，它们不过是低劣和庸俗的消遣之物，被欠缺教育的大众不假思索地大量消费。

（二）精英与精英文化

从词源上看，“精英”一词是与选择相联系的，最早出现在17世纪的法国，

① 阿诺德. 文化与无政府状态——政治与社会批评. 韩敏中译. 北京：生活·读书·新知三联书店，2002：81.

② 阿诺德. 文化与无政府状态——政治与社会批评. 韩敏中译. 北京：生活·读书·新知三联书店，2002：11.

③ 斯道雷. 文化理论与通俗文化导论. 2 版. 杨竹山，郭发勇，周辉译. 南京：南京大学出版社，2001：18.

④ 潘知常，林玮. 大众传媒与大众文化. 上海：上海人民出版社，2002：26.

指的是“精选出来的少数人”。18 世纪以后，“精英”开始指世俗生活中一些被挑选出来担当一定职务的人。譬如，早在1823年，乔治·戈登·拜伦在其著名的长诗《唐璜》中这样写道：“和高贵的布莱克伯爵夫人一样。他既是人群中的骗子，又是精英。”[①]到了 19 世纪后半叶，“精英”已经与“最好的”联系起来，更多地表示上层贵族或精锐部队，成为一个蒙在神圣的光环中的圣词。在牛津词典中，“精英”现在指“在社会上有一定能力和权威、有重大影响力的人群；因为他们富甲一方，才智超群……”。比较而言，“文化”概念则显得复杂一些。马修·阿诺德曾在《文化与无政府主义——政治与社会批评》中开宗明义地写道：“所谓完美，实为甜美与光明之谓也。……对甜美和光明的追求，即为对完美的追求……文化体现着对‘完美’的伟大热情，其视野远远超越了仇恨。”[②]但是，在封建时代，人们总是把完美与上帝联系在一起，人类必须虔诚地信奉上帝，把自己完全地奉献给上帝。在这部伟大著作中，马修·阿诺德还提到：“人类是个整体，人性中的同情不允许一位成员对其他成员无动于衷，或者脱离他人，独享完美之乐；正因为如此，必须普泛地发扬光大人性，才合乎文化所构想的完美理念。文化心中的完美，不可能是独善其身。个人必须携带他人共同走向完美，必须坚持不懈、竭其所能，使奔向完美的队伍不断发展壮大，如若不这样做，他自身必将发育不良，疲软无力。”[③]由此可见，马修·阿诺德把文化与“甜美”和“光明”的化身——“完美”联系起来，实际是在提倡一种精英取向的文化观。而且，这种文化观强调文化的普遍性，即强调文化要“超越一切阶级、党派、宗教、个人等具体利益的纠葛”；还强调文化的和谐性，即强调“文化是人性的各方面能力都达到平衡发展的全面普遍的完美”。到了 19 世纪，神学传统已日渐衰微，上帝的荣光不再。在这种情况下，“文化的视野超越工具手段，它憎恨怨恨。它自有强烈的爱好，那就是热切追求美好与光明。还有一件它愿意更热切追求之事，那就是让美好与光明蔚然成风。在我们全体都成为完美的人之前，文化是不会满足的。文化懂得，在粗鄙的盲目的大众普遍得到美好与光明的点化之前，少数人的美好与光明必然是不完美的”[④]。马修·阿诺德这时也只好退而求其次，把“过去所言所思最好的东西”作为完美的代表，表明他念

① 转引自：付德根. 英国精英文化批判. 北京工业大学学报（社会科学版），2001，(2)：56-60.

② Arnold M. Culture and Anarchy. Cambridge：Cambridge University Press，1961：69.

③ 阿诺德. 文化与无政府状态——政治与社会批评. 韩敏中译. 北京：生活·读书·新知三联书店，2008：11.

④ 阿诺德. 文化与无政府状态——政治与社会批评. 韩敏中译. 北京：生活·读书·新知三联书店，2008：33.

念不忘“过去”的美好，明显流露出其强烈的怀旧情结。他据此认为，所谓精英文化，即“少数人文化”，主要凝聚在伟大的文学传统之中，显然归少数受过良好教育的人支配，因此是积极的、有机的、丰富多样的，是真正的人类文化、共同的文化。它们是“人类思维的最佳产物，在那里可以获得人类思维的自由，而没有偏见、自私、敌意、阿谀奉承、夸张和诡辩等侵蚀的危害”[①]。马修·阿诺德希望通过文化来弥合阶级的差别，并且认为唯有教育才能消除阶级等级和差别的意识。他主张要由国家主办教育——教育是通往文化的光明大道——以此作为维护和发展文化的机制，并且以教育来抵制日趋机械化和物质化的文明。

自马修·阿诺德开启了“只承认过去的美好”的先河之后，20 世纪又有两位文学家和思想家——托马斯·斯特恩斯·艾略特（Thomas Stearns Eliot）和弗兰克·雷蒙德·利维斯（Frank Raymond Leavis）[②]——对精英文化的推崇、对资本主义工业文明的批判大有青出于蓝而胜于蓝之势。艾略特是英国著名的诗人，不但以长诗《荒原》享誉世界，而且“把文化讨论推上一个重要的新舞台”[③]。在《对文化定义的札记》中，他这样说道：“……如果读者对文化会与平均主义产生矛盾的说法感到震惊，或者，对有些人会享有‘出生的优先权’觉得毛骨悚然，那么，我不会要求读者改弦更张，而只请他们不要空谈文化。”[④]相比马修·阿诺德对文化未来的忧虑，艾略特有过之而不及：“……如果不对当下的工业文明加以控制，一个缺少真正意义上的文化的未来，一个文化‘荒原’的未来必会扑面而来。”[⑤]在艾略特看来，文化注定是拥有“出生优先权”的少数人的专利；继承、发扬传统文化，只能由精英阶层来完成，而不是普通大众，文化与民主是对立的。显然，艾略特的文化观折射出浓郁的精英文化意识，他的文化精英思想在极力推崇精英文化的同时，也无情地剥夺了大众创造文化、享受文化的权利。在《基督教与文化》一书中，艾略特指出：“广大群众几乎只关心他们同土地、海洋、机器以及少数人之间的享有和责任的直接关系。他们所要求的，只能是下述两种条件。第一种，由于它们对信仰对象进行思考的能力弱，因而他们几乎可以完全通过行为来信奉基督教：包括相沿成习、按期进行的宗教庆典，以及与邻人

---

① 涂艳国. 走向自由：教育与人的发展问题研究. 武汉：华中师范大学出版社，1999：155.

② 弗兰克·雷蒙德·利维斯（Frank Raymond Leavis）为其全名，简称为弗·雷·利维斯（F. R. Leavis）。国内刊物及网络上刊载的论述媒体素养的论文（包括一些硕士学位和博士学位论文）和一些专著，将其视为媒体素养教育的鼻祖；但可惜的是，其中不少论文误将其写为 R. Leavis 或 E. R. Leavis，最初可能是印刷错误，后来便以讹传讹愈演愈烈了。其夫人奎妮·多萝西·罗斯的英文全名为 Queenie Dorothy Roth Leavis。

③ 雷蒙·威廉斯. 文化与社会. 吴淞江，张文定译. 北京：北京大学出版社，1991：294.

④ 艾略特. 基督教与文化. 杨民生，陈常锦译. 成都：四川人民出版社，1989：87.

⑤ Eliot T S. Notes towards the Definition of Culture. New York：Harcourt，Brace Company，1949：17.

相处的传统行为准则。第二种，由于他们或多或少意识到自己的生活与基督教理想相去甚远，所以，在他们看来，其宗教生活和社会生活应该成为一个自然的整体，这样一来，像基督徒那样行事的困难，就不致于成为一种不堪忍受的重压。这两种条件实在是一种条件的不同说法，但他们至今未得到实现。”[①]从这段话可以明显看出，在 T.S.艾略特心目中，大众热切而盲目地追逐与其自身利益密切相关的诸如土地、海洋、机器等一切东西，是一个极端狭隘的世俗化群体。同时，大众只知道在行为上盲目、机械地服从宗教仪式、教义和庆典，总是把理想而崇高的基督教生活与日常生活的世俗生活混同，因此又是一个不折不扣的敏悟力、思考力、判断力低下的庸俗群体。由此，他对由大众媒体所创造的大众文化持强烈的批判和悲观态度：“日益增大的广告与宣传组织——除了不利用民众的才智外，什么手段都可以用来影响群众——全都是反艺术、反文化的。”[②]这里，“广告与宣传组织”即是大众文化的主要载体——报刊、电影等大众媒体。在他看来，大众是最没有文化鉴赏力的庸俗人群，无疑是文化衰落的主要肇事者之一。由此，只能由精英文化来承担拯救文化衰落和现代性危机的重任，并完成对大众文化的合法统治。

在提倡少数人的精英文化方面，F.R.利维斯似乎表现得更为积极。对于 F.R.利维斯来说，“大众文明”也即“大众文化”。从“大众”一词就可以看出，“大众文化”是关于“人口众多且没有受过教育或半教育的民众”的文化。从内容、表现形式来看，“大众文化”主要以流行小说、通俗刊物、广播、广告、电影等为媒介载体，传播一些趣味低下的庸俗作品。就产业规模来看，“大众文化”又是工业化社会的必然产物，标准化、批量化、商业化、消费化、庸俗化等构成了其主要特点。随着工业革命的推进浪潮，F.R.利维斯夫妇一如马修·阿诺德，对“大众文明”和“大众文化”全面登陆，传统价值分崩瓦解、溃不成军，少数文化精英对自己处在一个“敌对环境”的局面深感忧虑：“从高涨的民主情绪，我早就预见了一种危机，这就是文学品位和文学经典这些传统已被大众成功地改变了。到目前为止，没有受过教育和半教育的民众形成了读者群中的绝大多数，虽然他们不能也不会欣赏他们自己民族的经典著作，但他们满足于接受他们传统的优越感。近来，我发现有一些迹象，特别是在美国，表明有一群乌合之众反对我们的文学巨匠……如果文学由公民投票表决，如果民众承认文学的力量，那么文学反对品位的革命一旦开始，就会把我们置

① 艾略特. 基督教与文化. 杨民生，陈常锦译. 成都：四川人民出版社，1989：21.

② 艾略特. 基督教与文化. 杨民生，陈常锦译. 成都：四川人民出版社，1989：30.

于无法恢复的混乱境地之中。”[①]换句话说，F.R.利维斯夫妇非常担忧大众文明的前景。他们认为，大众文化使文学经典的权威性遭到极大的消解，文学批评的标准受到极大的侵蚀，文学品味也遭受到极大的降低。由此，他们不但看不起大众文化，更看不起大众，把大众看作“文化白痴”，基本上否定大众的能动性，否定文化的平民性、民主性。在 F.R.利维斯的心目中，一旦大众文化上升为支配人类的主导文化，人类必将万劫不复，必将陷入失去传统价值和传统权威秩序后的混乱境地。这是非常可怕的。另外，传统的“少数人文化”才是积极的、有机的、丰富多样的，才是真正的人民的文化、共同的文化，是精英文化，其核心就是“保留了这个传统的最好的东西”的文学文化。F.R.利维斯正是试图以这样一种理想形态的精英文化来抗拒充满了商业气息的、虚伪的、机械的、单调的所谓的大众文化。

从本质上看，马修·阿诺德提倡“追求完美”的文化观；T.S.艾略特提倡一种“整体、和谐”的社会文化观；F.R.利维斯的文化观则强调保存“最优秀的文学传统和语言能力”。他们之间虽然有一定差异，但从文化保守主义内部来看，他们都表现出浓郁的精英意识，都强调文化应该是少数人的文化——所谓的“精英文化”。他们都认为，精英应该承担特殊的文化使命——通过传播精英文化以达到启蒙大众、拯救现代性精神危机的目的。

（三）大众文化的精英立场解读

20世纪30年代初，一些学者自觉地与F.R.利维斯夫妇及其主编的文学评论性刊物《细察》（*Scrutiny*，又译为《细绎》《拐弯抹角》）站在一起，形成了利维斯学派或利维斯主义者（Leavisists）。“从 1932 年 5 月第一期问世，到 1953 年因故停刊，《细察》一共运行了20余年，其间其编辑团队来自剑桥各个学科领域，共发表 150 多位作者论点独特、观点各异的学术论文，主题涉及外国文学、自然科学、社会心理学、音乐、人类学等多个学科。”[②]在他们的苦心经营下，《细察》逐渐成为利维斯学派宣传自己文学思想和文化思想的主要阵地，实现了把文学研究作为联络中心，把英文学院看作大学联络中心的想法。正是有了《细察》这一阵地，利维斯学派所倡导的“文化共同体”开始从“文学内”走向“文学外”。利维斯主义者出于对大众文明的深深忧虑，坚决反对现代工业文明，坚持英国文学对学校教育的道德核心价值，坚决支持基于历史荣光的有机社会

① Leavis Q D. Fiction and the Reading Public. London：Chatto & Windus，1932：190.

② Leavis F R. Scrutiny：A Retrospect. Cambridge：Cambridge University Press，2009：225-229.

（original community）——扎根于17世纪充满“木屋、谷仓、麦垛、农具、马车和圣经”气息的英国农村农业耕作的一种生活方式。由于有机社会“强调社会的整体感（wholeness）；强调‘民族’的生长，如在提升民族意识时那样；强调如在‘文化’中那样的‘自然生长’，特别是指缓慢的生长和适应；反对‘机械的’和‘物质主义的’社会；批判工业主义，支持‘与自然进程紧密相连’的社会”[①]，F.R.利维斯心中又怀有单纯的、返璞归真的、田园式的浪漫主义理想，自然对当时的媒介环境感到格格不入。利维斯学派的这些观点和思想，虽然缺少剑桥大学校方的支持，不免处于边缘地位，但是，“他们毫不气馁，一直以维护民族语言的纯正，保持民族文化的健康和培养少数人的高雅文化为己任，其影响越来越广泛”[②]。英国批评家F.Mulhern曾将利维斯主义概括为“一种反抗，一种小资产阶级对一个无以从根本上加以改变或者替代的文化秩序的无力反抗”[③]。事实上，正是这个温和的、带有明显怀旧情怀的具有跨学科性质的利维斯主义，统治了英国文学批评相当长的一段时间。直到20世纪六七十年代结构主义兴起时，利维斯主义的精英文化霸权才宣告终结。

作为利维斯学派的重要一员，F.R.利维斯的妻子 Q.D.利维斯也是从精英主义的视野来理解文化的。和她丈夫一样，Q.D.利维斯也特别怀念18世纪有机社会的美好时光：“世世代代的乡村居民生活在这里。他们依靠传统手工艺生活，闲暇时或者翻阅着圣经，或者沉醉于游戏、歌唱等乡村艺术中，日子过得好不惬意。”[④]而且，她固执地认为，“理想的历史状态是像工业化以前的前大众文化时代那样的状态。在伊丽莎白时代，大多数观众‘必须像比他们优越的人那样参加同样的娱乐活动’。而不是像现在这样，新闻记者、电影导演和通俗小说家可以为他们提供特别的娱乐节目”[⑤]。显然，这种怀旧和感叹，多少反映出她对精英文化的无力救赎之感。Q.D.利维斯进而发现，18世纪和19世纪两个世纪是阅读的世纪，因为它们有一个统一的读者群，该读者群生活在读者与作者共同营造的同一个精神世界与道德标准之中。而且，他们阅读的作品（主要指小说）中所展现的是一种高雅的、具有绅士和贵族风范的情调。到了19世纪末，英国民众的阅读趣味有所分化，但其接触、阅读优秀文学作品的渠道仍然是畅通的。然而，到了20世纪，大众媒体、大规模工业化、商业化、商业标准影响一切，真正的文学

① 孟祥春. 利维斯的文化理想研究. 文艺理论研究，2012，32（1）：81-86.

② Hall S. The emergence of cultural studies and the crisis of the humanities. October，1991，53：11-23.

③ Mulhern F. The Moment of“Scrutiny”. London：Verso，1981：322.

④ Leavis Q D. Fiction and the Reading Public. London：Chatto & Windus，1932：209.

⑤ 转引自：多克. 后现代主义与大众文化：文化史. 吴松江，张天飞译. 沈阳：辽宁教育出版社，2001：43.

价值和标准遭到排斥，由此在读者中产生了“高眉、平眉和低眉的分野”[①]。廉价杂志、广播、电影等大众媒体分流了一大批先前的文学作品读者，也逐渐影响大众的阅读习惯和品位。在商业利益面前，阅读往往变成不需思考的习惯性“吸毒”行为。面对这种状况，Q.D.利维斯极力主张让有教养的少数人来指导大众生活，主张文化的走向是金字塔式自上而下流淌的。她认为只有消除低俗的大众文化，留下高雅的、严肃的文化，大众的鉴赏能力和社会的整体文化水平才能提高。作为一名精英文化尤其是英国文学的坚定捍卫者和领导者，F.R.利维斯也对流行的大众文化持强烈的否定和批判态度。他坚持自己的精英立场[②]：①文化只能是少数人的专利，被多数人消费的大众文化是文化垃圾；②大众文化过于煽情，不利于社会稳定；③要想学习、创造优秀文化，必须回到17、18世纪。这应该就是利维斯主义对待大众媒体和大众文化的态度。

其实，早在利维斯学派之前，法兰克福学派（Frankfurt School）对大众文化也进行了深入的探讨。该学派于20世纪二三十年代形成于德国法兰克福大学的社会研究院。后来，该学派的代表人物流亡美国，进一步把政治批判扩展为社会批判和文化批判。马克斯·霍克海默（M. Max Horkheimer）和特奥多·阿多尔诺（T.Adorno）在《启蒙辩证法（哲学片断）》一书中提出的“文化工业”（culture industry）概念，其实是把“文化”与“工业”两个不同语域的概念组合在一起，新造了一个术语来说明大众文化的本质，意指“战后资本主义制度使得娱乐和大众媒体变成了工业”[③]。凭此概念，法兰克福理论家们对大众文化进行了深刻的批判性分析。一方面，他们认为，大众或群众，在文化上是消极被动的，他们被现代社会同化成为单面性的、对社会现状只有接受和顺从的、缺乏批判意识的人。另一方面，大众文化是以大批量复制技术为基础的、通过大众媒体来进行传播的工业化产品。这种文化重复雷同，缺乏原创性，以盈利为目的，把文化变成了消费商品，缺乏启蒙与自主性的反思，把人变成了一种没有思考能力的“单向度的人”。由此看来，面对大众文化，从精英主义立场出发，因政治、文化观点的不同，利维斯主义者和法兰克福学派两种不同的解读方式便产生了。正如约翰·斯道雷（John Storey）所说：“阿诺德和利维斯主义指出通俗文化代表着一种对文化和社会权威的影响，而法兰克福学派则认为通俗文化实际上所产生的影响恰恰相反：它是为维护社会权威服务的。前者看到了‘无政府状态’，后者则仅

---

① 钱钟书. 钱钟书散文——论俗气. 杭州：浙江文艺出版社，1997：31-32.

② 转引自：付德根. 英国精英文化批判. 北京工业大学学报（社会科学版），2001，(2)：56-60.

③ 霍克海默，阿多尔诺. 启蒙辩证法（哲学片断）. 洪佩郁，蔺月峰译. 重庆：重庆出版社，1990：113.

仅看到'顺从一致'（conformity）。"[①]换句话说，"前者指责大众文化粗俗下流，蛊惑民众，妄图重塑17、18世纪文化，复古怀旧意味明显；后者则批判资本主义社会利用技术、消费、媒介、语言、国家、文化和意识形态作为新的社会控制和操纵工具，将大众文化一步步任其由资产阶级意识形态所同化，主张以'新感性'、'否定艺术'取代大众文化并通过'否定艺术'激发大众的革命潜能"[②]。这样一来，无论是从经济角度、文化角度、教育角度还是政治角度，大众文化的负面效应无疑都是巨大的、不容忽视的，对大众文化进行重新认识和批判也就成为对广大民众必要的、新的启蒙，并成为社会精英阶层义不容辞的职责和庄严使命。但是，无论是利维斯主义者还是法兰克福学派，其对大众文化进行反思与批判，都会直接影响到人们对待大众媒体的看法、对待大众文化的态度，而这些看法或态度，也直接影响到媒体素养教育价值取向的形成，最终导致了"免疫式"媒体素养教育的产生。

第二节 "免疫式"媒体素养教育的形成

"免疫式"媒体素养教育在其形成与发展的过程中，逐渐形成了文化保护的核心教育理念。具体而言，"免疫式"媒体素养教育正是以"免疫"的名义，通过内容上的"文学文化"教育、价值上的"抵制"取向、方法上的"实践批判"，实现了对传统文化、传统道德和传统价值的"免疫式"保护。

一、本质："免疫式"文化保护教育

面对有机社会、精英文化不断受到的冲击和大众文化的不断崛起，利维斯学派坚定了自己对精英文化力挽狂澜的决心，他们觉得应该对文化复兴和有关媒体的教育有所作为。其实，早在 1924 年，F.R.利维斯就在其博士学位论文——*The Relationship of Journalism to Literature:Studied in the Rise and Earlier Development of the Press in England* 一文中，探讨了文学创作与新闻媒体及时代背景的关系。在 20 世纪 30 年代，他又开始在剑桥大学的课堂上，与学生一起讨论广告与社会的关

① 斯道雷. 文化理论与通俗文化导论. 2 版. 杨竹山，郭发勇，周辉译. 南京：南京大学出版社，2001：144.

② 董希文. 意识形态视阈下的西方大众文化解读模式分析. 学术论坛，2004，(1)：103-107.

系、广告的影响等。应该说，这些授课讨论与现代媒介批评和媒体素养教育不无关系。在 F.R.利维斯看来，作为文学创作与批评的大敌，当时的“技术功利主义”文明，以及与此关联的电影、广播等媒体的娱乐活动甚至有一种抵消教育的文化功能。到了 1933 年，F.R.利维斯和他的学生 D.汤普森（Denys Thompson）出版了一部被后人称作媒体教育指南的文学批评论著——《文化和环境——批判意识的培养》（*Culture and Environment：The Training of Critical Awareness*）。

在该书的开篇，两位作者即指出，“我们已失去的是一个体现鲜活文化的有机共同体。民谣、民间舞蹈、科茨窝德山村的村舍、手工艺制品说明了一种生活艺术，一种有序规范的生活方式，它有规则，有格调，涉及了社会艺术、交往原则，以及从远古继承而来的对自然环境和季节交替的适应能力”①。随后，他们又在书中对“有机共同体”（organic community）进行这样的描述：“斯图尔特谈到‘旧英国已经死亡，一个‘有组织的’现代国家已经取代了那个比较原始的国家。旧英国是有机共同体的英国，必须认真思考的是，旧英国是在何种意义上比取代它的那个英国更为原始……比较‘原始’的英国代表一种动物的自然性，但是具有与众不同的人性。斯图尔特笔下的村民依据自然环境来表达他们的人性，满足人性的要求；他们制作的东西——小屋、谷仓、麦堆和马车——连同他们的人际关系，构成一个与自然环境同样适当而且是势所必然的人类环境，以及调整和适应上的一种微妙。”②从这两段话可以明显看出，F.R.利维斯他们所向往的有机文化，实际是一种过去的、有生命力的、有活力的文化。这种涉及人类生活方方面面的文化，在工业革命之前的乡村生活中广泛存在。在原始的乡村生活里，没有工业革命的喧闹，人与自然之间和谐共融，人与人之间淳朴而祥和，与“有组织”的现代英国生活形成了鲜明的对照。在工业文明浩浩荡荡的进程中，这个“有机共同体”突然之间分崩离析；幸运的是，其所代表的文化传统在文学作品中得以保存，通过文学教育而有所传承。F.R.利维斯他们追忆往昔，缅怀过去，并非要“复古”，并不是意味着要退回到过去的有机文化。他们只是流露出知识分子强烈的现实使命感和明显的传统价值意识、人文关怀意识。为了拯救陷入精神恐慌中的人类，他们秉承阿诺德传统，敏锐地指出了现代工业文明的严重恶

① 转引自：斯道雷. 文化理论与通俗文化导论. 2 版. 杨竹山，郭发勇，周辉译. 南京：南京大学出版社，2001：44.

② 转引自：威廉斯. 文化与社会. 吴松江，张文定译. 北京：北京大学出版社，1991：331-332. 一般来说，“旧英国”是指英国资产阶级革命之前的封建专制的英国。参见：“当洛克撰写《政府论》，高扬其人的权利学说的时候，封建专制的旧英国已经得到了革命性的改造。”梅雪芹. 约翰·洛克的人权思想剖析. 辽宁师范大学学报，1997，（1）：69-73.

果，时刻提醒人们，要认识到“当前的物质环境和知识环境对其生活趣味、习惯、态度和生活质量的影响”[①]，并注意传统文化的有益价值，并把希望寄托在他们所期许的“少数人文化”上。

关于“共同体”（community）这一概念，雷蒙·威廉斯认为其至少有四个含义：“平民或普通民众；国家或有组织的社会；具有共同价值观和聚合力的团体；具有共同身份的群体。”[②]那么，当“共同体”和“文化”连接在一起时，其通常是指包含共同价值观或共同身份的群体。在 F.R.利维斯看来，“少数人”并非总是孤立的、高高在上的称谓，而是一个与“民众”（public）紧密相连的概念。他认识到，要解决大众文明时代的文化困境和文化危机，仅凭“少数人”的文化坚守和文化突围是不够的，还必须得到“有教养的民众”（the educated public）的回应和支持；否则，传统文化的传承就没有着落，有机共同体的生活也没有指望。因此，在 F.R.利维斯的“有机共同体”建构框架中，“少数人”与“有教养的民众”必须共筑共同价值观，以便对文化传统进行坚守和传承。F.R.利维斯他们并不否认技术进步和现代文明在社会变革中的重要作用，“但技术进步、物质水平的提高以及公平分配并非人类追求的唯一目标，人类的生存还有其他事关人性和人生意义的考量；而我们对人生意义的思考和洞察则受益于文化传统”[③]。而且，这种文化传统“既非乌托邦式的，也非怀旧或复古的，而是针对当下现实主义的”[④]。针对这种情况，F.R.利维斯他们坚信，“少数人”与“有教养的民众”之间不应该是单向的“师生”或“主从”关系，而应该是创造性的合作关系。他们一直希望通过“少数人”与“有教养的民众”之间的创造性合作（creative collaboration）和创造性争吵（creative quarrelling）来构建有机的文化共同体。事实上，《文化与环境》一书，本身就可以看成是“少数人”唤醒“有教养的民众”文化批判意识的一次努力。从《文化与环境》第一版的目录，我们发现该书包括如下章节[⑤]：

---

① Leavis F R，Thompson D. Culture and Environment：The Training of Critical Awareness. London：Chatto&Windus，1933：4-5.

② Williams R. Key Words. London：Fontana Press，1976：75.

③ Leavis F R. Nor Shall My Sword：Discourses on Pluralism，Compassion and Social Hope. London：Chatto & Windus，1972：90.

④ Leavis F R. Nor Shall My Sword：Discourses on Pluralism，Compassion and Social Hope. London：Chatto & Windus，1972：192-193.

⑤ Leavis F R，Thompson D. Culture and Environment：The Training of Critical Awareness. London：Chatto & Windus，1933：i-vii.

前言：该书为谁而作；导论；广告：吸引的类型；现代经济中广告的位置；大众化生产；标准化；深度抹平；阅读材料的供给；广告的虚构和国民生活货币；生活标准和进步；闲暇时间的利用；传统；有机共同体；有机共同体的失落；替代性生活；教育；更多的例子。

从该书目录可以看出，与其说该书是一部文学批评论著，还不如说是一部针对大众媒体的文化保护教育的教材。在该书中，他们一致认为，正是大众媒体的“虚假”繁荣，深深地刺激了以娱乐为主的大众文化的发展；但这些新兴的大众媒体在商业动机的刺激下形成的大众文化，往往推销一种对社会无益的、对青少年的精神追求产生误导的、对原有的社会道德和生活秩序产生破坏的“超低水平的满足”，其所传播的价值观和审美标准自然与传统的精英文化多有抵牾与冲突。这主要表现在：“学生在学校接受正统文化教育。但是，一旦他们走出校门，便陷入电影、报纸等媒体的包围之中。这些媒体致力于迎合最低级的趣味，赚取最廉价的情感；它们只是用最少的精力，获取最直接的快感。”[①]为此，他们率先就“在学校中针对大众媒体开展教育”的问题作了系统的阐述，建议“派遣文化传教士，就是一支小规模、秘密的文化知识分子队伍，在大学建立文化的前沿阵地，维护文学和文化传统。在学校武装学生，向野蛮的大众文化和大众文明发起进攻。重新建立文学权威，不是召唤自然村落的复苏，而是控制大众文化影响的扩张，从而呈现和维护英格兰文化传统的延续”[②]。受其建议和倡导的影响，在英国和丹麦等欧洲国家，一些中小学当时已经开始尝试开设有关媒体的课程或讲座，以培养学生对正在普及的大众报刊、广播、电影等大众媒体的抵制和批判意识。在这些关涉媒体的课堂教学中，由于大众媒体在本质上几乎被视为病毒，学生接受有关媒体的教育就像打预防针进行免疫一样；因此，老师往往只讲授少量的媒体文化内容，以便让其作为“疫苗”，让学生对大众文化的错误性、欺骗性、腐蚀性、虚伪性、肤浅性、压迫性和麻醉性具有一种后天的免疫力。因为这些，虽然 F.R.利维斯他们当时并没有在《文化与环境》这本书中直接提出“媒体素养”的概念，莱恩·马斯特曼后来还是将这种从利维斯主义出发提出的、主要针对大众媒体的“媒体免疫”能力教育形象地称为“免疫式”媒体素养教育。

---

① Leavis F R，Thompson D. Culture and Environment：The Training of Critical Awareness. London：Chatto & Windus，1933：3.

② 转引自：斯道雷. 文化理论与通俗文化导论. 2 版. 杨竹山，郭发通，周辉译. 南京：南京大学出版社，2001：45.

追溯“免疫式”媒体素养教育的形成过程，我们不难发现，“免疫式”媒体素养教育的起源与传统、保守的英国特有的深厚传统文化底蕴是分不开的，也与该国历来重视旨在“提高社会的精神格调，培养公众的知识智慧，纯洁民族的文化趣味”[①]的精英教育、传统文化教育是分不开的。早在1853年，英国学者约翰·亨利·纽曼（John Henry Newman）就曾在其所著的《大学的理念》（*The Idea of an University*）一书中提出，大学是提供博雅教育（liberal education）的场所，“大学教育培养的是具有高尚德行和理性的‘绅士’”[②]。他甚至直言不讳地说道：“在牛津，讨论与平民有关的问题，不但有失身份，甚至让人不齿。大学意味着什么？当然是古典文学。”[③]在《教育与大学》（*Education and the University*，1943）一书中，F.R.利维斯认为，“大学教育的关键是让受教育者具备‘核心理解力’（central intelligence）和‘感受力’（sensibility），从而使其所学的不同学科的知识发生有意义的联系；培养‘有教养的人’（the educated man），成为大学的不二目标”[④]。由此，F.R.利维斯再次强调：“大学不是把各个专业院系简单组合在一起就完事了，它更应该是人类意识、智慧的中心，能够充分体现受教育者的洞察力、知识、判断力和责任感。”[⑤]同时，他一再强调大学培养“有教养的民众”的重要性：“现代文明正走向万劫不复的境地；因为在真正需要知识、文化、信仰和精神权威的领域，严肃的价值标准正遭受各种名人效应的破坏。如果没有能敏锐地回应批评并与批评家形成互动的民众，再好的文学标准对于文学评论家来说都是徒劳无益的。放眼当今大英帝国，我相信一定存在这样一群民众——这个由许许多多有教养、有责任感的个人组成的群体，正在形成某种知识共同体；但是，这个共同体的力量还不够强大，并未形成完全意义上的共同体，因为技术革命的后果使其达不到批评家对其提出的要求。”[⑥]在其后的一系列著述中，F.R.利维斯持续关注和重视“有教养的民众”。他认为，正是“技术功利社会的文化断裂和精神虚无”，造成了20世纪60年代的校园秩序不稳定等一系列问题。当然，解铃还须系铃人，解决这些问题的关键是全社会致力于“培育一个心智成熟、有教养、见多识广、有文学文化、有责任心、有影响力的群体——一批让政

---

① Newman J H. The Idea of a University. New York：Chelsea House，1983：157.

② 转引自：涂艳国. 走向自由：教育与人的发展问题研究. 武汉：华中师范大学出版社，1999：157.

③ 纽曼. 大学的理想. 徐辉译. 杭州：浙江教育出版社，2001：80-81.

④ Leavis F R. Education and the University：A Sketch for an English School. Cambridge：Cambridge University Press，1979：25-28.

⑤ Leavis F R. Two Cultures?The Significance of C. P. Snow. Cambridge：Cambridge University Press，2013：75.

⑥ Leavis F R. Two Cultures?The Significance of C. P. Snow. Cambridge：Cambridge University Press，2013： 81-82.

治家、管理者、广告商、电影编剧、编辑、报业老板既尊敬，又依赖、惧怕的民众”[①]。但放眼全社会，唯有大学能担此重任：“大学本应成为人类创造性生活和文学文化的中心；哪怕只有一所大学能如我所愿，都值得我们为此付出不懈的努力。这样的大学一旦出现，就会成为文化力量和传统勇气的源泉，也会因此声名鹊起，自然成为其他未获成功的大学的榜样。如果这样的大学如雨后春笋大量涌现，就会教育、影响一大批有教养的民众。他们是文明和文化的希望所在。”[①]后来，F.R.利维斯在一次演讲中对此进行了更为详尽的阐释：“大学的功能就是塑造这样一个有担当、有责任感的‘有教养的民众’群体，使他们保持必要的活力和相当的影响力。”[②]但是，乱哄哄的大众传媒对于塑造“有教养的民众”非但无益，反而只会添乱；因此只能寄希望于大学，大学理应成为文明的创造中心。同时，他还对“有教养的民众”、“精英”和“政治寡头”等概念作了严格的区分：“即便被称作有教养的阶层……‘有教养的民众’也不可能被看作政治寡头……更不应该被称作‘精英’……他们本来是由来自不同社会地位、不同经济利益和政治立场的、广泛的民众组成，其重要性表现在他们文化取向的多样性、思想倾向的多元性、意识形态的非同一性和创造力的差异性……这正是他们的活力所在，也正是‘有教养的民众’的这些表现保持了文化传统的活力。另一方面，他们对文化传承的坚持又构成了其统一性的一面。”[③]由此可见，F.R.利维斯心中装的其实远远超过了少数精英的利益，他所关心的是如何使广大民众受到教育，使其心智得以成熟，都成为“有教养的民众”，或者知书达理的知识共同体、文化共同体。在 F.R.利维斯看来，“大学应该成为人类创造力的中心，大学里各专业学科和专门知识都要在传递传统文化方面发挥积极的作用；他向学生积极推荐一些哲学家、科学家的著述，还一再声称，学校里教授文学的老师应该与学生合作从事文学批评事业”[④]。而且，“文化传统本该存于鲜活的当下，存于个体参与文学批评对话的创造性反思中；这些个体相互合作，拥有共同的、开放的文化意识，从而构成一个文化共同体”[⑤]。

---

① Leavis F R. Nor Shall My Sword：Discourses on Pluralism，Compassion and Social Hope. London：Chatto & Windus，1972：131-132.

② Leavis F R. Nor Shall My Sword：Discourses on Pluralism，Compassion and Social Hope. London：Chatto & Windus，1972：201.

③ Leavis F R. Nor Shall My Sword：Discourses on Pluralism，Compassion and Social Hope. London：Chatto & Windus，1972：213.

④ Leavis F R. Nor Shall My Sword：Discourses on Pluralism，Compassion and Social Hope. London：Chatto & Windus，1972：109.

⑤ 转引自：Ortolano G S. The “Two Cultures” Controversy ： C. P. Snow， F. R. Leavis， and Cultural Politics in Post-War Britain. Evanston：Northwestern University，2005：75.

总之，受古典文学熏陶，当庸俗的、咄咄逼人的大众文化、外来文化经大众媒体对一个国家具有恒久价值（timeless）的、真正高尚的（authentic high）传统文化形成严重威胁时，“免疫式”的文化保护便成为一种最为自然和最为合理的应对方式。可以说，正是F.R.利维斯等学者对新型的大众媒体和由此产生的大众文化的深深忧虑和激烈批判，促成了“免疫式”媒体素养教育的产生。事实上，在《文化与环境》这部著作中，F.R.利维斯他们建议，应该用国家教育来唤醒大众，以“文学文化”的品位来抵制大众文化的庸俗趣味。他们还极力主张，教育界应开展旨在保护本国传统文化、语言、价值观和民族精神的有关媒体的教育，让学生学会批判大众文化的欺骗性、虚伪性——“在学校里引入一种抵制（大众文化）的教育”。由此可见，F.R.利维斯和他同事当时的主要使命，就是保护那些他们认为能够具体体现本民族传统的文学、语言、价值和文化，具体来说，就是“通过培养少数知识分子以保持一个特殊的、高雅的文化精英群体，通过维持健康向上的民族文化和传统文化，以保持其文化感知力和蓬勃生命力”[①]。他们的这种教育理念，与其说是一种对受众的保护措施，不如说是对精英文化的维护和对文化与道德的双重保护。因此，“免疫”名义下的媒体素养教育，本质上是一种保护教育、一种文化保护教育、一种使本国文化、语言、价值观和民族精神保持纯正和健康的教育。

二、形式：“文学文化”教育

在F.R.利维斯眼里，伴随着那些极端标准化、低俗化、平庸化和功利化的机器文明的日益壮大，伴随着大众文明及那些由机器生产出来的、充满了商业气息的、虚伪的、机械的、单调的、“没有受过教育”的大多数人消费的商业文化、大众文化的日益壮大和大举进攻，“伟大的传统”和人类田园式的“有机共同体”濒临崩溃，少数人的精英文化也日益萎缩，“少数人”的精英地位和权威更是日益动摇。鉴于上述严峻的现实，F.R.利维斯主张通过文学教育（literary education）来提高人们的文化素养、审美标准和道德情操，进而提高少数人精英文化地位。在《文化与环境》一书中，他和D.汤普森一起提出了“文学文化”（literary culture）的概念，认为应该提供文学鉴别能力和批评意识的训练方法，以应对日益恶化的大众文化的挑战。后来，Carol E.Craggs在其所著的*Media Education in the Primary School*一书中，也对“文学文化”（literary culture）作了

① 转引自：Hall S. Introduction to Media Studies at the Centre，Culture，Media，Language，Working papers in Cultural Studies 1972-1979. London：Hutchinson & Co. Ltd，in association with CCCS，University of Birmingham，1980：117.

专门的论述。在该书的第 10 页，就出现了 literary 和 culture 连在一起使用的情况："this book was a battle-cry for established literary culture to be used as a sword to humiliate and suppress the popular cultural values transmitted by the media." 另外，还有几处出现了 literary 单独使用的情况，如第 11 页的"……but the criteria were still firmly rooted in established literary values"；第 12 页的"the authors considered media education largely as part of the exploration of popular culture，alongside more traditional literary texts……；第 65 页的"the limitation of space on the page of a newspaper has an effect on literary style"等[①]。考虑到此 literary 非彼"literacy"，以及作者利维斯主要作为文学评论家的身份，再结合该书的上下文情景，上面几句话似乎应该分别理解为："……该书作为成熟的文学文化的主力阵地，恰如一枚利剑，使大众媒体所传递的流行文化价值感到无地自容并受到抑制……"，"……该标准仍然深深植根于既定的文学价值……"，"……作者认为媒体素养教育应该是流行文化与更传统的文学文本的实验性探索的一部分……"；"……报纸页面空间的限制对文学样式产生了影响"，等等。由此可见，早在 1933 年，F.R.利维斯和 D.汤普森并没有直接提出"媒体素养"的概念，也没有提出"文化素养"[②]的概念，而只是提到"文学文化"的概念。F.R.利维斯只是认为，"无论是诗歌还是小说，它们代表的都是伟大的文学传统。文学文本自身蕴含了丰厚的内涵，体现了关怀人类的强烈现实意识和道德意识，同时作为其基本载体的语言也是十分有活力的。因而，文学可以提升人们的感受力、敏悟力、鉴赏力和判断力，从而使人们的思想时刻保持一种有生机的活力状态，以此抵制工业化时代人们思想意识的僵化和机械化。由此，文学也就可以唤醒人们对工业革命前有机生活里美好价值理念与道德状态的坚守意识，进而拯救危机"[③]。而且，他们认为，唯有文学文化，才能使传统的精华得以存留。而文学文化并非天成，必须通过包括文学、戏剧、艺术教育等在内的文学文化教育才能形成。

其实，所谓文学文化，亦即 F.R.利维斯一直大力提倡的"少数人文化"，本是和"媒体文化""大众文化"根本对立的一个概念。早在 1930 年，F.R.利维斯就在其出版的 *Mass Civilizations and Minority Culture* 一书中系统地阐述了他的

---

① Craggs C E. Media Education in the Primary School. London：Rutledge Press，1992：10-77.

② 国内学者卜卫认为他们首次提出了"文化素养"的概念，其依据的原文仍然是 literary culture 一词。其他学者在其论文中也多加引用，但引来引去，有的引为 literacy culture，有的引为 cultural literacy，有的甚至直接认为他们首次提出了 media literacy（媒体素养）的概念，确有生造概念之嫌。参见：卜卫. 大众媒介对儿童的影响. 北京：新华出版社，2002：446.

③ 转引自：贾晓珍. 现代英国文化保守主义文论研究——以阿诺德、利维斯、艾略特为例. 南昌：江西师范大学，2011：40.

"少数人文化"理论。作为20世纪的文化——文明传统的传人，F.R.利维斯在救赎"伟大的传统"和"少数人文化"的时候，不得不去面对这样一个残酷的现实："除了少数人之外，没有任何人再对高雅的价值观表现出哪怕是一般性的关注……俯视其他地方，标准化、大规模生产和低俗化的进程已呈不可阻挡之势……因此，诗歌在未来的世界——如果将来还有诗歌的话——可能更加无足轻重。"[①]不仅如此，他所面对的"文化困境"更令他深感忧虑："……如果说上个世纪读者的阅读能力，比现代读者的要强得多，恐怕没有多少人相信。但实际情况确实如此。想想看，伴随华兹华斯一起成长的前辈读者，可以多么从容地在一组有限的变体（variety）符号之中行走啊。他们能一路自如前行，由此获得文学欣赏和辨识能力。但是，现在的后辈读者由于要阅读的媒体内容过于庞杂，所耗时间过长，其媒体辨识能力的获得反而变得越来越困难。"[②]当然，F.R.利维斯在这里只是从小说阅读及诗歌欣赏的角度阐释了文化困境，但是，显而易见的是，其他类似的文化困境在各种媒体形态和文化形态中也随处可见。大体上讲，"发生在英国的工业革命，最终使英国曾经拥有的、曾经为之骄傲的有机文化被分解成截然对立的少数人文化和大众文化，也使文化中的精英趣味与大众趣味渐行渐远。……想当初，有机文化是多么的完整、多么的生机勃勃；可是，反观现在，种种处心积虑的廉价媒体俨然成为文化的标签……"[②]

处在这样的文化困境中，文学批评家、文化批评家的社会作用便愈加凸显。鉴于此，在近半个世纪的岁月里，F.R.利维斯他们不仅以令人叹服的勇气和才智，重新改写了英国诗歌史和英国小说史；而且将一个社会中为数甚少的文化精英比作黄金，认为少数人和黄金一样都是永恒价值的根基。正是少数人构成了一个民族特定时代的良心："少数人保存了传统文化中最微妙、也最易遭到破坏的部分。依靠少数人，我们才能从过去人类最有价值的文学文化体验中受益良多。"[③]在此基础上，他明确地表明了自己的"少数人文化"立场："在任何时代，艺术和文学作品往往只能是很少一部分人的专利，只有他们才可以和能够对其进行明察秋毫的、非人云亦云的鉴赏和判断（那些简单的和大家熟悉的作品除外）……精英文化的传播，其实就像某种流通的纸币，其基础是数量极为有限的黄金。"[④]这些数量有限的少数人，能够欣赏、鉴赏但丁、莎士比亚、多恩、波

① 转引自：萧俊明. 文化转向的由来. 北京：社会科学文献出版社，2004：113.

② Leavis F R. Mass Civilization and Minority Culture. Cambridge：The Folcroft Press，1930：18-19.

③ F. R. Leavis，Thompson D. Culture and Environment：The Training of Critical Awareness. New York：Greenwood Press，1977：5.

④ Leavis F R. Mass Civilization and Minority Culture. Cambridge：The Folcroft Press，1930：3-5.

德莱尔、哈代等伟大作家及其作品。依靠少数人，“美好生活的标准不言自明，据此，我们明白什么更有价值？哪儿是前进的方向？理想的中心在哪里？……没有它们，卓越的精神就会消亡而难以传承”[①]。由此可见，在F.R.利维斯他们看来，所谓“少数人”，实际上是文学、文化上的一个少数派，至少包含三个方面的内涵：“其一，少数人是最优秀的精英集团。他们具有超越普通人的智慧和敏锐的洞察力，可以凭借着自己的判断力对文化和艺术作出‘第一手的评判’。其二，少数人继承和保存的是最优秀的文化，包括‘过去人类经验的精华’和‘传统中最精巧和最容易毁灭的部分’，这些优秀的文化可以给人们提供评判日常生活的固定标准。其三，少数人传承和保存的是最优秀的语言能力。语言具有流动性，随着时代的变化而变化。同时，语言也是文化传承中最基础的部分，它以文字和口头表达为载体，能够绵延地传递人类最美好的生活并以此保持精神世界的畅通性。”[②]其实，利维斯所谓的“少数人文化”一语双关，“一方面指任何时代，优秀文化都为少数人所守护；另一方面，少数人守护的文化曾经是‘强势文化’（major culture），是能引起大多数民众回应的文化，只是在利维斯时代，最优秀的文化成为‘弱势文化’（minority culture）了”[③]。其历史使命就是为了“保持纯正的文学传统与优秀的语言传统”[④]。这些“少数人”真正关心文学艺术，而且真正能理解和掌握F.R.利维斯所主张的文学应该具有的社会批判功能。在F.R.利维斯看来，“少数人”身肩对大众进行启蒙的艰巨任务。F.R.利维斯进一步认为，“文学文化作为文化不可分割的一部分，在文化中生成和发展，又通过文化表现出来；现代文明毁坏了传统的社会文化，只有坚持经典文学才能维持伟大的传统和文化；以经典的文学来对抗日益发展的大众文化，是解决现代社会‘文化危机’的唯一出口”[⑤]。

在《文化与环境》一书中，面对恶劣的“文化环境”，两位作者强调了教育的重要性。他们首先对“教育”的内涵进行重新界定：“现代环境所能提供的教育就是批量生产的标准化读物，因此真正意义上的教育应该是‘反现代文化环境的教育’，这就需要教育工作者付出更艰辛的努力。”[⑥]显然，他们对“有机共

① Leavis F R. Mass Civilization and Minority Culture. Cambridge：The Folcroft Press，1930：3-5.

② 转引自：贾晓珍. 现代英国文化保守主义文论研究——以阿诺德、利维斯、艾略特为例. 南昌：江西师范大学，2011：31.

③ 转引自：欧荣. 从“少数人”到“心智成熟的民众”——利维斯的文化批评与“共同体”形塑. 杭州师范大学学报（社会科学版），2015，（4）：98-105.

④Leavis F R. Mass Civilization and Minority Culture. Cambridge：The Folcroft Press，1930：254.

⑤ 江玉琴. 文化批评：当代文化研究的一种视野——兼论诺斯洛普·弗莱与F. R. 利维斯的文化批评观. 深圳大学学报（人文社会科学版），2007，（2）：121-126.

⑥ Leavis F R，Thompson D. Culture and Environment：The Training of Critical Awareness. London：Chatto & Windus，1964：106.

同体”的回顾、对消费文化和大众文化的剖析，都是为了培育心智成熟的媒体“民众”。为此，F.R.利维斯他们认为，大学是“文化传统的象征”，培育“有教养的民众”理应由大学来完成：“我所关心的是大学层次上的文科教育，大学被看作是文学传统的象征——这个文化传统一直以来被认为是一种指导性的力量，相比于现代文明而表达了一个更为古老的智慧，并具有防止与控制朝向物质、机械发展之盲目欲望的威力……英文作为一个学科应当建立在一个批评性的理念上——那是一种训练敏悟性和知性的文学批评研究……在某种意义上，它的工作是其他学科都无法做到的，这就是训练智性、敏悟性、培养一种敏悟与精确的反应，一种智性的精妙的完整性。”[①]由此可见，在 F.R.利维斯看来，大学能够“通过建构一个代表英国古老文化传统的英文学院来向大众传达人文思想的精粹知识，这种知识也即是通过文学教育培养并提升大众的‘智性’和‘敏悟性’等，从而唤醒被物质、机械压制的人性。可见，大学本身即是一种与‘工业文明’相对抗的有生活力的文化，它蕴含着强烈的人文关怀意识，因而教育大众的目的正是为了拯救大众”[②]。从这个意义上讲，国家理应努力提高大学在现代性社会中的地位，通过大学教育来培养有修养、有文学文化素养、有教养的民众，从而将传统文化、传统价值的辉煌与璀璨广布天下。在实践层面，F.R.利维斯他们还率先就在学校中针对大众媒体开展教育的问题作了系统的阐述，并提出了一套系统化的建议：“学校要考虑的问题确实涉及方方面面。关于文学品味的培养，其实是需要其他更多相关事项相配合的。譬如文明的进化过程以及个人所处的生理、心理环境，等等，可以明显地影响人们的文化品位和文化习惯。但是，健康文学品味的养成，绝对不是任由媒体环境塑造的结果，相反，其中更多的应该是抵制的结果。”[③]更关键的是，这种“文学品味的培养”，只能依靠少数文化“残余”。因此，也有人认为这不是通常意义上的媒体素养教育，充其量只是属于媒体“识读”，只是从文字识读，即学校教育的主要目标中延续而来，犹如孩子要学会文字的听、说、读、写，他们对于媒体也是应该知道如何去“识读”，其教育理念是：“学生学会了识读的知识和技巧，便能善选资讯、小心消费，免受污浊的资讯环境的污染。”[④]尽管没有直接提出“媒体素养”的概念，但“免疫式”媒体素养教育后来仍被视为英国乃至全球媒体素养教育的滥觞，两

① 转引自：黄卓越. 定义“文化”：前英国文化研究时期的表述. 文化与诗学，2009，(1)：91-123.

② 转引自：贾晓珍. 现代英国文化保守主义文论研究——以阿诺德、利维斯、艾略特为例. 南昌：江西师范大学，2011：41.

③ Leavis F R. Mass Civilization and Minority Culture. Cambridge：The Folcroft Press，1930：4-5.

④ 转引自：吴翠珍，陈世敏. 媒体素养教育. 台北：巨流图书股份有限公司，2007：42-43.

位作者也被尊称为世界媒体素养教育的鼻祖，这恐怕是作为文学评论家的 F.R.利维斯当时没有想到的。

三、价值："抵制"取向

F.R.利维斯与 D.汤普森对抵制式的媒体素养教育抱有强烈信心："如果仍然有什么值得相信，教育就最应该值得相信。我们不能让社会公民无意识地任由媒体环境熏陶。如果要拯救任何有价值的思想和文化，如果要致力于满意生活的追求，人们就必须养成甄辨与抵制的媒体意识。"[①]由此可见，围绕大众文化和大众媒体而开展"文学文化"教育的主要价值，便自然被理解为鼓励学生对几乎被视同为文化堕落因子和文化疾病的大众文化和大众媒体进行甄辨与抵制，而且重点是在抵制。媒体课教师在课堂上往往只讲授少量的媒体内容，便可看成是在帮助学生"注射疫苗"。由于当时大众媒体信息带来的众多负面影响，如何有效提高学生"抵制""免疫"媒体的能力便成为首要考虑的任务。通过这种针对媒体的教育，教师希望学生能够学会批判大众媒体的错误影响，认清蕴含其中的大众文化的欺骗性、虚伪性和麻痹作用，进而自觉追求符合传统精神的美德和文化价值观。

F.R.利维斯正是通过揭露媒体的种种"罪恶"而对其进行"抵制"，他"一直在思考当今文化为何会陷入如此绝望的境地"[②]。他认为，大规模的标准化生产"削弱了人们的感官能力"。譬如，报业代表了一个"肮脏"和"堕落"的世界："报纸是个最让人心猿意马的玩意，只会给人一种浅薄的、表面化的印象和廉价的情感反应。"[③]而"广告、收音机与电影则贬抑了人们的灵魂"[④]。在 F.R.利维斯看来，电影虽然作为一种广受欢迎的新文化形式已经成为不争的事实，但却因为毫无例外地卷入标准化和平庸化的过程，最终也沦为一种被动的消遣，而不是积极的娱乐；尤其令电影在发挥主动性、积极运用心智方面，变得异常艰难。F.R.利维斯的妻子 Q.D.利维斯也对当时的光景忧心忡忡：戏剧死了，诗歌和文学批评无人光顾，独有小说在苟延残喘，但也时日无多；大众不再欢迎那些"自上而下的娱乐活动"，使得像她们这样的"文化精英"不再被尊为文化的唯

① Leavis F R，Thompson D. Culture and Environment：The Training of Critical Awareness. London：Chatto & Windus，1933：3-4.

② 转引自：斯道雷. 文化理论与通俗文化导论. 2 版. 杨竹山，郭志勇，周辉译. 南京：南京大学出版社，2001：36.

③ Leavis F R，Thompson D. Culture and Environment：The Training of Critical Awareness. London：Chatto & Windus，1933：102.

④ 转引自：斯威伍德. 大众文化的神话. 冯建三译. 北京：生活·读书·新知三联书店，2003：11.

一权威，反而是面临着“消亡”的威胁。与之相反的是，读者现在可以看电影、报纸或者流行杂志，或者听爵士音乐。表面上看，他们确实还在阅读，但读的大部分是翻破了的通俗小说，如浪漫小说、推理小说、侦探小说、惊险小说和爱情小说；他们也会光顾报刊亭，但买的是电影杂志、故事杂志，其中许多是美国杂志；与低级小说杂志一起伴随大众的还有好莱坞的“超级电影”。但通俗小说“太注重艺术家个人主观情感的宣泄、思想内容的煽情、故事情节编排的曲折离奇和引人入胜，而缺少挖掘艺术品丰富社会思想意义和审美价值的广度和深度。由此，通俗小说以其娱乐性和消遣性满足的只是大众暂时摆脱现实烦恼的虚幻情感，它降低大众理性思考的敏锐性，使大众文化趣味日趋低下并最终导致文化的衰落”①。因此，它只会是“一种毒瘾”，只会让人“想入非非，从而对现实生活心生不满”②。更加糟糕的是，沉湎于其中只会“助长制造一种与‘少数人’的趣味格格不入的社会、文化氛围”③。Q.D.利维斯对此痛心疾首，她强调，真正的小说“可以深化、延伸、提炼经验，从而让读者来体味一个不同寻常睿智且敏锐的灵魂，引导他们接近一个比他们自己更为优雅的心灵”④。换句话说，它们是与流行于大众之间的“通俗小说”相对应的、主要存在于少数精英集团之间的“高雅小说”，是“有思想深度和丰富意义的，它不仅可以提升读者的审美趣味同时也能够引领他们走向更高的智慧”①。“高雅小说”更被 Q.D.利维斯这样的精英阶层大力推广，并希望以此提升大众的文化品位，挽救文化衰落。但是，一切迹象表明，20 世纪是阻碍阅读的世纪，是阻碍阅读经典的世纪。那么，这些现象产生的原因是什么呢？这在 Q.D.利维斯看来，大众之所以对文化具有如此大的破坏力，大众媒体难脱其咎：“现代大众报刊的出现，不可避免地导致了清教徒传统的瓦解。由此引发的连锁反应是，年轻的一代人不再如同其父辈那样对少数人文学流连忘返，而是太轻易就被廉价媒体所俘获。”⑤尤为可怕的是，报纸与广播等大众传媒已经毁掉了《圣经》作为自我表达媒体的无上荣光和权威，而好莱坞电影无外乎是“无节制的滥情”⑥，商业广告似乎“永无休止地、无孔不入地对大众进行操纵和愚弄”，它们都在无情地“阻碍大众真正的感觉和认真的

① 转引自：贾晓珍. 现代英国文化保守主义文论研究——以阿诺德、利维斯、艾略特为例. 南昌：江西师范大学，2011：32-33.

② Leavis Q D. Fiction and the Reading Public. London：Chatto&Windus，1978：54.

③ Leavis Q D. Fiction and the Reading Public. London：Chatto&Windus，1978：74.

④ Leavis Q D. Fiction and the Reading Public. London：Chatto&Windus，1978：64.

⑤ Leavis Q D. Fiction and the Reading Public. London：Chatto & Windus，1932：117.

⑥ Leavis Q D. Fiction and the Reading Public. London：Chatto & Windus，1932：165.

思考”[①]，实在无益于大众心智的培养。总而言之，20 世纪的英国读者已经被大企业控制了。大企业使不同层次的品位标准化，以致毁掉了大众去阅读纯文学类作品的欲望，而代之以电影、流行杂志、流行音乐、报纸等大众文化标准化的产品。这些大众文化产品对人的诱惑力实在是太大了，它们牢牢地抓住了“没能运用任何批评才智”的公众。

作为 F.R.利维斯的学生，D.汤普森的许多观点和其老师是基本一致的。20 世纪 30 年代，D.汤普森在英格兰东部的一所公立中学担任英文教师。在校任教期间，他一直与 L.C.奈茨（L.C.Knights）、F.R.利维斯及其夫人 Q.D.利维斯等一起参与核心杂志《细察》的初期编辑工作。他们以《细察》为阵地，在其上发表了许多对流行文化、大众文化进行声讨和批判的文章。1938 年，他针对大众媒体所提出的媒体素养教育理念被写入了政府的 Reports on Secondary Education of Spens 报告。在该报告中，D.汤普森认为，“电影、电视及印刷出版物正在腐蚀着年青一代的文学品味和阅读习惯”[②]。到了 20 世纪 40 年代，“他成为另一所中学的校长，于是离开了《细察》杂志，转而开始编辑一种新的刊物——《学校中的英语课》——也即后来的《英语应用》（*The Use of English*）杂志”[③]。他在该杂志上发表了许多英语教学方面的文章，在不断重提对媒体的悲观态度的同时，也阐述了在英语教学中使用媒体文本进行教学的一些实用方法。在随后的十年（1950—1960 年），许多教师在英国各地共同组建读书会，他们互相讨论与研究 D.汤普森所主编的《英语应用》，该杂志因此也成为影响英国中小学英文教学最为深远的教学参考资料之一。另外，在 1959 年的 Crowther Report 中，D.汤普森也提到：“唯有教育才能抵制如此强大的媒体影响力……青少年最容易受到大众媒体和流行文化的诱惑与煽动，因此不宜在没有家长和教师引导的状况下接触大众媒体；教师有责任与义务帮助学生免于大众媒体和流行文化的摧残。”[④]言下之意，唯有教育才可以改变当时的大众媒体状况；同时，作为在流行文化洪流中的盏盏明灯，年轻一代的中小学教师应该替学生对他们所接触的种种流行文化把关。1963 年，在随后的 Newsom Report 中，D.汤普森对媒体的许多重要观点也被多次引用，影响甚大。D.汤普森将分散各地的、围绕《英语应用》的小型读书会扩大，联合成立了全国英语教师协会（National Association for the Teaching of English，

① 斯道雷. 文化理论与通俗文化导论. 2 版. 杨竹山，郭发勇，周辉译. 南京：南京大学出版社，2001：40.

② Report on Secondary Education（Spens Report）. London：HMSO，1938：222-223.

③ Masterman L. Teaching the Media. London：Comedia Publishing Group，1985：40.

④ Masterman L. Teaching the Media. London：Comedia Publishing Group，1985：42.

NATE），并在该组织中担任重要职务。总体来说，20 世纪 30—70 年代，D.汤普森“通过其所主编的杂志、教科书、演讲、发表的学术文章和出版的论文集，继续坚持《文化和环境》一书中所秉持的‘文学文化’教育理念”[①]，并将该教育理念由学术殿堂的研究，逐步转化、落实到学校教育和课堂教学中。

几乎在同一时期，美国也零零星星地开展了一些基于保护主义的“免疫式”媒体素养教育活动。20 世纪初，在美国，“新兴电影业的快速发展日益引起美国社会的紧张和不安，宗教人士尤其是基督教新教的信奉者认为电影冲击了美国传统的生活方式和价值观，道学家们指责电影败坏了社会风气，是青少年犯罪的诱因，甚至一些医生也证明影院内黑暗的环境会损害观众的眼睛和身心健康”[②]。20 世纪 30 年代，美国威斯康星卓越传播协会（Wisconsin Association for Better Broadcasting）通过播放一些好的节目来帮助听众提高媒介意识、批判性思维和欣赏能力。这可以被看作美国最早的媒体素养教育活动。[③]但是，美国的媒体素养教育在表现形式上又与英国明显不同，因为英国是从各种类型的媒体素养总和延伸到某个类型的单一媒体素养；美国则是从最早某个类型的媒体素养，譬如从广播素养、电视素养等逐渐延伸至包括各类媒体的总的媒体素养。而且，总体来说，美国在 20 世纪 60 年代以前，由于教育家对大众媒体的影响的重视程度不够，正规的媒体素养教育基本上处于空白地带。当乡村音乐与咖啡馆已经到处流行之时，英语教师还在兴趣盎然地传授古老的英格兰小曲，而决不会在课堂上讲民谣歌手等当代大众艺术。当迪士尼公司忙着生产美国动画故事片时，学生还在学习古希腊的神话；报纸不仅在学校被冷落，而且如果哪个学生把报纸带进课堂，其下场只能是被没收。书籍是唯一值得付出时间和精力的媒体。到了 20 世纪 60 年代，正如学生被注射各种疫苗是为了保护人体自身的新陈代谢，面对电视、电影等大众媒体中充斥着的酒精、药物、香烟、种族主义、暴力和色情等内容，美国教师开始将部分大众媒体“注射”进入教学中，以展现大众媒体如何“空洞、愚蠢与无价值”。“这是一种抗御与保护学生免受大众媒体和大众文化这类危险疫病侵害的尝试。但教师只是注射僵化的、愚蠢的、无聊的媒体信息，因为这是取笑与嘲弄大众媒体文化最容易的方式。”譬如，在电影研究课上，马龙・白兰度和詹姆斯・迪恩的叛逆形象是构成电影课程的绝佳材料和重要环节，

---

① Masterman L. Teaching the Media. London：Comedia Publishing Group，1985：43.

② 洛厄里，德芙蓉. 佩恩基金会研究：传播学史上的第一座里程碑. 陈虹编译. 国际新闻界，1999，（1）：33-37.

③ Brown J A. Television Critical Viewing Skills'Education：Major Media LiteracyProjects in the United States and SelectedCountries. New Brunswick，NJ：Lawrence Erlbaum，1991：174-175.

它无时无刻不在表明，大众媒体无疑是导致一代人垮掉的罪魁祸首。因此，虽然同样是基于保护主义，但与 F.R.利维斯的文化保护观点不同的是，与英国同一时期或稍后一段时期的美国的“免疫式”媒体素养教育却是立足于道德维护立场。

实际上，欧洲大陆素有“抵制”媒体的传统，“利维斯们的想法不仅不足为奇而且也是渊源有自”[①]。譬如，法国大文豪让·雅克·卢梭就说过，“一本周期性出版的书是怎么回事呢？那就是一本既无价值又无益处的昙花一现的著作。文人们以轻率的态度诵读这些东西，仅仅是给未受教育的女人们和为虚荣心所驱使的蠢人们听的”[②]。作家德尼·狄德罗也说道：“所有这些报刊文章，对于无知者犹如食量；对于只愿谈论而不愿读书的人犹如锦囊；而对于劳动者，则犹如灾祸和令人生厌的东西。它们从来没有为有才华的人说过半句好话，也从来没有阻止过蹩脚的作家发表坏作品。”[③]而在伏尔泰看来，报纸也无非是“一些鸡毛蒜皮的琐事的记述”[②]。“抵制”取向的提出，表明了其对传统文化、传统价值观的高度自信。这是因为，在当时，“文学作品优劣，主要是看内容，而媒介产品的低下，恐怕难免与其出身——媒介相关，这不仅是因为大众媒介的表达和运作靠向市场，靠向低层民众，化解了文化的神圣，更在于此种迥异于传统的手段，使得精英知识分子不适应甚至反感”[①]。正是基于这种信念，F.R.利维斯认为，一旦媒体文化中的反文化（anti-culture）的、具有商业性质的不良低俗成分被揭露和甄辨，必然会被天性中尚还崇尚恒久价值（timeless culture）和真正的高尚文化（authentic high culture）的学生所抛弃。正如莱恩·马斯特曼所说，从利维斯主义出发，学生接受媒体素养教育就像打预防针进行免疫一样，可以帮学生汲取经典传统文化的养料，抵制媒体文化的诱惑。因此，这种媒体素养教育的信念也被形象地称为“免疫式”，事实上是一种抵制媒体的教育。而且，这种以“抵制”取向开展的“免疫式”媒体素养教育，应该从 20 世纪 30 年代算起，一直发展演化到20 世纪60 年代，因此在媒体素养教育历史中持续时间最长。[④]在这里我们特别注意到，莱恩·马斯特曼用“取向”（approach）来表示“媒体教育”的最初阶段，而不是以更为凝练的“定义”方式来加以界定把握。其中的原因也许很多，不排除媒体教育以激情见长，比如英国学者 Cary Bazalgette 就说，“媒体素

① 陆晔. 媒介素养：理念、认知、参与. 北京：经济科学出版社，2010：17.

② 转引自：展江. 法国启蒙学者何以蔑视报刊？. 看历史，2010（12）.

③ 转引自：董炜. 第三节 新闻道德的历史发展. 当代传播，1995，（1）：43-46.

④ Masterman L. A Rationale for media education//Kubey R. Media Literacy in the Information Age：Current Perspectives. New Brunswick，NJ：Transaction Publishers，2001：20-21.

养教育是激情者的园地，专业的和教育的训练明显不足”[①]。无论如何，既是取向，自然有其雷同之处，这就是体现在“接种免疫”背后的“精英与低俗、传统与反传统的二元分野”和价值追寻的区隔。

在具体的“抵制”媒体的方法措施上，“免疫式”媒体素养教育倾向于“实践批判”（practical criticism）。这种方法本来是英国文学批评家、诗人理查兹有感于文学在第一次世界大战中所显现出的巨大威力和广泛影响而提出的。理查兹的“实践批判”，实际上是关于文学教育、教学及研究方法的，尤其关注文学作品中传达的“经验”及其“价值”问题。他希望通过这种方法来表达更大范围内的文化和社会关切，力图借助诗歌等文学的力量，为现代人们在日益嘈杂、忙碌的社会中能够为其心灵寻找到一片安顿之地。令人深感欣慰的是，理查兹的主张和寄托得到了诸多认同文学价值的精英知识分子的热烈响应。F.R.利维斯也大力倡导文化批评，呼吁文化精英应该承担起教育大众的重任，培养大众对精英文化的感受力和鉴赏力，从而使精英所占据的文化中心不被大众的低劣趣味所取代。同样对大众文化持否定、批判态度，但与马修·阿诺德、T.S.艾略特和理查兹等有所不同，利维斯学派对大众文化的批判主要是通过对通俗小说、电影、报刊、广播及广告等大众文化载体的具体分析和“细读”（close reading）进行的。具体来讲，就是对弥尔顿、蒲柏、斯威夫特、华兹华斯、雪莱、济慈、詹姆斯、乔治·艾略特、狄更斯、康拉德、劳伦斯等作家的诗歌、戏剧和小说等文学作品展开详细分析，分析它们的语言和结构。“细读”法强调批评实践先于批评理论，F.R.利维斯他们“在各自的文学批评和教学实践中针对自己所发现的问题，各自采取自己的办法去解决，而它们所遵循的原则却大致相同，这一原则就被概括为‘细读’”[②]。在继承“细读”批评原则的基础上，利维斯学派倡导细察文学文本，通过细节分析探寻文本的组织方式，目的是发展一种专业的文化批评技能，以便打通“少数人文化”的经脉，挽救濒临灭亡的“有机社会”。总之，“实践批判”的方法使象牙塔里的学者终于可以用比较严肃的、正规的学术批评手段去面对他们以前所蔑视的大众文化，并且不得不把媒体文本放在社会的、历史的语境中去考量。利用这种方法，F.R.利维斯不仅把他所面对的各种报刊、广告、流行小说、电影和广播称为“五花八门的新书”，而且主张借扩大文学研究的广度和深度来建构某一时期少数人意识的鉴别能力，以便他们能在“五花八门的新书

① Bazalgette C. An agenda for the second phase of media literacy development//Kubey R. Media Literacy in the Information Age. New Brunswick，NJ：Transaction Publishers，1997：72-73.

② 李卫华. 价值评判与文本细读——“新批评”之文学批评理论研究. 北京：中国社会科学出版社，2006：106.

中犒劳自己”[①]。由此可见，“实践批判”的方法远远超出了传统的文学批评范畴，它不仅考虑媒体文本的社会语境，更专注于媒体文本自身。它“通过关注媒体文本中的反讽、悖谬、紧张、歧义和暧昧等手法，深入探讨了媒体文本的语言和组织”[②]。

实践证明，以“实践批判”的方法来解读媒体，“抵制”媒体，会明显增强其说服力。“唯有如此，少数文化精英才可以放下架子，用比较严肃、正规和客观的学术批评标准去对他们以前所蔑视的大众文化文本进行思考、甄别和抵制；唯有如此，媒体文本中的一切元素，譬如，广播解说中的语气和声调、电影中镜头的运用等等，才会变得别有意味；也唯有如此，文学批评才不再成为少数文化精英的文学文化专利，而是变成广大民众都可以通过训练而获得的媒体意识和能力。”[③]当然，我们也应该看到，F.R.利维斯本人在开创“免疫式”媒体素养教育时，虽然“与法兰克福学派并没有什么瓜葛，但当法兰克福学派的批判理论产生巨大影响后，却对这种媒体素养教育的后续发展起了强大的支持与促进作用，其关于文化工业的深刻而全面的论述为批判大众媒体提供了强大的火力，揭露大众媒体对民众操纵与愚弄已经成了后来大众媒体批判的主要内容”[④]。由此可见，“实践批判”方法对随后的媒体素养教育理论和实践都产生了很大的影响，使其对媒体不再进行盲目的抵制和全盘的否定。特别是当“免疫式”媒体素养教育在广泛汲取包括法兰克福学派理论等在内的多种批判理论的营养之后，其对媒体文本展开的“实践批判”“甄别”“抵制”已经变得比较理智和理性。这应该是“免疫式”媒体素养教向多种批判理论广泛汲取营养的结果。

第三节 “免疫式”媒体素养教育的发展演化

作为一部充分体现利维斯主义思想精髓的经典著作，《文化与环境》自初版面世后又被多次修订和再版，内容上也增加了一系列以新闻、广告、流行小说和电影等为题材的课堂练习，并逐渐成为英国和其他一些欧洲国家的中小学“针对

① Leavis F R. Mass Civilization and Minority Culture. Cambridge：The Folcroft Press，1930：20-30.

② Selden R，Widdowson P. A Reader’s Guide to Contemporary Literary theory. 3rd ed. Lexington：University Press of Kentucky，1993：15.

③ Selden R，Widdowson P. A Reader’s Guide to Contemporary Literary theory. 3rd ed. Lexington：University Press of Kentucky，1993：13.

④ 蔡骐. 论大众文化与媒介教育的范式变迁. 现代传播（北京广播学院学报），2002，(1)：118-121.

媒体”的教学——后来所称“媒体素养教育”的课程教材。譬如，丹麦的一些教师开始倡导并尝试在中、小学开设有关媒体素养教育的课程或讲座。他们认为，学校教育以往有关文学文化的教育，主要着眼于学生的文字识读及写作能力的培养；从传统意义上说，早期以文学文化名称出现的媒体素养往往被定义为“能够分析和欣赏文学作品并通过良好的写作能力进行有效传播的能力”[①]。但是，由于电影、广播等视听媒体的普及，传统的文学文化概念势必需要增加新的内涵，一个有文化的人或有文学素养的人，不仅应当具备文字阅读和表达能力，还应在视、听音像方面表现出良好的欣赏、判断和传播素养。

F.R.利维斯这位“好像是个走了偏道的奇才”，一生都在著书立说，并通过教学、演讲、辩论对现代文明、大众媒体、大众文化进行不懈的批判。他的身上“混杂着苦行僧主义和旺盛的生命力”；即使明明知道是在进行“一场无望的战斗”，他也从不悲观，而是执着行动着。他一生的努力，也得到丰厚回报。他的信徒“已遍及世界，尤其在英国的中小学和地方大学人数众多”[②]。而且，“今天英国的学生都是利维斯主义者，不管他们是否意识到这一点”[③]。客观地说，作为西方媒体素养教育发展史上出现的第一种媒体素养教育模式，由 F.R.利维斯倡导的“免疫式”媒体素养教育无疑有其特定的历史意义。其执着于维护社会精英阶层的传统伦理道德与社会规范、保护传统文化和精英文化等“少数人文化”的动机、愿望和行动无疑是单纯而神圣的，其对大众媒体和大众文化消极影响的“抵制”和批判无疑是深刻而有价值的，其倡导的“实践批判”方法对文化研究和“文学文化”教育的转型所起到的承上启下作用、对后来的媒体素养教育的借鉴意义也无疑是明显而富有成效的。尤其在当时人们还没有足够的准备去认识和适应新的大众媒体的情况下，尽管“免疫式”媒体素养教育在对传统文化辩护实质上是在维护服务于社会精英阶层的传统伦理道德与社会规范，但毕竟在第一次面对媒体的巨大负面影响的时候，“利维斯主义者所作的工作具有非常重要的开创性意义，第一次尝试把以前用于‘严肃’作品的文学分析运用到研究通俗形式上来”[④]，从而将“通俗文化”正式纳入到学术研究的视野。而且，作为“特立独行、力挽狂澜的批评家，他们在文化潮流和文学趣味发生巨变的时刻，曾经以

---

① Brown J A. Media literacy perspectives. Journal of Communication，1998，48（1）：44-57.

② Ortolano G S. The “two cultures” controversy ： C. P. Snow， F. R. Leavis，and cultural politics in post-war Britain. Evanston：Northwestern University，2005：378.

③ Eagleton T. Literary Theory：An Introduction. Minneapolis：University of Minnesota Press， 1983：31.

④ 斯道雷. 文化理论与通俗文化导论. 2 版. 杨竹山，郭发勇，周辉译. 南京：南京大学出版社，2002：45.

这样或那样的方式，捍卫了伟大的文学传统，也捍卫了一种人文主义精神”[①]。更为重要的是，他们首次提出了具体的“文学文化”教育理念，即使到了21世纪的今天，“免疫式”媒体素养教育“已不被多数学者和教育专家取信，但在探讨英国媒介素养教育的历史与发展时，我们应该看到学者、教育家们和一般大众在社会文化存亡之际所兴起的匹夫之责，以及对于下一代的重视，使我们认识到身为教师，在传承文化、引导社会风气中扮演着非常重要的角色”[②]。由此可见，“免疫式”媒体素养教育如今虽然已不是主流，但其局部影响却仍然时时可见。尤其是在传统文化、传统价值文学正被日趋边缘化的时代，我们在媒体素养教育中需要的“正是利维斯这样的批评家，以便唤醒一种毫不含糊的甄别意识，重新认识伟大的文学传统在文化建设中的不可替代的作用，进而扩大严肃文学在现代社会中的影响”[③]。

为了应对变化了的历史境遇和社会现实的挑战，也为了理论的生存和延续，尽管马修·阿诺德、T.S.艾略特和后来的利维斯主义者都对传统的精英文化理论做了一定的修正和完善，但在第二次世界大战之后的英国，这些理论终究还是无法摆脱被批判和被边缘化的命运。其原因有三。其一，文化仅被利维斯主义者视为艺术和文学等少数过于狭窄的领域。在利维斯主义者看来，似乎只有通过文学、艺术、诗歌和哲学等少数精英文化，人类传统的精神价值和道德价值才得以传递下去。“利维斯的精英文化立场势必在其与大众文化之间构筑一道墙，或在无意之中形成文化等级秩序，根据文化鉴赏力的水平高低拉开与民众的距离，这从根本上传递出文化精英的政治意识。”[④]但是，“利维斯的批评方法并不是无懈可击的。他的判断有时显得过于主观，因而与作品意蕴有一定距离；他的分析有时过于冗长，因而让人觉得过于烦琐；他的思绪有时跳跃幅度太大，因而使论述缺乏严谨的逻辑”[⑤]。传统的精英文化终究不得不逐步退出社会文化生活的中心。其二，尽管一再受到修正，但无论在理论上还是实践上，仅仅依靠传统的精英文化已无法适应当时文化发展的需要了。因为利维斯主义从根本上忽视了人们对待文化的态度变化，仍然企图依靠有天赋的“少数”精英来推行精英文化，抑制所谓粗俗的大众文化。他们忽视了大众的话语权，对文化的平民性、大众性和

---

① 高兰. 利维斯与英国小说传统的重估. 长春：吉林大学，2009：104.

② 西尔弗斯通. 媒介概念十六讲（*Why Study the Media*？）. 陈玉咸译. 台北：韦伯文化国际出版有限公司. 2002：31.

③ 高兰. 利维斯与英国小说传统的重估. 长春：吉林大学，2009：2.

④ 周芸芳. 试论利维斯的有机论及其在当下的意义. 重庆师范大学学报（哲学社会版），2010，（5）：78-82.

⑤ 高兰. 利维斯与英国小说传统的重估. 长春：吉林大学，2009：104.

民主性越来越高的呼声反应过于迟钝。这一时期，“媒体素养教育中精英文化的高级与大众媒介的低俗自然地转化成教育主体和被教育客体的关系。在这样一个新兴的教育实践中，社会民众还没来得及做出自己的判断就已经被安排的‘井然有序’，他们的话语权被扼杀，自主选择的权利荡然无存”①。其三，基于利维斯主义的“免疫式”媒体素养教育的初衷，是为满足精英阶层保护自身的需要，因此具有强烈的阶层化倾向。精英阶层作为“免疫式”媒体素养教育的倡导者、组织者与实施者，为了一己之私一味地维护本阶级的阶级利益、文化利益和政治利益，往往过分夸大大众媒体的负价值；因此，大众媒体被贴上“空洞”“愚蠢”“无价值”“低俗”“低水平的满足”“文化堕落的因子”等一系列的负面标签，就毫不奇怪了。其实，“在主体与客体的价值关系中，价值可表现为正价值与负价值，客体对于主体的正效应，就是正价值；客体对于主体的负效应，就是负价值”②。然而，利维斯主义完全忽视了大众媒体对于人的正价值和积极价值，相反，他们一味放大大众媒体的负价值，沉醉于对大众媒体的批判和否定。有鉴于此，雷蒙·威廉斯评价道，“F.R.利维斯在教育方面的成就和贡献有目共睹。但是，由于其一味地倡导由所谓有教养的少数人去和大众相抗衡，结果只会产生不切实际的高傲与怀疑主义”③。由此观之，以文化精英主义来指导“免疫式”媒体素养教育，其局限性也是显而易见的。

分析“免疫式”媒体素养教育“抵制”取向的核心，不难发现，其所依凭的重要理论基础，无外乎是“媒体罪恶观”。从这种理论出发，极易导致仅凭单纯的文学“单挑”媒体这种“文化病毒”的局面，“就有可能导致绝对，不分青红皂白，凡是在大众媒介中出现的必然就没有好东西。前生注定后世，一切均已命定”④。如此一来，大众媒体无异于洪水猛兽，广大受众应该和大众媒体隔离。单从思维方法上来说，这种取向实际上是一种见害不见利的片面思维，是极不现实的。况且，文学固然重要，但这并非意味着可以高估“少数人文化”和文学教育的作用。F.R.利维斯根本不理会一些文化批判家把电影看成一种艺术的事实，将电影排除在他所说的严肃文化形式之外，显然并不明智。他同样对希区柯克的好莱坞商业影片不屑一顾，根本不顾“现在已经很少有人怀疑他是极有创造天才

① 吴文涛，张舒予. 从抵制到赋权：论西方媒介素养教育价值取向的历史演变. 当代教育学，2016，(5)：44-47.

② 王玉樑. 价值哲学新探. 西安：陕西人民教育出版社，1993：140.

③ Williams R. Culture and Society 1780-1950. London：Happer & Torchbooks，1958：263.

④ 陆晔. 媒介素养：理念、认知、参与. 北京：经济科学出版社，2010：17.

的艺术家”[①]。而且，最具讽刺意味的是，一些早期曾被视为胡言乱语的摇滚乐，现在却因大众趣味的变迁摇身一变而成为音乐经典。由此可见，过分“责难媒体”、过分“抵制媒体”的媒体素养教育的理论基础并不严密，也不牢固，因为“媒体罪恶观”[②]很容易连带地产生“否定媒体”的误解，Bazalgette 在回顾英国媒体素养教育的发展时，就批评早期极端的“免疫式”媒体素养教育是“灾难的开端”，从某种意义上看也不无道理。到了 20 世纪 50 年代末 60 年代初，面对普通民众“日常文化心理”日益强烈的呼声，西方媒体界、文化界再也坐不住了，开始直面媒体现实。另外，长期被忽略的社会底层和默默无闻的大众也开始不甘媒体和有关精英的任意摆布，由此形成了一股强大的自下而上的有关媒体教育的社会运动新思潮。雷蒙·威廉斯作为其中的突出代表，首先做的就是颠覆其老师 F.R.利维斯对普通市民日常生活的“异常冷漠和居高临下的”精英式的描述。而伴随着大众文化和文化研究的转向，媒体素养教育也必然进入新的发展阶段。

① 陈庆祝. 大众文化的中国形态. 广西师范学院学报（哲学社会科学版），2008，（1）：134-139.

② 吴翠珍. 媒体素养与媒体教育的流变与思辨//翁秀琪. 台湾传播学的想象（下）. 台北：巨流图书公司出版社，2004：837.

第三章
“甄别”取向：“流行艺术式”媒体素养教育

第一节　大众文化的平民立场

自二十世纪五六十年代以来，无论是从类型到数量，还是从生产到消费，西方大众文化都得到了极大发展。大众文化的崛起，使人们开始反思，以往对大众媒体的强烈抵制态度是否显得有些草木皆兵、言过其实；因为媒体毕竟还有“正价值”，也给人们带来咨询服务、休闲愉悦和文化熏陶等种种好处，并非一无是处。与这种反思所对应的是，“这一时期也正好处入文化研究的发轫时期”[①]。由于伯明翰当代文化研究中心（Center for Contemporary Cultural Studies，CCCS）在这场反思中充当了大本营和急先锋，人们于是将这一时期的文化研究等同于 CCCS 的工作。实际上，依托英国本土，CCCS 所开创的文化研究后来逐渐辐射到北美、澳大利亚等地区和国家，其学术观点与理论特征被学界统称为伯明翰学派（Birmingham School）。伯明翰学派的代表人物理查德·霍加特、E.P.汤普森和雷蒙·威廉斯等因共同开创了文化研究的先河，“被尊称为文化研究之父”[②]。可以说，文学研究、文化研究、文化教育和文化治国正是雷蒙·威廉斯等伯明翰学派成员的全部工作意义。正是因为他们开拓性地、义无反顾地朝着大众文化的方向迈进，人们对大众文

① Buckingham D. Media education in the UK：Moving beyond protectionism. Journal of Communication，2010，48（1）：33-43.

② Ferguson M，Golding P. Cultural studies in Question. London：Sage Publication，1997：iv.

化的态度才逐渐有了新的认识，精英主义的传统文化观也开始逐渐发生微妙变化，相应地，大众文化的平民立场及其教育的空间也得到了空前的开辟与拓展。

一、为工人阶级文化辩护

1924 年，自工党执政以来，英国各级各类学校大都经历了较大的变革："不但学校与学生数量有了大幅增长，而且来自工人阶级家庭的学生比例有了明显提高，于是，工人阶级所代表的大众文化便有了与精英文化比翼齐飞、携手江湖的机会。"[①]应该说，这种机会是由广大工人阶级和以理查德・霍加特为首的诸多伯明翰学派成员共同创造的。其中，理查德・霍加特这个自负的、出生于英国工人阶级家庭的"别致的农民"的贡献尤为突出。他参与创办了伯明翰当代文化研究中心，并作为该中心第一任主任监护、指导其度过了艰难的"婴儿期"，培养了包括斯图亚特・霍尔（Stuart Hall）在内的一大批文化研究巨匠。理查德・霍加特曾长期在赫尔大学（Hull University）从事成人教育，并在 1957—1958 年对英国工人阶级文化进行细致而详细的考察的基础上，撰写出版了《文化的用途》（*Uses of Literacy*）一书。

在《识字的用途》一书中，理查德・霍加特力图在新的历史条件下重新确认工人阶级的政治及文化身份。他以文化变迁为主题，分两部分考察了"过去的三四十年里的英国工人阶级文化的变化"[②]。其中，第一部分为一种"旧"秩序（an "old" order），以理查德・霍加特孩童时代个人经历为基础，旨在描述他孩童时代丰富多彩、独特生动的英国工人阶级文化。第二部分为推陈出新（yielding place to new），描述了 50 年代美国式的大众文化对英国这种传统的工人阶级文化所造成的冲击。显然，第一部分是第二部分的背景。在该书中，理查德・霍加特这样描述道："大众娱乐最后就是 D.H.劳伦斯所形容的'反生活'，充满了腐败堕落、不正当的诱惑和道德沦丧……它不能提供任何真正启迪心智的东西。它使更具积极性、更为丰富多彩、更具合作精神的种种快乐慢慢枯竭。在这些快乐中，人们通过给予而得到了更多。"[③]他还敏锐地发现，从美国传来的大众文化中"充满腐败、堕落、诱惑及道德沦丧的因子……(美国大众文化的)发展无外乎是对物欲的追求；所谓文化平等，无外乎是一种道德夷平；所谓自由，简直就是为所欲为的快乐化身。……它们不提供任何能够真正启迪人们心智的营养"[④]。理查德・霍加特因此

① 梅德利科特．英国现代史（1914—1964）．张毓文译．北京：商务印书馆，1990：93-94.

② Hoggart R. The Uses of Literacy. New York：Oxford University Press，1970：11.

③ 转引自：斯道雷．文化理论与通俗文化导论. 2 版．杨竹山，郭发勇，周辉译．南京：南京大学出版社，2001：66.

④ Hoggart R. The Uses of Literacy. New York：Oxford University Press，1970：277-278.

认为，美国电视、流行音乐和犯罪小说等大众文化产品皆是文化赝品，它们缺乏有机性，因此应该受到批判。在他看来，美国式大众媒体的堕落、时髦的外来大众文化的入侵，英国原有的自然、健康、淳朴的工人阶级文化因此遭受到“围剿”和破坏。从表面上看，理查德·霍加特和 F.R.利维斯对大众文化的理解似乎有许多相同之处。譬如，他们都认为，文化在当代呈衰败趋势，都将有关媒体的教育和提高文化感受力视为抵制大众文化的有效手段。但是，从本质上讲，虽然同样对大众文化批判有加，但理查德·霍加特与马修·阿诺德、T.S.艾略特和 F.R.利维斯等的传统精英主义还是有很大不同的。这是因为理查德·霍加特在借用利维斯主义者的“慧眼”批判媒体的社会弊端时，并没有秉承他们的悲观。理查德·霍加特认为，工人阶级自身的道德水准并未下降；与之相反的是，工人阶级正在消费的大众文化却往往缺乏“道德严肃性”。他坚持认为，“工人阶级特有的大众文化具有合法性和有机整体性。为此，他断言，作为工人阶级的大众不应完全被视为文化的消极消费者；相反，由于工人阶级具有天生的文化适应能力，他们完全有能力创造属于自己的大众文化样式、自主地选择大众文化提供的文化产品。这样，他们就会很快在文化的新秩序中生存下来”①。但是，长期以来，英国的文学批评家在解读流行艺术、大众文化及大众传播的过程之中，一直受制于马修·阿诺德、T.S.艾略特和 F.R.利维斯等的文学、文化观。这就不可避免地导致了“英国的文化图景太过狭隘，英国原有的文化完全不屑纳入丰富多彩的大众文化、流行艺术以及复杂微妙的工人阶级态度。”②鉴于此，理查德·霍加特认为，文学批评家有义务将文学批评运用到流行艺术、大众文化等文化现象的分析中去，而不应将其仅仅局限在少数的“阳春白雪”式的精英文学作品上。由此观之，“霍加特对大众文化危害的认识是与利维斯的思想一脉相承的。尽管如此，他并没有对大众文化彻底绝望，而是努力地发现并肯定大众文化的活力和大众在文化接受中的积极能动性。同时，他也十分关注被精英文化所排斥的工人阶级文化并肯定其积极的价值意义。也正是因为如此，他最终与利维斯主义诀别，走向了文化研究学派的积极大众文化理论研究范式”③。理查德·霍加特对工人阶级大众的文化能动性和创造性给予了充分的肯定，他的这些观点明显地构成了他对英国特有的文化与文明传统，以及对利维斯主义的超越。

① Hoggart R. The Uses of Literacy. New York：Oxford University Press，1970：32.

② Hoggart R. “Literature and Society”，in Speaking to Each OtherEssays，Vol（II）. New York：Oxford University Press，1970：31.

③ 转引自：贾晓珍. 现代英国文化保守主义文论研究——以阿诺德、利维斯、艾略特为例. 南昌：江西师范大学，2011：34.

二、为大众和大众文化正名

在剑桥大学求学期间，雷蒙·威廉斯曾聆听过 F.R.利维斯的文学讲座，也大量阅读过利维斯夫妇的著作；雷蒙·威廉斯因此直接或间接地深受过利维斯主义的影响，以致无论在观念上还是方法上，他的早期教学与研究都深深印有利维斯主义的痕迹。但是，这并不意味着雷蒙·威廉斯是通常意义上的利维斯主义者，也并不妨碍他后来对利维斯主义进行批判。事实上，雷蒙·威廉斯虽然对利维斯主义有种种继承，但更多的却是对利维斯主义的批判、扬弃与发展。在 *Culture and Society* 一书中，雷蒙·威廉斯主张，文化在本质上“不仅仅是知识与文学作品的总和，而且也是整个生活方式”[①]。他将文化的范围扩展到“整个生活方式”，这无疑极大地肯定了工人阶级文化作为“社会的真正基础”的地位：“……从其发展过程来看，因为工人阶级创造了某种文化制度，因此，工人阶级文化具有一定的社会性的。……总而言之，考虑到当时具体的文化语境，完全可以把工人阶级文化视为一项了不起的创造性文化成就。”[②]其实，文化并非像利维斯主义者所认为的那样有高雅低俗之分，所有的文化都只不过为人类活动的某些方面而已。况且，文化即使有分别，这种分别也是次要的。“少数人文化与大众文化间不可能存在绝对的差异”[③]；如果存在差异，这种差异也仅仅存在于生活方式的不同。

或许是由于雷蒙·威廉斯、理查德·霍加特等均出生于工人家庭的缘故，他们都与生俱来地带有一种“平民意识”。在他们看来，在社会这个有机体中，“大众”并不只是被工业生产所利用的消极的受众，也不只是毫无鉴赏力的媒体产品和文化产品消费者——“‘大众’事实上是不存在，存在的只是把人看作‘大众’的看法，社会上有多种原因支持这种看法，支持‘大众’这个称谓”[④]。况且，“大众”一般被认为是“他者”的代名词，往往带有明显贬义的；因此，没有人愿意把自己视为“大众”，更没有被称作“大众”的人承认自己的文化低人一等。如此看来，精英文化和大众文化只是不同的文化层面而已。雷蒙·威廉斯坚决主张应以辩证的方法看待资产阶级文化与工人阶级文化，坚决主张以平等的态度看待高雅文化与大众文化。这种对待“文化”的新的态度，承认了文化的多元性，在一定程度上肯定了大众文化在社会中的地位和作用。雷蒙·威廉斯进而试

① Williams R. Culture and Society 1780-1950. London：Happer&Torchbooks，1958：325.
② Williams R. Culture and Society 1780-1950. London：Happer&Torchbooks，1958：327.
③ Williams R. Culture and Society 1780-1950. London：Happer&Torchbooks，1958：321.
④ Williams R. Culture and Society 1780-1950. London：Happer&Torchbooks，1958：300.

图为文化寻找一个真正的出路，他设想通过“漫长的革命”——通过扩大民主化而建立一种强有力的、真正“大众”的文化。在 *The Long Revolution* 一书中，雷蒙·威廉斯概括了“文化”定义的三个方面[①]：①“理想”的文化。这个层面的文化被认为是一种完美的状态或走向完美的过程。②“文献记载”的文化。这个层面的文化又被称为历史的文化，被认为是知识和想象作品的载体，或者人类有史以来的思想与经验的详尽记录。③“社会”的文化。这个层面的文化和大多数人的生活息息相关，被认为是一种独特生活方式的描述，其特定意义与价值不仅体现在人们的艺术与学习领域，也体现在各种日常生活与行为之中。通过文化的定义，雷蒙·威廉斯试图囊括文化的所有形态，他总结道：“不管怎样，文化过程必须作为一个整体进行看待。”[②]因此，一个完整的文化定义应该是上述三个层面的有机融合。只有将上述三个文化定义作为一个整体，文化与社会、经济、政治、教育、制度、习俗等“整个生活方式”之间的关系才能得到更加全面的阐释。由此可见，正是通过对“漫长的革命”的探讨，雷蒙·威廉斯“才将传统的文化概念从狭隘的、近乎枯竭的精英立场中争夺了过来，进而对英国传统的文化精英主义作了有力的反拨”[②]。1958 年，雷蒙·威廉斯又提出了“文化是平常的”（culture is ordinary）观点，其实质上反映了他欲将文化概念进一步宽泛化、通俗化、大众化和平常化，以便对以往将文化规定为少数人的特权的传统加以批驳，从而使文化回归大众真实生活。

三、大众文化的平民立场解读

如上所述，伯明翰学派凭借着《识字的用途》《文化与社会》《英国工人阶级的形成》等文化研究著述，开始把“利维斯对文学文化的关注适当地转向了对媒体文本的关注”[③]。他们有意地选择了有别于利维斯主义的文学文化研究阵地，开辟了诸如“流行杂志、流行小说、流行音乐、广告、电影、电视、城市建筑及富于表现力的手势”等一系列新的媒体文化研究领域。本来，雷蒙·威廉斯、理查德·霍加特、E.P.汤普森、霍尔等都有参与第二次世界大战及成人教育运动的经历，也都深受利维斯主义的影响，但后来又都与之决裂；因此，他们之间似乎确实存在着诸多相似之处。在充分重视媒体文本分析的基础上，他们认

① Williams R. The Long Revolution. London：Chatto & Windus，1961：41.

② Baldwin E. Introducing Cultural Studies. Beijing：Peking University Press，2005：5.

③ Williams R. The future of cultural studies//Pinckney T. The Politics of Modernism：Against the New Conformists. London and New York：Verso，1989：154.

为，大众文化与精英文化的二元对立并不是对当下文化现实所做出的一种明智反应，因此，像利维斯学派那样以居高临下的精英立场来排斥大众文化，是不可取的。在他们看来，F.R.利维斯出于“愚蠢又危险”的历史观，“鼓吹传统和谐，却无视赤贫、疾病与压迫；他尾随马修·阿诺德的逻辑，粗暴地切割了大众与精英；他称文化精粹保留在文学中，结果夸大文学重要性，并忽略其他文艺形式、知识传统”[①]。这些观点都是错误的，不可行的。他们另辟蹊径，试图从平民和大众立场出发，坚持把大众文化或通俗文化纳入自己的视野，坚持文化的大众性和日常性，坚决抵制少数人的文化霸权，所推崇的是一种完全民众的立场。换句话说，对待大众文化和大众媒体，一味地进行“谴责”是根本行不通的；相反，对其“理解”和“逐步认同”才是唯一的出路，这也就构成了他们与利维斯主义的重要分野。

通过伯明翰文化研究学派的努力，精英文化与大众文化间的二元对立得以缓和。其实，他们孜孜以求、乐此不疲的初衷，无外乎是为了建立一种全社会的“共同文化”，以提升大众文化的地位，让社会的整体文化在雅俗共赏中得到整体的提高。他们朴素地认为，如果“共同文化”得以建立，“文化”就不会再被视为一系列享有特权的、恒定不变的文学经典或“少数人文化”，而会被视为全部的生活方式。而且，文化的创造、文化的表达也应该是多元的，既应该有高雅、贵族式的阳春白雪式文化，亦应有日常生活化的、大众化的下里巴人式文化。他们还对大众在文化创造、文化传播中的作用作了充分的肯定，对大众在日常文化生活中所表现出的不同于贵族精英的审美趣味表示了充分的理解，对大众自下而上地创造大众文化的方式表示了充分的认同。总之，他们在态度上和行动上都对大众和大众文化表达了殷切的、热情的人文关怀和支持。另外，他们还特别强调，教育应该成为大众的公共资源，而不应被精英垄断和独享。“伴随着文化立场和态度的这种变化，这一时期，全球经济、社会、政治和教育格局发生了巨大变化，西方主要资本主义国家在完成工业化进程后，纷纷进入后工业时代，文化教育、大众传播等诸多领域也随之发生了一系列前所未有的变化，传统的价值观念被逐渐消解和重构。”[②]

① 赵一凡. 西马在英国（下）. 中国图书评论，2007，(10)：70-81.

② 贝尔. 资本主义文化矛盾. 赵一凡译. 北京：生活·读书·新知三联书店，1989：120-121.

第二节 “流行艺术式”媒体素养教育的形成

一、本质：“流行艺术”认同教育

一般认为，“流行艺术运动”（Pop Arts Movements）发轫于20世纪50年代中期的英国，繁荣于20世纪60年代的美国，其后逐渐演变为一场国际性的文化思潮和艺术运动。事实上，按照R.汉密尔顿（R. Hamilton）的解释，“流行艺术”（popular art）[①]应该是一种“大众的、短暂的、消费的、廉价的、大批生产的、年轻的、诙谐的、性感的、风趣的、有魅力的和大量交易的”[②]大众艺术。而且，“流行艺术”一直致力于“生活的艺术化，艺术的生活化”，早已泛化为包括消费文化、都市文化、媒体文化、移民文化、混血文化、青年亚文化、多元文化与大众文化等诸多文化的文化现象。巧合的是，这些文化现象又恰逢英国伯明翰文化研究学派的发轫时期。在伯明翰学派等多方力量的努力下，20世纪50年代末至60年代初，西方文化界对大众文化的态度终于发生了“从彻底否定到部分肯定，再转变为积极的肯定”[③]的历史性转向。这个转向虽然微妙，但却是颠覆性的、划时代性的。伴随着这种文化态度的转向，西方媒体素养教育也相应地发生了重要的转向：媒体素养教育不再一味地强调精英文化与通俗文化的划分，不再一味地反对媒体，而是开始充分考虑人们对媒体，特别是对当时欧美有着极大影响的、集视听于一身的一种媒体——电影及相关的媒体的表现形式——“流行艺术”的日常文化体验，以便在文化体验中加强“甄别”能力的培养。如此一来，“免疫式”媒体素养教育终于有了新的突破，开始让位于“流行艺术式”媒体素养教育。随着第二次世界大战后人口的剧增，经济的飞速发展，媒体文化的繁荣，西方一些资本主义国家的流行艺术式文化也日益兴盛。但是，反映在学校教育上，欧洲大多数学校的主要课程大都是为学生毕业后谋生做准备的职业型课

---

① 流行艺术（popular arts）一词最早出现于1952—1955年，由伦敦当代艺术研究所一批青年艺术家举行的独立者社团讨论会上首创，批评家罗伦斯·艾伟（Laurence Alloway）酌定。他们认为公众创造的都市文化是现代艺术创作的绝好材料，面对消费社会商业文明的冲击，艺术家不仅要正视它，而且应该成为通俗文化的推动者。在实践中有力地推动这一思潮发展的艺术家是R. 汉密尔顿。1956年，他在首届“这是明天”的个人展览会（惠特彻派尔画廊）上陈列出握有POP字母的网球运动员的拼集作品。这幅作品成了流行艺术的一面旗帜。参见：流行艺术. http://www.86baike.com/Content.aspx？ItemID=256[2017-10-12].

② 转引自：王杰，廖国伟. 艺术与审美的当代形态. 北京：人民文学出版社，2002：91.

③ 盛新娣. 论当代西方文化研究语境里的大众文化. 云南社会科学，2003，(6)：118-122.

程，因此特别强调智力和技能训练。当然还有另一类的课程，是为闲暇时光做准备的，强调的是创造和欣赏，被视为娱乐型课程。在这种情况下，“流行艺术曾经被认为是药片上的糖衣，处于生活的次要地位，最初是被排除在学校正规课程之外的”[①]。譬如，早在1960年，英国全国教师联盟（National Union of Teachers，NUT）年会就作出如下决议：“……报刊、广播、电影及电视等媒体的滥用，导致了一些暴力与色情事件的泛滥和极端利己主义的故意渲染。为此，本大会一致认为，必须通过有力措施来抵制因为媒体的原因而导致的文化价值标准的降低……大会还特别向家长们和媒体工作者们发出倡议，应大力支持广大教师为了防止时常发生在学生课堂内外的价值观之间的冲突而做出的种种努力。”[②]不仅如此，这次会议仍然认可大众文化与精英文化之间的二元划分，仍然认为传统精英文化的价值高于大众文化，大众文化如果还有价值，就是经过改造之后，成为传统精英文化的传递者。但是，当这些矛盾日益突出，最终无法协调解决时，包括流行艺术在内的大众文化最后终于突破了学校教育的森严壁垒，不但进入了文化研究领域学者的视野，而且引起教育界人士的严重关注，大多数学校也不得不将之作为教育、教学内容的一部分加以考虑。这种关注和呼吁仍然是有一定分寸的——他们虽然对大众媒体已不再是完全抵制，但至少还保持着一定距离的淡然态度。他们敏锐地意识到，如果将精英文化的失宠、传统文化的失落、文化标准的降低等问题的原因全部归结到大众媒体和大众文化身上，显然是有失公允的，是罔顾客观现实的。在此背景下，英国全国教师联盟在其后来召开的以“流行文化与个人责任”为主题的特别会议上，“与会代表开始一反常态，对先前对大众媒体的无端指责给予了纠正，指出这些所谓的媒体责任实在应该由整个社会来承担，而非仅仅只是由教育工作者或大众媒体来充当替罪羊”[③]。

正是在这些关于文化价值的争论过程中，斯图亚特·霍尔，这位来自“低中阶级、牙买加籍、乡村形态、肤色白皙、源自英国、靠种植业起家的”[④]家庭关系复杂的文化学者，敏锐地觉察到，文化的场域已经发生了重大变化，大众文化的地位也因此产生了不小的变革。他毫不客气地批评了利维斯主义念念不忘的“文化-文明”传统，认为《文化与环境》“虽然扩大了文化的范围，但其立场显

① Hall S，Whannel P. The Popular Arts. New York：Pantheon Books，1965：28.
② Hall S，Whannel P. The Popular Arts. New York：Pantheon Books，1965：21-23.
③ Hall S. Whannel P. The Popular Arts. New York：Pantheon Books，1965：30.
④ Hall S. Critical Dialogues in Cultural Studies. New York：Routledge，1996：435.

然过于保守和悲观。更要命的是，它把前工业社会的所谓英格兰有机文化与当今所谓大量制造的大众文化根本对立了起来”①。这显然不是一个符合客观事实的文化态度。为此，斯图亚特·霍尔语重心长地指出，“不能再像原来那样，仅仅只是在经济、政治和教育等的躯壳上加上文化的外衣”②。为了正确对待文化，必须把文化看作人类全部的生活方式，将文化看作人类发展的中介和历史性进程。基于这种认识，从 1962 年起，斯图亚特·霍尔与帕迪·沃内尔（Paddy Whannel）开始了对流行文化在中学教育中的影响的考察与研究。他们都曾积极而深入地参与了有关媒体文化面向的大讨论，也曾经在专为工人阶级子弟就读的英国现代学校讲授过大众媒体课程。早在 1961 年，斯图亚特·霍尔还被指派到查尔西学院教授有关电影和大众媒体研究的课程。有了这些基础，他们终于在 1964 年出版了一部关于文化研究的压轴之作——*The Popular Arts*。“该书受到了英国电影中心的支持，也可以说是他们替该中心所作的电影研究，在书的附录中还列有长达 50 多页的电影教学建议和课程资源指南等等。”③在该书中，两位作者认为，毕竟还有一些“有识之士”，能够客观地认识到流行艺术作品的价值，并情不自禁地为之喝彩。譬如，作曲家 Malcolm Arnold 就老实地说道：“一个人怎么可以仅仅因为喜欢贝多芬就不能喜欢 Adam Faith 呢？难道大是大非的文化态度就一定表示其在道德或其他方面高人一等吗？……当然，同时喜欢上风格迥异两人的人可谓太难得了，可谓太有情趣了。”④他们还发现，在一些时髦的流行文化作品背后，其实也隐藏着崇高的艺术。譬如 Ella Fitxgerald 的演唱、Raymond Chandler 的小说和 Stanley Dornan 的电影等，难道能说它们中没有艺术成分吗？这些发现可以说正好构成了他们对利维斯主义的反叛和挑战。与此同时，他们还敏锐地察觉到文化机会主义者（cultural opportunist）的存在。所谓文化机会主义者，其实就是一些在反对与接受流行文化之间的两面派、骑墙主义者。文化机会主义者的主体是教师、青年工作者和教会人员。他们力图以一种年轻人容易接受的、乐于参与的、感兴趣的方式来建立与之的联系。然而，这种兴趣往往并非真正出自于其内心的热爱，实际上只是出于其内心的美好愿望。他们认为，“以电影为主导的媒体艺术所提供的流行文化仍然是传统文化的一大威胁；因此，必须思考如何引导、发展年轻人更广泛的、更健康的文化兴趣”⑤。譬如，“他们提倡爵士乐，但目的是把青少年引向音乐会；他们欣赏电影，但目的是为了发展青少年

① Hall S，Whannel P. The Popular Arts. New York：Pantheon Books，1965：38.
② Hall S，Whannel P. The Popular Arts. New York：Pantheon Books，1965：28.
③ 转引自：霍尔. 文化研究：霍尔访谈录. 陈光兴译. 台北：元尊文化出版社，1998：48.
④ Hall S，Whannel P. The Popular Arts. New York：Pantheon Books，1965：27.
⑤ Hall S，Whannel P. The Popular Arts. New York：Pantheon Books，1965：29-30.

对戏剧的兴趣”[①]。这种两边讨好的态度显然是斯图亚特·霍尔与帕迪·沃内尔不愿意认同的，也是不太容易实现的。这是因为，“所谓文化的好与坏、精与次，其间难以选择的区隔并非只存在于媒体样式和形态的不同，而且也存在于风格迥异的媒体文本内容之中”[②]。

作为伯明翰文化研究学派的干将之一，理查德·霍加特在全方位地考察作为日常生活的文化的同时，还积极地介入到当时英国教育政策的制定及社会公共事务的咨询之中。他和他的同事们一起，对1944年以降的英国教育政策进行了全面的调查。在此基础上，他们还联袂一些著名的政党领袖、教育学家、社会学家以及大多数具有革新意识的中小学教师们，积极地参与到中小学教学大纲的制定以及教育机构的设置等教育活动中去。在他们的努力推进下，英国一方面废除了“十一岁升学考试”（eleven-plus），另一方面又兴办综合学校（comprehensive school）。“这一废一兴的改革，在一定程度上为20世纪70年代英国的全面教学改革及教育复兴做了理论准备和实践铺垫。”[③]不仅如此，他们还自觉地将这种对流行艺术和大众文化的关注和热情诉诸到教育实践上，“主张在学校教育中对文化、意识形态、权力与教育之间的关系进行批判性的解读，反对将学校当作灌输主导文化与意识形态的工具；主张教育是一种文化实践，并主张对其自身所存在的政治、社会、文化等方面的问题进行批评与自我批判……”[③]由此可见，学校完全不应对“青少年复杂的、真实的亚文化世界”[④]视而不见，而应将其纳入有关媒体的课堂教学，以逐渐消除学校正统文化和主流文化对“流行艺术”的偏见。而所谓“亚文化”（sub culture），是指通过风格化的方式挑战正统或主流文化的附属性文化形态，具有风格化、抵抗性和边缘性等特点。应该说，大多数“流行艺术”也具有这些特点，这正是亚文化的主要形态。与大多数同类文化研究著作相比，《流行艺术》的写作起因与选择的材料主题也和大众媒体与学校教育直接相关。“正是在这本著作中，两位作者提出了一些有关媒体的教育，尤其是有关电影教育的建议和对策。”[⑤]后来，莱恩·马斯特曼把这种形式的媒体素养

① Hall S，Whannel P. The Popular Arts. New York：Pantheon Books，1965：37.

② Hall S，Whannel P. The Popular Arts. New York：Pantheon Books，1965：28.

③ Education Group，Center for Contemporary Cultural Studies. Unpopular Education：Schooling and Social Democracy in England Since 1944. London and New York：Routledge，2007：12-15.

④ Hall S，Whannel P. The Popular Arts. New York：Pantheon Books，1965：introduction.

⑤ Buckingham D. Media education in the UK：Moving beyond protectionism. Journal of Communication，2010，48（1）：33-43.

教育称为“媒体作为流行艺术”（the media as popular arts）[①]的教育，以区别于先前的“免疫式”媒体素养教育。莱恩·马斯特曼用“流行艺术”来为这一阶段的媒体素养教育命名，显然有其特别的考虑。“流行艺术”原本不包括一般的通俗文化、通俗文学，“因为它们代表着一些也许是虚构但不富有想象力或不具有创意的作品，缺乏美学的趣味，因此不能算是艺术”[②]。但是，现在它们得到“平反”了，被请进了艺术的殿堂。大众文化从不被认为是艺术到承认也是一种“流行艺术”，反映了伯明翰文化研究学派对包括“流行艺术”在内的大众文化越来越现实、辩证、认同、包容和欣赏的态度，也反映了其对精英文化霸权的直接挑战和教育越来越民主化的趋势，同时直接构成了“流行艺术式”媒体素养教育的理论基础。这自然是一种历史进步、一种社会进步。伴随着“流行艺术式”媒体素养教育的形成和发展，人与媒体之间不再是对立和抵制的关系，而是逐步走向认同、甄别和对话，不仅为终结“精英与大众、严肃与流行、艺术与低俗之间的虚假区隔”提供了有力武器，也为其最终走出先前利维斯式的文化精英主义、保守主义与悲观主义扫清了障碍。正是在这些媒体素养教育先驱者的努力下，以“流行艺术”为代表的“媒体文化”逐步得到社会的认可，并在中小学学校的课堂教学中争得合法地位。

二、形式：电影研究和电影教育

20 世纪 50—60 年代，西方社会最强有力的大众媒体，无外乎有两种：一是已经存在了近一个世纪的报刊；二是在第二次世界大战后逐渐占据了传播中心舞台的电视。但是，也不知是什么原因，有关这两种媒体的认知与研究在这个阶段并没有引起人们的足够重视，也没有真正开展起来。当时，电影作为一个特殊的娱乐媒体引起了人们的普遍兴趣和重视，也较多地为研究者所关注。事实上，早在 1824 年，英国伦敦大学教授皮特·马克·罗葛特率先发现了视觉暂留现象（persistence of vision，visual staying phenomenon）。1890 年，英国人普林斯制造了一架有一个镜头并使用柯达胶卷的电影放映机，同年美国大发明家爱迪生发明活动电影放映机（kinetoscope）；1895 年，英国人保罗根据爱迪生的发明自制放映机及摄影机。同年，美国人阿伦特与爱迪生合作制造“维太放映机”（Vita

① Masterman L. A rationale for media education//Kubey R. Media Literacy in the Information Age：Current Perspectives. New Brunswick，NJ：Transaction Publishers，2001：21.

② 威廉斯. 关键词：文化与社会的词汇. 刘建基译. 北京：生活·读书·新知三联书店，2005：272.

scope）。1895 年 12 月 28 日，“卢米埃尔兄弟开始用他们自己研制的电影放映机给观众放映影片，这一天被公认为电影的诞生日”[①]。从诞生的那一天起，电影就显示出强大的记录功能。受到纪实摄影的影响，卢米埃尔兄弟主张电影应该客观记录人们的生活。他们克服了技术的限制，拍摄了《火车进站》。1934 年，德国女导演 Leni Riefenstahl 摄制了一部争议电影名作——《德意志的胜利》，标志着电影正式从记录走向宣传。该片全部镜头来自真实历史画面，担纲主演的是希特勒、戈林、希姆莱等纳粹首脑该电影的制作被看成是“是纳粹的造神手段之一，片中整齐的队列、旗幡招展的会场、激情澎湃的演说，配以恢宏的瓦格纳的交响乐。种种‘集体主义美学’的运用，使其极富感染力。而正是在这样的群体无意识中，德国走向了战争”[②]。由此可见电影强大的政治宣传威力。1935 年，随着科技的发展，世界电影进入了彩色时代。在 20 世纪 30—40 年代，以好莱坞为代表的电影开始在世界范围内繁荣一时。随后，宽银幕电影、立体电影、环绕立体声电影也纷纷问世。随着电影的出现，一种新的视觉文化开始给人们带来一种与印刷文化完全不同的感受：“目前，一种新发现，或者说一种新机器，正在努力使人们恢复对视觉文化的注意，并且设法给予人们新的面部表情方法，这种机器就是电影摄影机。”[③]

电影作为一种广受欢迎的新的媒体形式已经成为不争的事实。“我们的眼球从没有像今天这样忙碌和疲劳。一方面是视觉需求和视觉欲望的不断攀升，想看的欲望从未像今天这样强烈；另一方面，当代文化的高度视觉化和媒介化，又为我们观看提供了更多的可能性和更高质量、更具诱惑力的图像。”[④]但颇让人费解的是，“对电影媒体的真正关注却是在电影媒体第一次走下坡路的 20 世纪 50—60 年代”[⑤]。正是在这样的一个媒体时代，广播、报刊和电影等大众媒体的普及及其带来的流行文化的繁荣逐渐引起了西方学者的重视。他们敏锐地察觉到，由于流行文化的价值观与学校正统教育的价值观迎面相撞，产生了激烈的冲突，因此相应地产生了主要针对电影媒体识读的“屏幕教育”概念。当然，这里的“屏幕”，主要是指电影“屏幕”，其对应的是电影媒体。雷蒙·威廉斯向来将电影研究作为他剖析和暴露精英文化霸权的阵地。和 F.R.利维斯对电影深恶痛绝的态度不同的是，雷蒙·威廉斯对电影这一媒体可谓情有独钟，对电影做了大量研究

① 汪流. 中外影视大辞典. 北京：中国广播电视出版社，2001：36.

② 二战电影 70 录. 新京报，2015-08-28（C10）.

③ 巴拉兹. 电影美学. 何力译. 北京：中国电影出版社，2003：28.

④ 周宪. 视觉文化的转向. 北京：北京大学出版社，2008：5.

⑤ Masterman L. A rationale for media education//Kubey R. Media Literacy in the Information Age：Current Perspectives. New Brunswick：Transaction Publishers，2001：22.

并热情地肯定了其价值。首先，雷蒙·威廉斯认为，电影表现出能够克服其他媒体所固有的自然主义弊端的潜力。在他看来，电影正以迅雷不及掩耳之势占领市民社会。尤为重要的是，“电影故事吸引了很多人，其社会的影响是不可避免的。故事中的场景和现实一样真实，观众的思想完全被电影所主宰。显然，电影故事片的强大影响力充满了危险。电影越逼真，越容易模仿和模仿”[①]。电影所表现出的与诗歌、小说、戏剧等其他文化样式明显不同的独特品格与魅力，大有将其逼至自惭形秽的角落的架势。通过摄影机的工作，一个由声音、色彩及景深“一个都不少”的立体幻景被创造了出来，这样，现实的本来面貌就被完整和完美地复制与再现出来。由此可见，电影使人们能够更真实、更直接地面对生活中本真的现实。只有在看电影时，生活时代的“感知结构”（structure of feeling）[②]才可以真正被把握、被体会。其次，电影能够保持旺盛的艺术生命力，因为电影至少在两个方面牢牢吸引了当时的电影观众：①电影的感知结构适应了当代人的心理需要，容易引起观众的共鸣。电影能够以其本身的技术因素，把电影创作者的意图完全传达给观众，使其在电影院中能够逃避现实世界，得到彻底的放松。②电影院放映厅一般比较开阔，有的一次可以容纳成百上千的人欣赏其艺术形式，容易形成特有的心理氛围和感情共鸣。雷蒙·威廉斯进一步认为，电影是当代“感知结构”的主要物质载体，它可以克服自然主义的弊端。既然电影有如此强大的魔力和功效，针对其素养的提高而开展的教育便自然引起广大教育学者的注意和重视。1950年，英国国王学院的杰克·史密斯（Jack Smith）教授在英国电影学院（British Film Institute，BFI）的支持下推出了一本学校电影欣赏手册（School Film Appreciation），主要用于中学电影教育。该手册“提出了在学校电影欣赏教学中有价值的电影片单，该电影片单分16毫米的长片和短片两类，每类里面按内容分为剧情片、纪录片、动画片和关于电影艺术发展的影片等四类。所有的影片又分别标注有‘推荐’、‘高年级观看’、‘需要注意内容’等三类。如此细致的分类之外，该手册还分别提供了16毫米电影片目图书馆、基本的电影教学参考

① Jowett G S，Jarvie I C，Fuller K H. Children and the Movies：Media Influence and the Payne Fund Controversy. Cambridge：Cambridge University Press，1996：21.

② 1954年，“感知结构”这个概念首次出现在奥朗·迈克尔（Orrom Michael）与雷蒙·威廉斯合著的《电影导论》一书中：“…把一部作品与被观察的总体联系起来可能是非常有用的，但是，就算人们已经把它分解为孤立的部分，那也总有某些找不到外在的对应部分的因素，这是一种常识，我们在分析中必须认识到这点。这种因素就是我所称的一个时期的感知结构，只有通过对作为一个这个整体的艺术品的经验才能认识这种结构。”在分析电影这一特殊文化时，这种为生活在同一电影文化中的人们所共同拥有的经验，就被雷氏称为“感觉的结构”；它也被认为是一种分析电影作品的方法，雷氏通过它主要探讨电影作品所折射出来的时人对社会生活的体验和感受。参见：Raymond Williams and Michael Orrom，A Preface to Film，London：Film Drama，1954：21-22.

书目和期刊、学校电影社团指南、电影教学安排建议方案等内容”[①]。1963 年，一份专为英国中央教育咨询委员会（Central Advisory Council for Education）准备的《纽森报告》（Newsom Report）提出，学校教育必须认识到电影的价值：“电影本来是最重要的文化形态之一，但电影的功用在学校教育中并没有得到很好体现……事实上，电影也和文学、音乐、绘画等其他艺术和文化形式一样，对人们的日常生活、个人经历和社会文化的传播产生了重要影响。在学校，电影在拓展学生社会知识及认识社会方面具有极为重要的价值。但这些重要性往往被教育当局严重低估。”[②]该报告进一步指出，一方面，电影其实是可以引入学校的，是可以进入课堂的，是可以作为教学材料的，即在学校开展电影教育，是完全必要的，也是可行的；另一方面，该文件强调电影产品有好有坏，学校中有关电影的教育应当立足于“甄别”的方法。马特斯曼对该报告褒奖有加，认为其最大的特点在于突出了媒体素养教育中电影研究、电影教育的地位。他进一步指出，“相对于学生真正的、大众化的、自然的媒体品味，教师略显严肃的、正统的媒体品味则可以让‘甄别’的价值保持更久”[③]。

20 世纪 60 年代初，法国电影协会、学校俱乐部和青年活动团体也积极推动了法国早期的媒体素养教育运动。当时，法国中小学广泛开展了一些有关电影的美学欣赏的课外教育活动。尤其是在“新浪潮”的影响下，法国有关影视的教育在高等教育中得到大力发展，有 23 所大学开设了电影教育课程。到了 20 世纪 60 年代中期，法国里昂的总体语言研究所（Institut du Langage Total）与里昂天主教大学合作，率先提出了一套整体的媒体素养教育方案。该方案实际上不再将电影的制作和欣赏等闲视之，而是将其与传统的文学创作同等视之，由此无疑提升了电影作为一种特殊艺术的文化价值。“结果，以电影为代表的大众文化与传统的精英文化、文学文化之间的分野与抵制就在无形间得到明显的消解。该方案先后已被法国 200 多所小学和 100 多所中学列为重要的教学参考文件，后来又陆续被欧洲、拉丁美洲和非洲地区的一些国家所借鉴和引用。”[④]1963 年，有关媒体素养教育的审美理论和诉求也被正式写入法国教育部的相关文件中。法国各级教育部门积极倡导、鼓励广大教师向学生宣传、讲授电影知识。尤为值得一提的是，“作为法国媒体素养教育奠基人之一，费瑞尼很早就强调电影和摄影的教育价

① 转引自：刘军. 英国电影教育战略. 当代电影，2013，(1)：15-18.

② CACE Education. Half Our Future（Newsom Report）. A Report of Central Advisory Council for Education. London：HMSO，1963：474.

③ Masterman L. Teaching the Media. London：Comedia Publishing Group，1985：33.

④ 宋小卫. 学会解读大众传播（上）——国外媒介素养教育概述. 当代传播，2000，(2)：61-63.

值，认为它们不仅是娱乐和教学辅助手段或艺术样式，而且还是一种极佳的形象思维和自我表达的方式”[①]。他进一步认为，校内学生必须接受视听媒体素养教育，有关其教学的模式和内容，可以参照类似的艺术教育。但是，在基础教育中媒体素养课程仍然只是选修课，直到 20 世纪 60 年代中末期，有关媒体素养教育的课程才被纳入该国中小学正规的课程体系。

三、价值：“甄别”取向

事实上，《流行艺术》一书的根本写作目的，就是希望通过改变人们对第二次世界大战后日益兴盛的电影、电视、广播、唱片、时尚书刊等新媒体的认识和态度，进而从其传播的流行文化中甄别、过滤出他们所希望的大众艺术，这也直接构成了“流行艺术式”媒体素养教育的“甄别”取向。斯图亚特·霍尔等首先认识到了新的媒体和新的艺术形式的教育意义：“……借助于电影、电视、广播等新媒体，传统印刷媒体及其承载的文学文化得到了极大的拓展……媒体在此与家庭一道，对人们所在的学校、社会团体及社区本身进行了有效的补充，被认为是社会的代言人。”[②]当时，一些评论家认为，《战争与和平》之类的著名文学作品被改编成电视剧，糟蹋了经典，使其堕落为大众文化。针对这种论调，斯图亚特·霍尔与帕迪·沃内尔坚决地反驳道：“高雅艺术‘堕落’到大众文化层次，的确会持续地威胁着‘高雅文化’本身。但这种‘威胁’并不一定就是坏事，根本不值得大惊小怪。”[③]因为现实中的一些生动例子远远能够说明问题。譬如，“一方面，广播节目《呆子秀》卓别林的经典电影及玛丽·劳埃德的舞厅音乐等新出现的优秀大众文化产品，由于其密切贴近‘大众’的日常‘生活’，经受住了时间的考验，最终成为‘流行艺术’。另一方面，当时《圣经》的销量一直遥遥领先，远远超过詹姆斯·H. 齐斯的推理小说和其他任何流行艺术作品。《目击者》创刊于 1828 年，被公认为英国全国性周刊中历史最久的、品味最高的杂志之一，但其销量也比许多色情文学要好得多。还有一些经典书籍、绘画作品可以廉价抛售，到达千家万户，但其高雅的艺术品质并不会因此而发生变化”[③]。这表明，媒体文化并非一切都不好，传统经典也并非一切都好，确实应该一分为二地来看待。

基于对大众媒体和大众文化变化的上述认识，斯图亚特·霍尔与帕迪·沃内尔进而发现，在“正规教育的单纯性和严肃性”与“青少年所处现实世界的复杂

① Les F C. Techniques Audiovisuals. Cannes：Bibliotheque de le'colemoderne，1963：14.

② Hall S，Whannel P. The Popular Arts. New York：Pantheon Books，1965：48.

③ Hall S，Whannel P. The Popular Arts. New York：Pantheon Books，1965：51-52.

性”[1]之间必然存在着矛盾。在这种情况下，学校正统文化、主导文化对大众文化和青年亚文化的挑战做出一定的反应的确是很正常的；只要不是根本的对立，实在不值得大惊小怪。作为教师，斯图亚特·霍尔他们迫切地认为，有必要对青少年亚文化和他们所喜爱的大众文化进行重新认识，更有必要在学校教育和一些青少年喜爱的电影、爵士乐等流行艺术之间建立联系。他们竭力主张，学校应将有关媒体的教学（teaching about media）的重点转移到学生对媒体的甄别能力的培养上：“对媒体甄别能力的培养应该是媒体教学的重点所在。学生有了一定的媒体甄别能力、文化认知能力，就会更敏锐地关注媒体中微妙的文化意义和价值好坏。”[2]因为现实中大量的证据表明，媒体有害论是完全站不住脚的。媒体即使有害，其害处最终也毕竟“取决于我们对待媒体的认知态度、取决于我们对待媒体的行为模式”[3]。在这种态度和行为的观照下，高雅文化与流行文化之间的森严壁垒也就显得并非铁板一块，并非牢不可破。当然，高雅文化（艺术）与流行文化之间也不是说一点价值差别也没有；在它们各自内部，何尝不具有这种好与坏、精与次的价值差别呢？因此，关于媒体的教学的甄别能力的培养的目的，就在于帮助学生甄别传统文化（艺术）和流行文化中的良莠。譬如，就音乐艺术来说，不管是古典音乐还是爵士音乐，其“高低好坏”之分最好在其各自领域内部进行比较和甄别：“我们必须停止讨论各类艺术与娱乐之间的人为区隔，好像它们必然有价值的高下之分一样……那些认为Cole Porter的音乐不如贝多芬的音乐的看法是没有意义的。因为波特与贝多芬的音乐是两类不同的音乐，它们显然具有不同的价值，可以提供不同的满足。……任何人都不能武断地说，波特就一定不能创作出比贝多芬的音乐更有意义、更有价值的艺术作品。”[4]由此可见，不同的音乐有不同的标准，流行音乐并非一定低人一等。正如维特根斯坦所言，“一部典型的美国电影，天真而又傻气，能够——以它全部的傻气甚至凭着这股傻气——给人以教益。一部昏庸的、太过自觉的英国电影则不能给人任何的教育。我常常是从一部傻乎乎的美国电影中学到东西”[5]。所谓流行艺术的“高低好坏之分”，主要取决于欣赏者自己本身“萝卜白菜各有所爱”的艺术情结。由于流行文化与高雅文化的评价标准及作用范围各自不同，流行艺术中的艺术与高雅艺术中的艺术无论是在标准上还是在作用上，自然也不尽相同。譬如，同样作

① Hall S，Whannel P. The Popular Arts. New York：Pantheon Books，1965：introduction.
② Hall S，Whannel P. The Popular Arts. New York：Pantheon Books，1965：37.
③ Hall S，Whannel P. The Popular Arts. New York：Pantheon Books，1965：21.
④ Hall S，Whannel P. The Popular Arts. New York：Pantheon Books，1965：38.
⑤ 维特根斯坦. 维特根斯坦笔记. 许志强译. 上海：复旦大学出版社，2008：101.

为大众文化代表的爵士乐和电影，就很明显地抒发了不同的情绪，给人不同的艺术体验。不同的媒体文化形态之间，以及其各自领域内部之间，毕竟还多少存在着真与假、好与坏、精与次的价值差别。因此，我们既要对其存在的合理性给予承认，也要对其差别进行一分为二的判断和甄别。相应地，媒体素养教育的重点，就是根据一定的价值标准，帮助学生甄别传统文化（艺术）和流行文化中各自的良莠：“所谓好与坏的判定，有价值与无价值的判定，并非就是一味地反对或一味地认同作为整体的大众文化，而是在这些艺术、文化内部对其进行甄别。”[①]在这里，斯图亚特·霍尔与帕迪·沃内尔一再强调甄别能力的培养，并非是在继承“免疫式”媒体素养教育的衣钵，鼓励把甄别能力视为防御流行艺术、流行文化的手段，而是旨在帮助广大教师、教育工作者及关心教育问题的人士找到媒体素养教学中的切实可行的方法。这种甄别能力，无疑赋予广大媒体使用者“火眼金睛”，从而使其不仅能够在媒体信息的洪流中去伪存真，还可以根据某种媒体的文化、艺术样式自身的标准“更敏锐地关注和识别媒体文本中微妙的文化意义及价值好坏的区别”[②]。由此可见，甄别能力既具有甄别性，又具有批评性，从而为精英与低俗、严肃与流行、艺术与大众之间的虚假区隔扫清了障碍，最终显示出斯图亚特·霍尔等人与利维斯式的怀旧思想越来越大的距离，同时对大众文化持越来越客观和辩证的态度。

第三节　“流行艺术式”媒体素养教育的发展演化

20 世纪 60 年代以后，与“媒体文化具有密切联系的媒体素养教育已经被视作此期间进步教育政策的一个标志和例证”[③]。在当时的学校教育中，人们普遍认为，保持一种开明、民主的态度对教师来说非常重要。教师不但要对学生的日常文化经历和习惯有所了解，而且要尽力在学生的课堂学习和课外休闲娱乐、文化体验之间架起一座桥梁。这一教育民主化的趋势，后来就逐渐成为广泛的社会民主政治运动的一部分。与此对应的是，在媒体素养教育的“流行艺术运动”中，大众媒体及其传播的流行艺术、大众文化已经不再被作为反衬传统文化的典

① Hall S，Whannel P. The Popular Arts. New York：Pantheon Books，1965：15.

② Hall S，Whannel P. The Popular Arts. New York：Pantheon Books，1965：37.

③ Buckingham D. Media education in the UK：Moving beyond protectionism. Journal of Communication，2010，48（1）：33-43.

型和被打倒的靶子而存在了，而是提倡对媒体内容的甄别。“在当时，许多成长于电视、电影、披头士、越南战争等大众文化环境之中的新一代年轻教师逐渐走上工作岗位。在自身的成长过程中，这些教师对大众文化尤其是电影的影响和熏陶感同身受，于是很自然地把大众媒体视为流行艺术，而且也很乐意为‘流行艺术运动’提供源源不断的动力。”[①]当然，除了教师，这一时期的媒体素养教育研究者，相对于前一阶段来说，也是伴随着电影等大众媒体和流行艺术等文化形式成长的一代。在其成长过程中，他们经历了从接触到接受甚至喜爱和迷恋包括电影在内各种流行文化的心理历程。这两股力量都不再排斥大众媒体，而以比较宽容、温和、开放的心态看待大众媒体，认可流行文化的价值。在他们的推动下，媒体素养教育的目标也很自然地由帮助青少年排斥媒体转为培养青少年对媒体批判性思考和甄别的能力。换句话说，作为媒体文化主要使用者的广大受众（包括学生），其主要任务不再是拒绝媒体，而是甄别媒体上的内容，弄清楚大众文化中哪些是优秀的通俗文化作品，哪些是伪劣的作品。在这个阶段，对各种文化“好”与“坏”的价值评判和甄别，是媒体素养教育的核心。只是这种评判和甄别，不再局限于传统文化与流行文化之间。在特定的大众文化样本之内，人们也完全可以进行这种评判和甄别。譬如，当时每年公映的电影，自然也是良莠不齐，这是客观的现实。即使是同一部电影，也有好的部分，有坏的部分，这也是一种存在。因此，我们应该辩证地、看待电影等流行艺术形式，而不能一棍子将其打死。

但必须指出的是，这种超越似乎并不彻底，主要表现在：①过于注重媒体内容文本的分析和“甄别”，导致对媒体所处的社会情境的分析和反思不够深入。②过于纠缠于“价值”问题，导致“为价值而读”“为价值而看”仍为“甄别”的核心。由此看来，“甄别”所持的假设仍然是“学生的媒体文化品位有待提高”，“甄别”取向的媒体素养教育“在本质上还是以防御为主，甄别是为了更好的防御”[②]。在此取向的导向下，学生的媒体意识和认识总是局限于媒体价值的好与坏、对与错、是否具有文化价值等问题的纠缠中，总是试图去寻找所谓的标准答案，结果反而对媒体本身不能实现真正的理解，更谈不上有效利用了。③“流行艺术式”媒体素养教育依然是家长式的体验，依然是基于保护的目的。由于无论在媒体体验上还是在文化思想上，教师和家长往往处于教导与告知

① Hart A. Teaching the Media：International Perspectives. Hillsdase：Lawrence Erlbaum Associates，Publishes，1998：viii.

② Masterman L. Rational for media education//Kubey R. Media Literacy in the Information Age. New Brunswick，London：Transaction Publishers，2001：20-22.

的主导地位，他们自认为要比孩子更权威、更成熟、更可靠。因此，哪些媒体内容好，哪些媒体内容不好，基本上由他们说了算，并且必须由他们帮助指出。作为弱势的一方，孩子事实上却在媒体素养教育中总是处于被教育、被灌输的地位，结果必然容易导致类似以老师的"媒体欣赏"来取代学生的"媒体口味"的事情发生。更有甚者，学生极有可能由于惰性思维，由于对相关媒体知识的囫囵吞枣、不求甚解而丧失自己对媒体文本的独立思考和判断，这就从根本上违背了媒体素养教育的初衷。

总体来说，20 世纪 60 年代以来，由"流行艺术运动"而兴起的"流行艺术式"媒体素养教育，"逐渐在英国、法国、加拿大、美国等一些欧美国家的一些中小学教育中有了一些具体的教育实践，先被纳入这些国家高等学府的研究范畴，后又由大学逐渐推广至中学、小学，直至成为正式教育体系中有名有实的教学科目"①。但是，总体来说，这一时期的媒体素养教育仍然还只是小范围的、局部性的，真正世界性的媒体素养教育还没有发展起来，可能是因为当时电视尚未完全普及。直到进入 20 世纪 70 年代，由于电视媒体的广泛影响和符号学理论的推动，媒体素养教育才开始正式进入"屏幕教育"阶段。

① 吴翠珍. 英美电视素养教育. 媒介研究（中国传媒大学学术内刊），2004，（3）：71-76.

第四章
“再现”取向：“祛魅式”媒体素养教育

第一节　大众文化的中立立场

一、符号学视野中的大众文化

一般认为，结构主义最先是在 20 世纪 60 年代中期从瑞士语言学家费迪南德·德·索绪尔的语言学理论中衍生出来的。所谓结构，其实就是要素与要素间关系的总和，其在语言学上的主要目标就是探究语言的本质及其含义，揭示人类心灵的“永恒结构”（permanent structure）——“几乎没有什么领域比语言学和人类学更接近于心灵的‘永恒结构’了”[①]。结构主义虽然并没有形成独立的、有组织的、成系统的理论体系，但从本质上来看，结构主义仍然不失为一种哲学思潮、一种关于世界的思维方式。正如克洛德·列维·施特劳斯在其所著的《结构人类学》中所言：“‘结构’一词一举流行开来的同时，结构主义也开始被人当作一种流行思潮。但其后以发生‘五月革命’的1968年为界，人们的关心就急剧下降，除了专家之外，渐渐就不再有人问津……在结束流行之后，结构主义可以说是变成了现代思想的一条深藏不露而又永不干涸的地下水脉。”[②]尽管如此，以“地下水脉”形式存在的结构主义并没有就此干涸。其后，结构主义继续

① Hawkes T. Structuralism and Semiotics. London，New York：Routledge，2003：7.

② 转引自：渡边公三. 列维-斯特劳斯结构. 周维宏，李巍，翁春，等译. 石家庄：河北教育出版社，2000：3.

受惠于罗兰·巴特、米歇尔·福柯和路易·阿尔都塞等的结构人类学、神话理论、文学批评、符号学和意识形态等理论的影响，俨然成为人类理智发展过程中的一个不可或缺的部分，对文化研究产生了巨大的冲击和影响，直接导致了伯明翰学派于 20 世纪 70 年代在文化研究上的语言学和符号学转向：“毫无疑问，‘结构主义’的出现中止了文化研究中原有的‘文化主义’路径。”[①]斯图亚特·霍尔认为，这是因为“结构主义在概念方面表现出优于文化主义的地方……而且，结构主义具有（较高）的概念能力，去思考由时间差异、而不是由实践同源性构成的结构统一体”[②]。斯图亚特·霍尔进而发现，由于大都出于一种非理性的精英主义的偏颇和义愤，利维斯学派和法兰克福学派等对大众媒体和大众文化批判的科学性与客观性明显不足。基于这些认识，斯图亚特·霍尔不再满足于类似的文化精英主义批判和文化非理性批判，而是自觉地将结构主义、符号学、神话理论和叙事学等理论应用于文化研究和媒体研究理论中，从而为重新审视大众文化与大众媒体提供了一种全新的视角。

事实上，符号学正是因结构主义思潮的兴起而诞生的。符号学“表明符号是由什么构成，符号受什么规律支配……语言学不过是符号学这门总的科学的一部分……符号学所发现的规律可以应用于语言学，后者将在浩如烟海的人类学的事实中圈出一个界线分明的领域”[③]。而且，正如语言学只注重语言语法和结构的分析而不太过于注重对特定的词汇及其意义的分析那样，符号学也是重在对文化和传播中的基本模式的考察而不是对特定的文本内容或信息的分析。从历史的角度来看，符号学一般沿着两条路径发展。一是费迪南德·德·索绪尔路径，法国“太凯尔学派”即属此类。罗兰·巴特、费迪南德·德·索绪尔、朱丽娅·克里斯蒂娃夫妇等即为此路径的代表，其结构主义色彩偏浓。二是查尔斯·桑德斯·皮尔士、查尔斯·莫里斯路径，其研究带有更多实证主义色彩。与此对应的是，作为一门科学的符号学在英语中有两种意义完全相同、但拼写略有差别的表达方式：semiology 和 semiotics。二者的区别在于：“欧洲人出于对由费迪南德·德·索绪尔的尊敬更喜欢使用前者，操英语的人则出于他们对美国人皮尔士的尊敬更喜欢使用后者。”[④]事实上，不管是 semiology，还是 semiotics，它们都源自古希腊中的 semiotikos。亚里士多德的《工具论》《诗学》《修辞学》等著作

---

① Hall S. Cultural Studies：Two Paradigms//John S. What Is Cultural Studies?A Reader. London：Arnold，1996：39.

② 转引自：罗钢，刘象愚. 文比研究读本. 北京：中国社会科学出版社，2000：63.

③ 索绪尔. 普通语言学教程. 高名凯译. 北京：商务印书馆，1980：38.

④ 霍克斯. 结构主义和符号学（当代学术思潮译丛）. 瞿铁鹏译. 上海：上海译文出版社，1987：127.

都有关于符号的论述。

作为符号学的核心概念，简单地说，符号（sign）是指代其他事物的某种标签或标记。显而易见，文字是各种各样的符号中最重要的符号之一了。在《普通语言学教程》一书中，索绪尔进一步把文字符号区分为能指（signifier）和所指（signified）。其中，能指表示文字符号的音形（sound image）结构或者其他书写对应物。所指则表示文字符号的意义或者概念。不仅如此，“能指和所指的联系是任意的，或者，因为我们所说的符号是能指和所指相联结所产生的整体，我们可以更简单地说：语言符号是任意的”①。这就保证了符号的多义性，也使媒体文本中的符号意义寻觅成为一件非常有趣、充满探险的智力活动。这种划分，应该是索绪尔对符号学和文化研究的最大贡献。罗兰·巴特对此曾有高度的评价：“但索绪尔寻找并指明意义的关系时，他选定了表示成分（能指）和被表示成分（所指），它们的联合构成了符号。这是最高的主张，我们必须永远记住它。”②事实证明，不仅文字符号可以划分为能指和所指，其他如语音符号、视频符号以及图像符号等也可以划分为能指和所指。这样，在解读这些媒体文本方面，符号学的能指和所指便为我们提供了一种较为客观、严密和精确的依据和方法，使我们最终能够摆脱对媒体的基于主观好恶的分析和判断。

二、神话学视野中的大众文化

文字是符号，各种大众媒体也是符号；推而广之，大众媒体所传播的大众文化也应该是符号。换句话说，符号学正好为我们提供了一种解读大众文化的方法。费迪南德·德·索绪尔指出了符号意义建构的可能性，那么大众文化所隐含的意义是怎样被建构的？大众文化所隐藏的意识形态的操纵是如何渗入的呢？大众又是如何通过符号学对意识形态进行怯魅和反抗的呢？对于这些问题，费尔迪南·德·索绪尔的学生罗兰·巴特试着用“神话”（mythology）概念作了解释和回答。罗兰·巴特，这位多才多艺的“论战家”“符号学家”“文学史家”“神话学家”“批评家”“结构主义者”“享乐论者”“作家”，“一看到文化、历史与意识形态总是自然地纠缠在一起，就感到愤愤不平；一看到那些‘想当然尔’（Ce Qui Va De Soi）的装饰性展出，就希望探究那些隐藏在这些自然化的文化背后的意识形态的荒谬”③。正是缘于对日常生活中出现的报纸、电影、电视

① 索绪尔. 普通语言学教程. 高名凯译. 北京：商务印书馆，1980：102.

② 巴特. 符号学要义. 洪显胜译. 台北：南方丛书出版社，1988：5.

③ Barthes R. Mythologies. New York：Hill and Wang，1972：11.

等大众媒体被意识形态蓄意包装、蓄意自然化的不满，罗兰·巴特认为他自己必须创造出一个新的概念、一种新理论，来解剖、怯魅隐藏在这些文化背后的意识形态。这个新的概念就是"神话"。他在《符号帝国》、《神话：大众文化诠释》、《流行体系——符号学与服饰符码》、《明室：摄影纵横谈》、《恋人絮语》（一个解构主义的文本）和《形象的修辞：广告与当代社会理论》等著作中，触及了人们大量的日常生活现实，探究了大量当代消费社会中的大众文化现象和"神话"现象。他对日常生活中的许多文化现象进行了解读，探讨了许多信奉高雅文化的思想家所不愿讨论的"摔跤、广告、造型展览、汽车样式、玩具、电影明星、脱衣舞、服饰、广告、触摸、照片、饮食男女、欲望、旅行、爱情、建筑、旅游手册、爱因斯坦的大脑、牛排和土豆条以及占星术"等诸多日常文化，并将之统统称为"神话"。在此基础上，罗兰·巴特最初将"神话"定义为一种传播体系、一类讯息、一种意义构造方式、一番话语等，后来又把神话定义为吐露讯息的方式[①]。这显然是受到了费尔迪南·德·索绪尔符号学和列维·施特劳斯结构人类学的启发。不管采取何种形式，罗兰·巴特觉得必须要对"想当然耳"的东西提出质疑，他希望对这些"神话"予以细致的文本分析，以探明其背后的意义和意识形态的建构、生成机制，并进一步揭开其"自然"伪装。因此，不同于理查德·霍加特，罗兰·巴特"并不特别关注大众文化中好与坏的价值纠缠，却对那些受制于仪式和政治的意识形态歪曲，随时可能'被去历史化、'被自然化'的'神话'非常在意"[②]。罗兰·巴特还发现，神话正是通过批量化、平面化、模式化和俗套化等种种日常生活中习以为常的保护方式，将意识形态隐藏在媒体文化的背后，以刻意达到一种自然化的、天衣无缝的效果。而且，神话不但具有广泛的社会性、历史性和意识形态性，而且具有鲜明的语言学特征："事实上，神话属于通识科学的范畴，和语言学共同发展，这就是符号学。"[③]

罗兰·巴特认为，从结构上来看，神话学的符号系统应该包含两个相互交错的符号表意层次。在他看来，费尔迪南·德·索绪尔的"能指+所指=符号"的符号系统只是符号表意的第一级符号系统，将这个层次的符号又作为第二级符号系统的能指时，就会产生一个新的所指。这个第二级符号系统就是他自己所称的神话系统。罗兰·巴特称第一层次的意义为"所指意义"或"本义"（denotation）。

① 巴特. 神话——大众文化诠释. 许蔷蔷，许绮玲译. 上海：上海人民出版社，1999：167-168.

② Hebdige D. Subculture：The Meaning of Style. London，New York：Routledge，1997：9.

③ 巴特. 神话——大众文化诠释. 许蔷蔷，许绮玲译. 上海：上海人民出版社，1999：169.

而第二层次是“内涵意义”，也称为“引申义”或“转义”（connotation）。如此看来，由于神话的存在，一个符号的意义往往并不是单一的。或者说，正是因为符号具有表达多重意义的潜在可能，其能指和所指之间的第二层意义系统才得以建立，大众媒体的神话才得以存在和运作。譬如，当一束红玫瑰摆放在我们面前的时候，我们眼睛所看到是植物，“红花、绿叶、带刺”是该概念的本质特征，也是其本义；而作为能指的具体玫瑰与作为所指的抽象玫瑰则构成了玫瑰这个符号的第一层意义。但当我们用玫瑰表示爱情时，符号的第一层玫瑰意义则为能指，爱情则变为所指，玫瑰与爱情之间相应地就会建构出一个作为符号的玫瑰意义，这就是其引申义。由此看来，“作为符号的玫瑰并不等同于作为能指的玫瑰；因为作为能指的玫瑰是空洞的，而作为符号的玫瑰则因我们的意图与社会习俗的结合而变得充实。何况，由于历史性的制约，社会习俗所提供的手段往往具有定型化或者惯例化特征”[①]。因此，红玫瑰代表爱情的神话，是我们人为赋予红玫瑰的，这是约定俗成的，显得相当自然。事实上，在我们的日常生活中，上述神话现象和大众文化现象可谓司空见惯。在新闻中，在广告中，媒体经常赋予某种现象、某种商品以某种意义，然后再利用这种意义来引导观众；由于意义的赋予非常巧妙，大多数人觉得再自然不过，以至于未曾觉察。譬如，豪华舒适的轿车、笔挺昂贵的西服、最新款的手机和平板电脑、时尚奢华的背包……这一系列的产品都可以作为能指，来表达一种成功人士的形象和生活方式。

罗兰·巴特还敏锐地发现，“符号学已经告诉我们，神话肩负的任务就是让历史意图披上自然的合理外衣，并让偶然事件以永恒的面目出现。现在，这个过程实际上就是资产阶级意识形态的过程”[②]。罗兰·巴特认为媒体文本中弥漫着一些具有“天然感”的意识形态，并把渗透了意识形态的符号文本称为“神话”，有了这样的神话，就防止了意义的无限扩散。由此可见，“自然化”是神话千方百计致力的目标。神话总是欲将符号“锁定”在某个表面看起来极为“自然”的意义上、某个特定的意识形态上。于是，“将历史转化为自然”“将意识形态转化为自然”便成为神话的根本原则、自然法则。罗兰·巴特自负地认为，他的重要历史使命就是“去神话”（demystification），或者说“陌生化”（verfremdung）。换句话说，他就是要通过神话来揭示大众文化中的种种意识形态及其运作方式，并对此进行批判和解构。罗兰·巴特认为，意识形态对符号意义

① Barthes R. Myth today//Sontag S. A Barthes Reader. New York：The Noonday Press，1991：97-98.

② 转引自：斯道雷. 文化理论与通俗文化导论. 2 版. 杨竹山，郭发勇，徐辉译. 南京：南京大学出版社，2001：116-117.

的“自然化”自然应该受到揭露和批判，揭露和批判的方式就是对种种媒体形式进行“陌生化”的神话解读。而“陌生化”的过程，就是“打破各种被视为‘自然’、‘合理’的心理惯势，从另外的视角对人们在日常生活中的各种‘习以为常’的文化现象进行某种‘离经叛道’的阐释，以对意识形态的主导控制进行抵制”[①]。罗兰·巴特进而认为，“事物一经表述（……）裂隙便随之出现，话语失去原味，作者走进死亡，书写开始了”[②]。于是，作者的中心地位不断遇到挑战，岌岌可危。由于符号意义已经被意识形态完全垄断，媒体文本意义中资产阶级意识形态如幽灵般无所不在，因此，打破符号能指和所指的一个比较切实可行的办法便只能是读者的“写作”了，只有读者的积极“写作”才能滋生符号意义的多元化或多义性。为此，他大胆宣判“作者已死”[③]。这是促使不同于平常意义的、不拘泥于作者的、也不拘泥于书写活动的“写作”型读者的诞生的唯一正确的途径。就像尼采宣判“上帝死了”一样，巴特的这个宣判同样极具震撼力、颠覆性或反叛性，代表了一种全新的理念，是对以往文学理论和文本解读的一种有力反叛。“作者死了”反对作者在文本意义解释中的权威性；从后结构主义角度来考量，它还包含了对本源、中心或在场等观念的断然否定。从这个意义上讲，“巴特的文本理论也可以用类似的宣判句式来表述，那就是‘作品已死’……巴特强调的是解构的、网状结构的开放文本。像上帝一样的作者死去了，粉碎了文本解释的唯一神学根源，这就为更多可能的文本解释提供了合法性。巴特常把编织、音乐等概念比作文本，清楚地表明了他赋予读者以文本意义解释的权利……作者之死乃是读者的诞生，从一个唯一的权威作者到无数可能的读者，从一个确定不移的实体性作品，到网状连结和互文交织的开放性文本，文本意义的解释必然呈现出不确定性、多元性、相对主义的后现代理念。这对今天的文学批评实践是极具启发性和煽动性的。特别是巴特关于‘可写的’和‘可读的’文本的比较，以及他对文本‘生产性’和‘愉悦’的强调，更加突出了文本的未完成性和读者多元解释的合法性”[④]。由此可见，“写作”型读者的诞生，不仅促使了意义的自由解放和作为媒体受众的大众主体性的极大发挥，而且对媒体文本的意义建构和解读具有重要的现实意义。由此看来，罗兰·巴特对神话的解构方法虽然比较激进，但也不乏历史进步意义。

---

① Jameson F. Brecht and Method. London，New York：Verso，1998：175.

② 司显柱. 翻译主体研究：译者地位思辨. 西安外国语大学学报，2005，(4)：58-60.

③ 塞尔登. 文学批评理论——从柏拉图到现在. 刘象愚，陈永国，等译. 北京：北京大学出版社，2003：34-35.

④ 周宪. 罗兰·巴特的中国“脸谱”. 天津社会科学，2009，(5)：94-100.

三、大众文化的中立立场解读

在罗兰·巴特的神话学理论的基础上，约翰·费斯克（John Fiske）进一步提出了“生产式文本”（the producerly text）的概念。显而易见，这个关键概念中还包含着另一个符号学意义上的“文本”（text）概念。按照符号学的解释，所有的媒体产品和文化产品，无论是视觉的、听觉的还是触觉的（如雕塑，可被触摸）形式，都是由特定的“文本”构成的。符号学的“焦点在于文本……符号学认为“读者”一词优于接收者（即使对摄影作品或图书而言）。因为读者一词暗示较高程度的主动性，也暗示了阅读是经由学习而来的，因此必受读者的文化经验所影响。读者藉由引进文化经验所影响。读者藉由引进其自身经验、态度和情绪，一起创造出文本的意义”①。譬如，“电视文本的一个特征，就是其闭合意义与开放意义之间的矛盾。前者力图关闭各种潜在的意义，从而提倡电视的倾向性、强制性意义，而后者则使各类观众能从文本中生产出协商式的、开放式的、建构式的意义”②。显然，约翰·费斯克倾向于后者能够战胜前者。约翰·费斯克在《电视文化》一书中还特地提出了“电视文本的三种编码方式——现实编码、再现编码和意识形态编码”③。他认为，正是通过这些编码，大众文本的潜在意义才可以由形形色色的大众以“一千个读者有一千个哈姆雷特”的方式进行关注和解读。对于以电影和电视所表现的视觉文化、大众文化来说，其文本实为“大众生产意义所用，尽管它并不情愿，但仍然……包含着与设定声音不同的其他声音，尽管它同时又力图淹没那些声音。它的复杂意义不是自身所能控制得了的，它的文本间隙使观众得以从中产生新的文本——也就是说，它是一种受（读者）控制的文本。”④由此看来，电影、电视文化文本确实是一种通俗易懂的，开放的大众性的作者性文本。在约翰·费斯克看来，“文本仅仅是意义的储藏物，等待着读者通过多种方式来激活。所以，在论及编码解码模式时，他认为该理论的价值在于它把分析重点从文本转向了读者，认定读者才是意义发生的场所”⑤。

关于大众媒体和大众文化中“大众”的身份，约翰·费斯克认为，“大众”虽然处于社会权力关系弱者的一端，经常处于被边缘化和被压迫的弱势地位，但这并不意味着他们注定是毫无个性的“平均人”，也并不意味着他们注定要成为统治阶

① 费斯克. 传播符号学理论. 张锦华译. 台北：远流出版事业股份有限公司，1995：60-61.
② Fiske J. Television Culture. London，New York：Methuen，1987：84
③ Fiske J. Television Culture. London，New York：Methuen，1987：5-13.
④ 罗钢，刘象愚. 文化研究读本. 北京：中国社会科学出版社，2000：36.
⑤ 张华. 伯明翰文化学派领军人物述评. 济南：山东大学出版社，2008：85.

级意识形态的“边缘人”。事实上，由于“弱势者通过利用那些剥夺了他们权力的体制所提供的资源，并拒绝最终屈从于那一权力而展现出创造力”[①]，大众既不能被视为一撮被动无助的、毫无辨别力的、异化的、单向度的原子化的人，更不能被看成是一群受文化工业和意识形态欺骗、愚弄和操纵的人。恰恰相反，由于大众骨子里是主动的行动者，拥有一定的主观能动性和创造性，大众会本能地“对文化工业的产品加以辨识，会自觉地吸收其中的一部分而舍弃另一部分”[②]。另外，媒体传播和文化传播并不是一个从传播者到接收者的线性输入过程，而是一个受众参与媒体文化意义协商、生产的双向意义建构过程——“大众文化是由大众而不是由文化工业促成的”[③]。因此，文化传播与大众文化的消费过程，实际上就是大众利用现有媒体文化资源进行文化批判和文化创造的创造性实践活动的过程，也是大众的媒体文化批判自主性和创造力得到极大体现的过程。换句话说，“大众的艺术乃是‘权且利用’的艺术（the art of making do）。日常生活的文化，落实在创造性地、有识别力地使用资本主义提供的资源”[④]。

如此看来，大众媒体及其大众文化产品，并不仅仅单指静态的、一劳永逸的文化产品，而且还包括复杂的解读过程；在这一解读过程中，符号学和神话理论起了重要的理论支撑作用。如此这般，大众通过协调性或抵制性的解码活动进行消费，从而产生专属于“自己的”、抵制主流意识形态的意义、快感和身份认同。在这个意义上，作为读者的大众便拥有了决定意义的“符号的权力”，从而为其以一种相对中立、客观和科学的立场解读媒体文本提供了种种自由和便利的可能。

第二节　“祛魅式”媒体素养教育的形成

一、本质：“意识形态祛魅”教育

20 世纪 70 年代以来，电视这一“魔盒”在西方社会迅速普及。一方面，电视成为当时最具影响力的大众媒体之一；另一方面，电视又被视为“比电影更为低级的大众媒体”，其负面影响很快就引起了人们的警惕。所谓“电视机前长大的一代”“容器人”等就是其负面影响的种种反映。在斯图亚特·霍尔等的积极

① 费斯克. 理解大众文化. 王晓玨，宋伟杰译. 北京：中央编译出版社，2001：58.
② Fiske J，Understanding Popular Culture. Boston：Unwin Hyman. 1989：24.
③ 费斯克. 传播符号学理论. 张锦华译. 台北：远流出版事业股份有限公司，1995：61.
④ 费斯克. 理解大众文化. 王晓玨，宋伟杰译. 北京：中央编译出版社，2001：34.

推动下，英国学术界率先提出了基于符号学的、以“再现”为取向的新的媒体素养教育思想——“屏幕教育”。从某种意义上说，“屏幕教育”正是针对电视媒体影响、特别是其负面影响的一种媒体素养教育，其所关心的自然便成为继电影之后影响最广泛的媒体素养教育理论和实践问题。电视研究首先将符号学纳入其研究视野。根据符号学，除了文字之外，声音、图像也是符号。例如，电影画面和电视画面都是图像符号，图示化的交通标志也是图像符号。“多个文字符号、图像符号或其他符号按一定规则组合在一起就形成的一个符号群，这个符号群亦即符号学中所谓的‘符码’（codes）。”[①]在这种意义上，电视、电影等媒体文本应该都是符码，它们按照一定的规则制作生产，然后按一定的规则去观看和解读，以理解其中的含义。这一生产解读过程正好与斯图亚特·霍尔所提出的编码（encoding）与解码（decoding）理论一致。1973 年 9 月，斯图亚特·霍尔发表了一篇重要的学术论文——Encoding and Decoding in the Television Discourse。正是在该文中，他首次提出了编码/解码理论。他把电视文本的生产、消费过程分为三个阶段[②]：①编码阶段；②成品阶段；③解码阶段。这三个阶段涉及文本、生产环节的编码和接收环节的解码，每一过程相对独立，同时又统一在意义更为广泛的同一过程中。其中，最重要的是“解码”阶段，斯图亚特·霍尔为此提出了其著名的、包括三种解读立场的“霍尔模式”[②]。

第一种是“主控-霸权”立场（dominant-hegemonic position）。它假想受众的解码立场与电视制作者的专业编码立场完全一致，这意味着编码和解码相吻合，观众“运作于支配代码之内”，按照编码者的设定不问青红皂白，彻底地、直接地接收文本。这是一种“倾向阅读”模式，被认为是最为理想的、完全明晰的传播，应该是大多数受众的解码立场。换句话说，编码者根据自身的目的和意图，来生产信息或话语。这样就产生了“倾向意义”（preferred meaning）的概念，它是由控制媒体文本的权威体系所制造的，是为主导、引导社会大众服务的。政治内涵一般隐藏于多义的符号内部；如果想对其进行深入的了解，就需要搞清楚这种由编码者输入、附加进去的、具有明显优势的“倾向意义”。在斯图亚特·霍尔看来，由于编码过程构建的限制和参与会对解码过程产生作用，解码一般偏向于按照预定的线路进行；因此，社会大众或多或少都会成为具有“倾向阅读”（preferred reading）的解码者。

第二种是“协商”立场（negotiated position）。受众既不完全同意又不完全否

① Burton G. More Than Meets the Eye. 2nd ed. London：Arnold，1997：33.

② Hall S. Encoding/Decoding，Cultural，Media，Language. London：Hutchinson，1980：128-138.

定编码者的立场，既承认主控符码的合法性，对主控-霸权编码所给的意义保持相当程度的认同；同时又通过适当调整使解码始终保留自己解读的权力。解码者与支配意识形态之间始终透露出一种协商、谈判的特征。关于意识形态，阿尔都塞认为，它"是具有独特逻辑和独特结构的表象（形象、神话、观念或概念）体系，它在特定的社会中历史地存在，并作为历史而起作用"[①]。受阿尔都塞的影响，斯图亚特·霍尔认为意识形态，"应该是指这样一个精神框架（mental framework）——语言、概念、范畴、思维、想象、思想的表征系统——社会不同的阶级和群体都受其制约，又在其中发挥作用，从而可以意识到社会运作的方式"[②]。由此可见，斯图亚特·霍尔的"精神框架"说的确是受到了阿尔都塞"表象体系"说的启发。他也认为，社会关系不仅包括生产力、生产关系的再生产，还包括信仰、权威的再生产。而且，构成精神框架的必然是一些系统的观念，它们对思想分外关注，对其调节社会的功能也分外关注。因此，斯图亚特·霍尔的"意识形态"概念，也可以称之为"观念学"（ideology）。

第三种是"对抗"立场（op-positional position）。电视观众有可能在完全理解文本话语赋予的字面和内涵意义的曲折变化的情况下，以一种全然相反的方式去解码电视媒体信息。这是一种反对主导意识形态，具有批判意识性的解读，所以有时又被称为"抵抗意义解读"。斯图亚特·霍尔认为，社会不同的阶级和群体构成了统治与被统治关系，进而构成的政治意识、思想观念会形成具有一定稳定性的意识形态；统治者对社会秩序的维持正是通过意识形态的向外扩散而不断强化的。在这个过程中，他着重强调了媒体对意识形态的作用和影响："媒体直接涉及意识形态问题，媒体参与意识形态的生产、运转和输送；对媒体的干预就是对意识形态领域的干预。"[③]以斯图亚特·霍尔为代表的知识分子对媒体通过不断复制当前的社会关系而获取权威的合法性的意义非常重视。他们极力反对"文化是艺术的、高雅的、小部分人的"这样的文化观点；在他们看来，以广播、电视为主要对象的媒体，不仅是文化形成、文化博弈的场所，也是意识形态滋生、意识形态滋生传送的场所。因此，认识媒体的运作及其背后的意义，便成为斯图亚特·霍尔在思考意识形态概念时不可或缺的一个环节。

从这三个立场可以明显看出，斯图亚特·霍尔显然受到了符号学和神话理论的启发，他将电视媒体视为一个开放的文本，一般观众虽不参与文本内容的生产

① 阿尔都塞. 保卫马克思. 北京：商务印书馆，1984：210.

② Hall S. The problem of ideology：Marxism without guarantees. Journal of Communication Inquiry，1986，10（2）：28-44.

③ Hall S. The White of Their Eyes：Racist Ideologies and the Media. Cambridge：Polity Press，1996：18.

却可以参与文本的解读，通过电视文本的解码自觉参与文本意义的生产，从以往传播理论中受众完全被动接受的传统模式中彻底走了出来，从而形成了崭新的“霍尔模式”。按照“霍尔模式”，我们不难发现，主导意识形态话语在电视媒体文本中处于优先或首选的解读地位，但是，这并不意味着所有的受众都会自动地作出这种选择。受众作为解码人的社会状况会制约着他们采用不同的立场来对待同一媒体文本。社会状况偏向于接受主导话语的受众则会采用“主控-霸权”立场；那些关注自我社会状况而不完全苟同偏好性解读模式的受众则采用“协商”立场；那些社会状况处于主导话语模式的直接冲突中的受众则采用“抵制立场”。这样，从这些立场所产生的媒体文本意义总体来说应该是“多元化的、相对开放的，而不是无限制的或武断的”[①]。由此可见，电视观众在电视文本信息接收和解读方面并不是文化守旧派所认为的是“被动的、消极的”，而是“主动的、积极的”。斯图亚特·霍尔的这一观点开创了把受众作为积极角色的先河，是一种新的受众解读方法，带有鲜明的理论意义；他对电视文本的批判性、抵制性解读方式的观点，正合“屏幕教育”理论所大力弘扬的批判意识和积极、主动的受众观。事实上，同一时期的英国媒体素养教育已经具有初步的人本化倾向，在其课程体系中独立开设的“电视研究”的主要目的就是培养积极、主动的电视受众，“培养电视受众的内在分析、思辨和批判的能力，以使其在面对纷繁复杂、良莠不齐的媒介内容时，能充分发挥主观能动性，辨别出大众媒介中的‘正’与‘负’，做出符合其自身需要的判断与理解”[②]。本来，以人的“主观性”为出发点、强调人的主体性与个体性、强调人在困境中的自由和主动，是西方人本化教育的重要特征；因此，人本化教育思想能够成为媒体素养教育的这种人本化倾向在部分程度上是受到了当时发展到鼎盛时期的西方人本化教育思潮的影响。

受符号学、神话理论及文化霸权论观点的影响，“少数人的思维透过报刊、电影、摄影、广告图片及电视这个特别的‘魔盒’等大众媒体的传播，俨然变成了整个社会的意识形态”[③]。但各类媒体文本又被视为符号、意义的制造者和文化的再现者，这为媒体文本的意义审视和解读提供了一种基于文本分析的中立立

① Hall S. Reflections upon the encoding/decoding model：An interview with Stuart Hall//Cruz J，Lewis J.（Hrsg. ）. Viewing， Reading， Listening Audiences and Cultural Reception. Boulder：Westview Press，1994：253-274.

② 胡继渊. 浅述西方人本化教育思想及其借鉴. 外国中小学教育，2002，(2)：16-19.

③ Corner J. Studying Media：Problems of Theory and Method. Edinburgh：Edinburgh University Press，1998：14.

场，提供了一个综合性的方案。但在此之前，"流行艺术式"媒体素养教育基本上是在承认媒体本身及其内容的前提下进行的，基本上是从传统上认为理所当然的内容判断、价值判断、美学判断等角度开展的。而从符号学的理论出发，"屏幕教育"不应该仅仅只"对媒体中的文化价值和美学趣味进行判断，还应该对媒体中所隐藏的意识形态等内容进行揭露和解构"①。正如莱恩·马斯特曼所言，"屏幕教育"的重要意义就在于通过"再现"而达到怯魅化（demystification），就在于教导媒体受众如何在浩瀚复杂的媒体信息中保持批判的自主力（critical autonomy）。于是，媒体素养教育发展到"屏幕教育"阶段，就自然获得了一个全新的角度，一个全新的发展模式——"怯魅式"媒体素养教育。从本质上来说，"怯魅式"媒体素养教育给予学生的再也不是诸如"对错"和"好坏"价值判断的现成答案；相反，正如 Richard Dyer 在 *The Matter of Images* 一书中所说，"我们如何被看待在一定程度上决定了我们如何被对待：我们对待他人的方式取决于我们如何看待他们；这种观察来自再现"（How we are seen determines in part how we are treated: how we treat others is based on how we see them; such seeing comes from representation）②，"怯魅式"媒体素养教育会运用"再现"的概念，向学生提出如下的重要问题并将评判的权利和机会留给学生自己：

> 媒体文本真实的程度：媒体文本有多少的真实性？为什么有些文本看起来比较接近真实？
>
> 文本告诉我们哪些事实：媒体告诉我们哪些事情？媒体用了哪些手法使得讯息看起来更可信？
>
> 注意媒体呈现了哪些讯息以及哪些讯息没有被呈现：在媒体营造的世界里，哪些讯息总是被呈现，而哪些讯息较少被呈现？哪些人时常在媒体上发言，哪些人较少在媒体上发言？
>
> 注意偏见与客观性：媒体文本是否支持某个特别的观点？这些讯息是否带有某些道德、资本主义或政治的价值观？
>
> 检视无所不在的刻板印象：媒体如何呈现某些特殊社会团体？这些社会团体的再现方式是否精确多元？
>
> 诠释及判断：为什么媒体有些讯息会让我们认为是真的，而有些讯息我

① Hart A. Teaching the Media：International Perspectives. Hillsdale，NJ：Lawrence Erlbaum Associates，Publishers，1998：ix.

② 转引自：Wilson C，Grizzle A，Tuazon R，et al. Media and information literacy curriculum for teachers . http://unesdoc.unesco.org/images/0019/001929/192971e.pdf[2017-10-12].

们看得出是假的？

影响：媒体讯息是否影响我们对某些社会团体或某些议题的观点？①

上述这些问题无不表明，大众媒体内都隐藏着一定的意识形态，因而媒体真实不能等同于客观真实。后来，美国著名媒体素养教育专家 Art Silverblatt 在其名著——*Approaches to Media Literacy：A Handbook* 一书中，详细分析了媒体素养教育的五种批判方法：意识形态分析、自传性分析、非语言传播分析、神话分析、生产要素分析等。其中，意识形态分析的基础是文化研究，其理论框架包括：组织分析（如互联网与其所有权、媒介与政府、媒介与政治信仰等），国际视角（分析世界范围内占主导地位的文化、人物和意识形态），事件产生的历史背景等等。这些分析的“目的在于让人们敏感识别媒体叙述中的主流意识形态，以防止被所谓的‘主流’一味操纵”②。由此可见，该手册的最大贡献，就在于它给媒体素养教育带来了更为缜密的思维方法和理论基础。基于这些研究，“祛魅式”媒体素养教育全部的研究和开展几乎都围绕着“再现”而进行，其不再将媒体视为世界的窗户或现实的映像，而是将其视为一种建构，开始提倡从更为客观、更为科学的角度来分析、解读媒体文本，目的就是为了辨别大众媒体通过符号建构的“媒体环境”，进而使隐藏其中的意识形态得以“破译”和“祛魅”。这样，“祛魅式”媒体素养教育开始注重从媒体文本本身向文本生产和呈现的转化，从青少年的文化保护神到让学生自主思考辨别的转化。更重要的是，“祛魅式”媒体素养教育开始注重从媒体的意识形态灌输和洗脑教育到意识形态解密和“祛魅”教育的转化。“祛魅式”媒体素养教育取向和理念的这些转化，反映了人们对于大众媒体及蕴涵其中的文化和意识形态的再认识，也反映了意识形态批判性和自主意识在媒体素养教育中越来越重要的地位。

二、形式：电视研究与“屏幕教育”

在这一时期，因为电视媒体的强力介入，一些媒体素养研究者已经开始认识到媒体形态对于媒体内容表现的重要作用。于是，他们在注重媒体文本内容分析的同时，开始更加注重媒体形态的研究。譬如，英国电影学院曾将媒体素养教育的内容划分为六大项目：媒体组织（media agencies）、媒体形态（media categories）、媒体技术（media technologies）、媒体语言（media language）、媒

① 吴翠珍，陈世敏. 媒体素养教育. 台北：巨流图书股份有限公司，2007：123.

② 高岩，匡文波. 媒介的素养之路. 网络传播（中国传媒大学学报），2005（10）：78-79.

体受众（media audience）和媒体再现（media representations）。[①]对于电影和电视这两种都具有“屏幕”的媒体形态来说，最开始它们都是以光电技术（电影胶片特别用到化学技术）传递影像和音频的媒体，在视觉感受上也极其相似，但两者毕竟分属不同的媒体形态，因此必须从它们各自的具体特性来把握。一般来说，“正如任何一种艺术/传播媒介都有自身独特的生存形态，电影在其自身百余年的发展中，一直以胶片成像与影院放映作为其区别于其他艺术形式的主要标志，并以此来建构起自身的历史、理论与美学。其间有着有声片、彩色片、宽银幕、多声道等新的技术影响”[②]。而且，从内容上讲，电影多为时长相对固定、内容较为独立的故事，艺术性色彩较浓，结构相对完整，但对时效性要求不高。电视（主要是指新闻类、时事评论类节目）这一媒体形态，则同时以屏幕图像和语言、音乐、音响等声音作为信息载体，融合了广播的语言和音响、报纸的文字和图片、电影的影像等元素，从而实现了人类听觉与视觉的同时延伸，并凭其政治性、实时性、教育性、观众的广泛性等特性，真正实现了文化传播的大众化。因此，电影和电视这两种媒体及其内容文本是不能用同一种文化评判的标准来分析的，我们绝不能把电视仅仅看成微缩的电影，不能总是试图用适合于电影研究的理论来分析、研究电视。事实上，莱恩·马斯特曼也隐约地注意到这一现象。他进而认为，“用有关于电影评价的标准来评判电视、报纸这类的媒体是存在疑问的，在现实中也是行不通的”[③]，尽管他还不太明确这种疑问是来自电影和电视这两种媒体形态所具有的不同表达方式。

在“屏幕教育”时期，虽然电影继续受到关注，但由于电视媒体被隆重地推向了前台，其关注的重心自然转换到电视“屏幕”。其实，早在1925年，英国科学家贝尔德就展示了自己制造的电视机，拍摄了一个在伦敦百货商店工作的店员，他因此赢得了“电视之父”的称号。1936 年，英国广播公司（BBC）在伦敦建立了世界上第一家电视台，从此开创了英国的电视时代。随后法国、苏联、美国等也相继开办了电视台。电视的便捷性使其很快成为大众传播媒体的主流样式。但电视的大发展却是在二战结束以后。从 20 世纪 50 年代后期开始，电视在与报业的竞争中逐渐占据了上风。1951 年，美国也建成了几乎覆盖全国的电视

① 转引自：张毅，张志安. 美国媒介素养教育的特色与经验. 新闻记者，2007，(10)：66-69.

② 陈晓云，袁佳. 观念转型：新媒体时代的电影与电影教育. 艺术百家，2016，(5)：90-93.

③ Masterman L. A rationale for media education//Kubey R. Media Literacy in the Information Age：Current Perspectives. New Brunswick，NJ：Transaction Publishers，2001：40.

网。到了20世纪60—70年代，由于一系列重大新闻事件[①]通过电视传播报道而产生了巨大的影响，人们越来越感觉到以电视为主的大众媒体已经成为社会生活的重要内容，越来越感受到电视的强大威力，研究者也开始正视电视这种和电影极相似的媒体及其社会影响。他们发现，一方面，电视媒体作为社会知识、意识形态及文化教育的重要传播者，社会环境的监督者及社会关系的协调者，其作用越来越突出，在一定程度上影响和改变着人们的思想与行为方式。另一方面，“人们习惯性地扬读书而抑屏幕，其表层的原因无疑是屏幕文化有太多的负面影响；然而，其深层的一个容易忽略的原因，则是人们潜意识中的文化惯例，即书面文化更多的指向精英文化，而屏幕文化指向于世俗化的大众文化”[②]。显然，正是电视媒体的有形或隐性控制，使其成为“意识形态”的依附和规训对象。它先从“知识即权力”和“少数人文化”的束缚下解放出来，随即又进入了一个“媒介即控制”的天罗地网。因此，电视媒体作为一种解放的力量，解放得并不彻底。而且，电视媒体在其发展过程中，经常以可疑的手段、可疑的目的公然塑造和指导公众舆论，加之由于过分的商业化、私人化等，使其不可避免地充斥着意识形态偏向，以及色情、暴力与犯罪等内容，并由此促发了各种社会问题和道德恐慌。电视的这些正反两方面的巨大功用和影响，促使人们对其进行深入的思考。[③]虽然历史上不乏有一些如托马斯·爱迪生[④]这样的媒体乐观主义者，但媒体悲观主义者对每一种新兴的大众媒体的出现，总也免不了悲观的观望和严厉的批评。电视媒体自然也不例外。电视刚出现时，“批评理论毫不客气，直接将其看作要比电影更为低级的大众媒体，根本来不及对这种新媒体进行客观的评价”[⑤]。但不管怎么说，作为20世纪初人类最重大的发明之一，电视至今已成为人类生活中不可或缺的部分。由于电视的登场亮相，媒体素养教育便增添了一个新的研究

① 这样的例子很多。譬如，1963 年当肯尼迪总统被刺的消息传来时，纽约市电视观众从该市人口的30%激增到 70%，在美国全国为之默哀的葬礼举行的几分钟时间里，观众达到了 93%。1969 年人类第一次在月球上行走，有 12 500 万人收看了这一登峰造极的实况转播。如果没有肯尼迪遇刺等重大电视转播事件，电视可能还不会在 20 世纪 70 年代就开始进入千家万户。参见：张国良. 新闻媒介与社会. 上海：上海人民出版社，2001：560.

② 吴志斌，姜照君. 论屏幕媒介环境下的大学生媒介素养教育. 现代教育技术，2010，(4)：16-19.

③ 黄旦. 媒介观念与媒介素养研究——20 世纪西方媒介素养研究综述//媒介素养与公民素养论文集. 2007：22.

④ 当电影被发明时，爱迪生曾乐观地展望：“电影必将革新我们的教育系统，在不远的将来，它即使不是完全地取代课本的用途，也将基本地取代课本的用途。”但事实上，我们知道，课本和学校至今都没有被取代。参见：Cuban L. Teachers and Machines：The Classroom Use of Technology Since 1920. New York：Teachers College Press. 1986：9.

⑤ Masterman L. A rationale for media education//Kubey R. Media Literacy in the Information Age：Current Perspectives. New Brunswick，NJ：Transaction Publishers，2001：22.

对象——电视。

由于电视研究的出现，媒体素养教育运动也相应地进入了“屏幕教育”阶段。一般来说，“屏幕教育”在中等教育中实际上就是我们现在所谓的“媒体素养教育”，而在高等教育中则被称为“媒体研究”或专门针对电视的“电视研究”。20 世纪 70—80 年代，英国的“屏幕教育”获得了迅速的发展，有关媒体的研究与教育更是在各个层面的教育系统展开。既然是有关“屏幕”的教育，“屏幕教育”的目光所及无外乎“电影或者电视的展示形式。这就意味着不再像以往那样仅仅注重媒介内容文本，而是更在意媒介的表现形式，媒介教育开始打破了过去惯有的框框”①。事实上，在这一时期，英国影视教育协会（Society for Education in Film and Television，SEFT）在这一媒体素养教育运动中，作了大量有益的探索和推动。该组织凭借其《屏幕》（*Screen*）和《屏幕教育》（*Screen Education*）②两种杂志，不但努力“将当时广泛流行的符号学理论、结构主义、后结构主义、心理分析理论、社会学理论甚者马克思意识形态等理论运用于媒体文本及其内容的分析，从而集中讨论了屏幕教育的理论基础”③，而且使之自觉应用于媒体素养教育的课堂教学实践中。

三、价值：“再现”取向

在教育取向上，主要针对电视媒体的“怯魅式”媒体素养教育凸显了媒体“再现”现实的特征——媒体“再现”。从理论根源上讲，大众文化的符号学解读直接影响了媒体素养教育“再现”取向的产生，因为“再现”原本就是符号学的一个核心概念，后来又自然成为媒体素养教育的一个关键词。本来，按照斯图亚特·霍尔的解释，“‘再现’用语言向他人就这个世界说出某种有意义的话来，或有意义地表述这个世界”，是“某一文化的众成员间意义产生和交换过程中的一个必要组成部分”④。同时，“‘再现’包括语言的、各种记号的及代表

① 陆晔. 媒介素养：理念、认知、参与. 北京：经济科学出版社，2010：22.

② 《屏幕》，最初源于英国的“电影教师协会”（Society of Film Teachers），20 世纪 50 年代初期该协会开始发行期刊，主要为学校的电影教师和电影俱乐部提供电影欣赏教育和教学辅导。1959 年该协会更名为“英国影视教育协会”，并开始发行《屏幕教育》期刊。20 世纪 60 年代，SEFT 开始接受英国电影学院资助，后成为英国电影学院教育系属下一个自主单位。1969 年，在 BFI 的规划下，《屏幕教育》期刊整改后以《屏幕》为名重新发行。但从 1971 年起，SEFT 又开始发行与其前期期刊同名的《屏幕教育》在 1971-1982 年发行了 41 期。参见：History，in screen. http://www.screen.arts.gla.ac.uk/pages/history.html[2017-10-12].

③ Buckingham D. Media education in the UK：Moving beyond protectionism. Journal of Communication，2010，48（1）：33-43.

④ 霍尔. 表征——文化表象与意指实践. 徐亮译. 北京：商务印书馆，2003：15.

和表述事物的诸形象的使用”，其作用或目的是“生产意义”[①]。这就意味着，“在现实世界中，一切事物并不具有它们固有的、单一的或内在的意义，它们必须通过话语和符号这样的意义生产工具，由人们生产出意义。因此，意义不是被赋予而是生产出来的。同一事物具有多种意义，这并不奇怪；不仅如此，多种意义之中，总会存在一种有主导意义”[①]。如此看来，“再现”并不仅仅限于语言的使用，也不仅仅是一个关涉媒体文本意义争夺的大事，而是自然演变成为文化这个没有硝烟的斗争场域中的“要冲”，并且成为大众文化研究的重要对象，甚至被视为一种“政治工具”[②]。根据“再现”的观点，媒体呈现的任何内容都是符号的一种建构，而不是现实事物本身。譬如电视或报纸报道，无论是文字、图片，还是影像，我们所能看到的、听到的媒体文本只是一些符号，只是媒体化了的事件，只是一种“媒体真实”。换句话说，我们通常所接触到的媒体文本都只是我们用以认知这个世界的“再现”，只是加工过的、用符号构建的某种虚拟的东西。正是因为“再现”的引入，大众媒体一贯标榜的“客观、真实”的基础一下子轰然倒塌，围绕它的种种“神话”也有了被一一拆穿的可能。

事实上，“屏幕教育”所关注的媒体文本、“再现”和意识形态“祛魅”等问题，也是莱恩·马斯特曼在其论著 *Teaching about Television* 和 *Teaching the Media* 中极力关注和探讨的核心问题。莱恩·马斯特曼认为，先前的基于利维斯主义的文化价值评价体系过于在乎对媒体内容的价值好坏进行评价，过于在乎某种具体的评价标准是否科学有效。他对这种具有强烈阶级倾向和精英倾向的价值取向不以为然，并因此认为，基于这种价值取向的“免疫式”媒体素养教育是不靠谱的、不可取的。相反，他认为，媒体素养教育的核心应该是“再现”，应该重点关注媒体是如何“再现”现实的。换句话说，对“媒体再现”的理解，是我们对媒体及其内容进行认知和评价的前提；否则，一切评价就无从谈起了。在莱恩·马斯特曼看来，符号学、意识形态理论、社会学等理论对媒体素养教育的影响非常大，它们分别对媒体素养教育中的“再现”问题给予了理论上的支撑。譬如，符号学对媒体文本如何建构、如何“再现”等问题给予了有力的解释，社会学理论对谁来建构、谁来“再现”的问题也给予了明确的阐释，意识形态理论则对“为什么会如此建构”“再现了怎样的利益”等问题给予了深刻反

① Gurevitch M. Culture，Society，and the Media. London：Methuen，1982，12（5）：56-90.

② Mashment M. The Picture is Political：Representation of Women in Contemporary Popular Culture. London：The MacMillan Press Ltd，1997：123.

思。[①]在所有这些理论中，莱恩·马斯特曼特别推崇符号学理论。他认为，从符号学借鉴而来的文本分析方法能够抛弃研究者的主观好恶，从而能够在一定程度上保证媒体解读现实环境的客观性、科学性和精确性。基于这些认识，1990 年春，莱恩·马斯特曼在《策略季刊》（*Strategies Quarterly*）上发表了著名的关于媒体素养教育的 18 项基本原则：

1. 重要性原则。媒体素养教育是一项严肃的、有重要意义的并值得为之奋斗的事业。它事关大多数人的赋权和社会民主结构的强化。

2. 再现原则。媒体素养教育的一个核心概念是“再现”。媒体不是简单地“反映”现实而是“再现”现实。媒体实际上就是符号化的或者本身就是一个符号系统。如果没有这一原则，媒体素养教育几乎是不可能的，其他的一切更是无从谈起。

3. 终身教育原则。媒体素养教育是一种终身教育过程，因此要求学生具有强烈的学习动机。

4. 批判自主原则。媒体素养教育不是简单促进学生批判能力的提高，而是促进批判自主性的加强。

5. 调查原则。媒体素养教育应注重调查研究，并不寻求将特定的文化价值强加于人。

6. 与时俱进原则。媒体素养教育应当与时俱进，并善于抓住机遇和机会。它致力于展示学习者实际生活。为了做到这一点，它应将其置于更加广阔的历史和意识形态问题背景中加以考量。

7. 分析工具原则。媒体素养教育的核心概念是诸多分析工具，而不是某些补充内容。

8. 教育目的原则。在媒体素养教育中，对于目的而言，媒体文本内容只不过一种手段罢了。而所谓教育目的，是指各种灵活分析工具的开发，并不是指相关补充媒体文本内容的发展。

9. 教育效果原则。媒体素养教育的效果可以用以下两种标准来评估：学生将批评性思维应用于新的媒体环境的能力；学生显示出来的参与动机与责任感的程度。

10. 教育评价原则。理想中的媒体素养教育评价，应该是形成性的或总

① Buckingham D. Media education in the UK：Moving beyond protectionism. Journal of Communication，2010，48（1）：33-43.

结性的学生自我评价。

11. 教学关系原则。通过师生之间的反思与对话，媒体素养教育尝试改变现有的师生关系。

12. 对话原则。媒体素养教育更多的是通过对话，而不是通过讨论来展开自己的调查研究。

13. 积极参与原则。媒体素养教育本质上是积极的、参与的，鼓励更加开放、更加民主的教育者的专业成长。它也鼓励学生对自己的学习承担更多的责任，掌控更多的主动性，同时还鼓励学生共同参与制定教学大纲并对自己的学习做长期的规划。

14. 合作学习原则。媒体素养教育倡导合作学习，强调团队精神。在媒体教育过程中，个人学业的进步，不是竞争的结果，而是源自共享整个团队的洞察力和资源。

15. 批判性原则。媒体素养教育实际上由实践性批判和批评性实践两部分组成。并且，媒体素养教育将文化批评的重要性，断然置于文化再生产之前。

16.整体性原则。媒体素养教育是一个整体的过程。理想化状态下，媒体素养教育意味着要加强其与学生家长、媒体从业者以及诸位教师同仁之间的多边关系。

17. 持续变革原则。媒体素养教育应该信守持续变化原则，它必须根据持续变化的现实而不断地发展。

18. 认识论原则。媒体素养教育以一种独具特色的认识论作为其理论基础。按照认识论，现有的知识不是简单地来自教师的传授或学生的‘发现’，它是起点而非终点。它是一门实践性学科，通过批评性的调查和对话研究，新的知识被学生和教师能动地创造出来。①

平心而论，所谓18项基本原则，大都是一些媒体素养教育的经验之谈，而且它们之间也似乎缺乏严格意义上的逻辑性，因此并不太系统。但不可否认的是，这18项基本原则的提出，还是从媒体素养教育的重要性、再现、终身教育、合作性学习、批判性自主、持续性发展及整体性等方面比较详尽地描绘了影响媒体素养教育发展的至关重要的因素；特别是通过“再现”原则，奠定了其在该领域研究的理论基础地位。事实上，这些原则在英国和加拿大媒体素养教育领域具有广

① Masterman L. Media awareness education：Eighteen basic principles. http://www.medialit.org/reading-room/media-awareness-education-eighteen-basic-principles［2018-01-08］.

泛的代表性，受到普遍认可；后来，这些原则又广为世界其他国家的媒体素养教育所参照和引用。其实，在这些原则中，莱恩•马斯特曼特别强调“再现”原则。按照莱恩 • 马斯特曼的说法，“没有‘再现’这个媒体素养教育实践的第一原则，媒体素养教育是不可能的，其他一切更是免谈”[①]。他认为，符号学和神话理论“帮助建立了媒体素养教育的‘再现’原则的基础——‘非透明原则’（the principle of non-transparency）”[①]。而所谓“非透明原则”，意指媒体并不能完全真实地呈现现实，只能“再现”现实。在莱恩 • 马斯特曼看来，怎么可能有纯粹透明的媒体文本呢？任何媒体文本的建构都可能受到历史文化、传统道德及意识形态等诸多因素的制约；因此，无论是电影、电视还是报纸，对于大众文化主题的描述和渲染，都不可能是绝对“真实”的，而只能是由不同的符号构建的相对“真实”的。“相对真实”只可“再现”，而不可强行“灌输”、强行“洗脑”。“非透明原则”的提出，仿佛给人们点亮了一盏明灯，通过其中的“再现”，人们发现了以前未认识到的媒体内容和媒体机构本身。

大卫 • 帕金翰也非常认可“再现”原则，认为“再现”取向体现着一种深刻的“批判意识”。譬如，“关于真实问题，媒体文本倾向于真实吗？为何某些文本看起来比其他文本更真实？关于真相的再现问题，媒体是如何再现真相的？媒体如何试图让人看起来更可信些？关于是否在场的问题，哪些人出现在媒体上？哪些人没出现在媒体上？谁在说话？谁在保持沉默？关于是否存在偏见和刻板印象问题，媒体文本是否支持了特定的观点？是否试图让人接受某种特定的价值观？关于媒体的影响问题，媒体再现是否影响了我们对特定社会群体或事件的印象？等等”[②]。对这些问题的广泛质疑，必将使“隐藏在媒体信息背后的种种机制”得到解构，人们的“批判意识”和媒体素养必会得到显著的提高。事实上，自 20 世纪 80 年代以来，“再现”的原则逐渐得到认同，“再现”取向的媒体素养教育的地位逐渐显现，并显示出这样一些特点[③]：①媒体素养教育不再以好与坏的二元价值标准来直接评价大众媒体，而是充分认识到不同媒体的特点及其背后的意识形态的或经济、政治方面的控制；②媒体素养教育的目的不再是为了抵制媒体文化，而是要培养对不同的媒体文化的包容、理解和批判能力；③媒体素

① Masterman L. A Rationale for Media Education//Kubey R. Media Literacy in the Information Age：Current Perspectives. New Brunswick，NJ：Transaction Publishers，2001：40.

② Buckingham D. Media Education：Literacy，Learning and Contemporary Culture. Cambridge：Polity Press，2008：58.

③ 黄旦，郭丽华. 媒介教育教什么?——20 世纪西方媒介素养理念的变迁. 现代传播（中国传媒大学学报），2008，（3）：120-123.

养教育的内容不应仅仅停留在媒体文本的分析上，还要包含媒体文本背后的技术、生产、制作等内容。显然，这些特点实际上也构成了“怯魅式”媒体素养教育的基本教育理念。“怯魅式”媒体素养教育强调“再现”，实际上也是在强调批判意识的培养。但这儿的批判，与“免疫式”媒体素养教育的批判显然不可同日而语。前者几乎是一种非理性、居高临下的、几乎是不问青红皂白的抵制和否定；后者则是在充分接触、分析媒体的基础上的对媒体传播内容、媒体背景的符号学批判及对自我解读媒体的再次审视，完全是一种“否定之否定”。而在这种“否定之否定”媒体文本解读过程中，媒体受众的主体意识最终得以进一步确立，其批判意识也在广度和深度上都得到了最大限度的提升。

第三节 “怯魅式”媒体素养教育的发展演化

自 20 世纪 60 年代以来，我们就“生活在一个被各种屏幕终端所包围的信息社会中，从这个意义上来说，这是一个基于屏幕的媒介文化时代。屏幕无处不在，已然成为我们无法拒绝的一种媒介环境，乃至我们难以拒绝的一种生活方式”[①]。在这个屏幕无处不在的媒体环境里，“怯魅式”媒体素养教育也很快在西方一些国家得到有效开展。作为一个幅员辽阔的联邦制国家，加拿大各省和各地区都有各自独立的教育政策体系，其媒体素养教育状况自然也存在着差异。20 世纪 60 年代晚期，加拿大也以“屏幕教育”的名义迎来了媒体素养教育的第一次浪潮。1968 年，在 70 多名教师倡导下，加拿大第一个专门研究媒体素养教育的组织——加拿大屏幕教育协会（Canadian Association for Screen Education，CASE）——在约克大学（York University）成立。随后，安大略省媒体素养教育协会（Ontario’s Association for Media Literacy，OAML）也得以建立，媒体素养教育因此被正式引入安大略省中小学课堂教学。当时，加拿大中学的电影、电视课程开始蓬勃发展，但是由于预算削减和回归基础的教育运动等种种原因，这次浪潮持续到 20 世纪 70 年代中期就结束了。然而，到了 20 世纪 80 年代，加拿大又掀起了一场新的、规模更大的媒体素养教育浪潮。其实，加拿大的媒体素养教育运动的开展主要源于对所谓的“媒体外患”和“文化殖民主义”的应对措施：①抵制美国流行文化的渗入。加拿大将媒体素养引入学校教育，其背景是美国电视文化的跨国境

① 吴志斌，姜照君. 论屏幕媒介环境下的大学生媒介素养教育. 现代教育技术，2010，(4)：16-19.

传播，导致大量的血腥、暴力场面和性画面充斥着加拿大的电视荧屏，造成美国文化不断地侵蚀加拿大本土文化。②加拿大的多元文化主义运动。为了保护并维持各个族群的多元文化及其文化间的微妙平衡，为了建构一个反主流论述的话语空间，为了充分体现媒体在族群文化认同及社会群体归属的复杂关系中所扮演的重要角色，加拿大政府将媒体素养项目纳入其教育范畴。其中尤为值得一提的是，1978 年，加拿大安大略省率先开始了以抵制美国电视文化为初衷的媒体素养教育课程。1984 年秋天，加拿大耶稣会士交流机构（Jesuit Communication Project，JCP）在多伦多成立，其首任执行主席是“加拿大媒体素养教育之父”约翰·庞金特（John Pungente）。作为加拿大的一个重要的媒体素养教育组织，它“致力于为教师、家长、宗教组织、学校董事会、学生和其他对此感兴趣的人提供大量资源和服务，旨在鼓励、推动和发展全加拿大中学的媒体素养教育”[①]。随后，加拿大各省和地区的各类媒体素养教育组织相继成立，成为推动其境内媒体素养教育发展不可或缺的力量。到了 1986 年，安大略省教育部和媒体素养协会（The Association for the Media Literacy，AML）制定了一份《媒体素养资源指南》（*Media Literacy Resource Guide*）。该指南于 1989 年正式出版后，被迅速翻译成多国语言，并在加拿大甚至世界范围内广泛传播。它重点介绍了电视、电影、广播、流行音乐、摄影、印刷品以及跨媒介研究相关知识的教学策略和方法、基本原理和目的。正是在该指南中，时任加拿大媒体素养教育组织联合会（Canadian Association of Media Education Organizations，CAMEO）主席的约翰·庞金特提出了关于媒体素养教育的八大核心理念[②]：①所有媒体都是建构的产物；②媒体建构现实；③受众通过协商获取媒体文本意义；④媒体具有一定的商业意涵；⑤媒体信息包含一定的意识形态和价值意涵；⑥媒体信息包含一定的社会和政治意涵；⑦媒体形式与内容密切相关；⑧每种媒体形态都有其独特的美学形态。不难看出，约翰·庞金特所提出这八大核心理念，实际上已经触及了媒体素养教育的多个层面、其中的关键词“建构”“协商”“意识形态”等无不和“再现”有着密切的联系。从某种意义上说，这八大核心理念几乎构成了当时所有媒体素养教育的理论基石，为我们深刻认识大众媒体、探讨和实施媒体素养教育提供了很好的理论基础和实践平台，完全可以被认为是英国式的“屏幕教育”在加拿大的不断发展和深化。

---

① 王卓玉，李春雷. 加拿大媒介素养教育的发展模式及其启示. 现代远距离教育，2010，（5）：79-81.

② Pungente J. Media Literacy the Ontario Ministry of Education Resource Guide for Teachers. Toronto：Ontario Ministry of Education，1989：7-15.

20 世纪 70 年代，美国电视的影响已经超越了电影，各城市的电视频道多达几十个。随着主流媒体从电影转向电视，具有浓厚商业气息的广告也开始急速增长。这表明，在美国，随着电视的迅速普及，其在社会中的影响越来越大，电视文化越来越成为社会的中心文化；对于庞大的电视观众群体来说，电视实际上已经包容和主宰了媒体文化、意识形态等各方面的来源。格伯纳因此指出，“电视已经主宰了人们的日常生活，它建构着我们的‘符号环境’，并最终以‘再现’的媒体信息代替人们的‘眼见为实’”[①]。针对电视所引发的这一媒体现象，美国广大教师和教育工作者当然不会坐视不管，他们开始有针对性地开展和电视有关的媒体素养教育。结果，从 20 世纪 70 年代开始，单纯的电影教育逐渐转变为针对大众媒体的通识媒体素养教育，当然其中也包含广告专题研究。“到了 20 世纪 70 年代中期，美国已有 35%～40%的中学开始提供有关媒体的学习单元或课程。”[②]正是在这种媒体背景下，美国掀起了轰轰烈烈的“视觉素养运动”（Visual Literacy Movement）和“批判性观看运动”（Critical View Movement）。当时，电视对于人们生活的影响逐渐扩大，乔治·格伯纳因此提出了基于“主流说”（main streaming）、“共鸣说”（resonance），以及“第一级信念”（first-order beliefs）和“第二级信念”（second-order beliefs）的“培养理论”（the cultivation theory，又译为“教化理论”“涵化理论”），揭示了电视对人们的意识观念和行为模式潜移默化的影响。几乎在同一时期，美国中小学出现了数个“儿童观看电视”的课程计划，但并未普遍推广。但是，美国大学当时开设媒体课程相当普遍。另外，“由于美国是个移民聚集国，各种文化相对分散或者排斥，这也妨碍了美国媒体素养教育前进的步伐”[③]。1980 年之后，在美国的一些中小学，一些具有示范性的电视教育课程开始陆续推出，媒体素养教育逐步获得重视。

正是在英国、加拿大的“屏幕教育”和美国的“视觉素养运动”的影响下，世界各国开始纷纷建立自己的媒体素养研究机构，成立自己的媒体素养教育协会。有了这些机构或协会的积极推动，媒体素养教育的组织、开展、推广和普及开始有了根本的保障，同时也让媒体素养教育最终能够进入学校的正式课程燃起

---

① 转引自：Piette J，Giroux L. The theoretical foundations of media education programs. Kubey R. Media literacy in the Information Age. New Brunswick，London：Transaction Publishers，2001：98.

② Sim J C. Mass Media Education in the USA//Media Studies in Education. Paris：UNESCO，1977：74-88.

③ Kubey R. Obstacles to the Development of Media Education in the United States. Journal of Communication，1998，48（1）：58-69.

希望。20 世纪 70 年代，在"多元文化主义"和"共同化主义"的口号下，当时有学者提出了"文化融合"的媒体素养教育理念，"建议将跨文化传播与教育结合起来，把媒体素养融入各类层次的学科中，以培养和提高国民的跨文化媒介素养，着重培养国民多元文化意识，提高对文化差异性的认识与批判意识"[①]。在该教育思想和理念的影响下，澳大利亚相关教育部门针对不同层次的受众，"提出了不同的评价标准，重点以媒介文化为中心，评估学生分析技巧，强调对多元文化的认同与包容，逐渐形成了测量媒介素养的五类、十条标准"[②]。1973 年，澳大利亚的西澳大利亚州开始实施了一项媒体研究项目，在该项目中，大约有 60%的学校为 8～12 年级的学生开设了媒体素养教育课程。到了 1978 年，这一计划又以一个新的项目名称——媒体启蒙——继续扩展推动。顾名思义，"媒体启蒙"的意思是在小学引入媒体知识和影视扫盲的相关课程。到 1985 年，该州多数小学都不同程度地开展了媒体素养教育活动。1972 年，法国把媒体素养教育写入教育部项目文件。1975 年，法国电影文化培训协会成立，一定程度上促进了法国大学媒体素养教育的发展。1976 年，媒体素养教育正式成为法国中小学的全国性课程；官方建议，有关媒体的教学至少要占学校总课时量的 10%。1979 年，"在法国教育部、文化部和体育部的支持下，法国相关政府部门联合开展了一项名为'主动的青年电视观众'（Young Active Television）的教育活动，并就电视对青少年的影响作了大量实验研究"[③]。由此看来，"怯魅式"媒体素养教育的"再现"取向开始为世界媒体素养教育的开展提供了一种新的视野，兴起了第一轮媒体素养教育实践的浪潮，它一度成为欧美媒体素养教育的主流教育取向。

当然，"屏幕教育"所倡导的媒体素养教育取向和理念，也并非十全十美。"由于符号学方法过于关注媒体文本分析，媒体素养教育原来基于文化价值观的'甄别'模式，完全被一种政治或意识形态的'怯魅'所取代。"[④]这在总体上并没有什么不好，但多少会忽略媒体给受众带来的愉悦和媒体的道德影响。与此同时，由于在学校的媒体素养教育中，学生大都被假设为易受大众媒体"迷惑"的"迷失的羔羊"，老师又被过分理想化地设想为解决学生一切疑难问题的"钥匙"，可想而知，这种假设里面似乎包含着浓厚的福音布道味道。在实践中，它相对于复杂的、五花八门的媒体课堂教学来说，显然是过于简单化了。譬如，

① 潘洁. 澳大利亚跨文化媒介素养教育. 现代传播（中国传媒大学学报），2010，(9)：38-42.
② 徐永贵，梁启冰. 国内外媒介素养教育研究比较分析. 中国教育技术装备，2006，(12)：74-76.
③ 宋小卫. 学会解读大众传播（上）——国外媒介素养教育概述. 当代传播，2000，(2)：61-63.
④ 焦建英，任剑锋. 欧美媒体教育历史考察：理论模式述评. 电化教育研究，2007，(2)：38-41.

“它过分放大了教师在媒体素养教育中的作用，低估了学生价值观念与审美旨趣的能动性，实际上仍然是一种保护主义取向的媒体素养教育。尤其当学生将某类媒体内容视为自己的文化和能使自己开心愉悦的对象的时候，他们可能倾向于抵制或反对教师所讲的内容，在这个时候，‘钥匙’往往是失灵的”[①]。因此，这种取向在拓展媒体素养教育内容的同时，也引发了学者新的思考和质疑。由此可见，仅仅只有“再现”是远远不够的；当网络等新媒体横空出世并随即大行其道的时候，它必然为一种超越传统的保护主义，秉持参与、赋权理念的新媒体素养教育所超越。

① Buckingham D. Media education in the UK：Moving beyond protectionism. Journal of Communication，1998，2010（1）：33-43.

第五章
参与、多元：媒体素养教育嬗变规律与最新发展

第一节　新媒体与参与式文化

一、新媒体的勃兴

20 世纪 90 年代以来，一场以电子—材料—通信科学为基础，以电脑—电视—电信为主导，以光缆—卫星—互联网为阵地的信息革命，在人类历史上首次实现了“地球村”的联网。1998 年 5 月，联合国新闻委员会正式把互联网称为第四媒体，即继报刊、广播和电视之后的新媒体。A. Pratt 将“新媒体与传统的广播录音技术相比较，认为新媒体的特征是多媒体的集成”[①]。为了定义新媒体，Vin Crosbie 首先引入两个概念——人际媒体（interpersonal medium）和大众媒体（mass medium）。[②]他认为，会话（conversation）是人际媒体的最基本形式：会话的参与者对会话的内容有对等的相互影响和控制，会话内容也可以针对参与者的特定需求和兴趣而展现个性化特性；媒体技术（如即时短信、电话、电子邮件等）拓展了会话的速度和范围。相对而言，大众媒体的最原始形式来自部落酋长、国

① Pratt A. New media，the new economy and new spaces. Geoforum，2000，31（4）：425-436.

② Crosbie V. What is new media？https://digmediaman.files.wordpress.com/2011/09/what_is_new_media_by_vin_crosbie.pdf[2017-10-12].

王、牧师的讲话和演说，媒体技术（讲演术、布道、布告/法令、手稿、剧本、书籍、报纸、布告板、杂志、电影院、广播、电视、BBS 和万维网广播等）则将它的速度和范围瞬间拓展到全球的任一角落；其特征主要表现为完全相同的内容到达所有接受者，内容发送者对内容有绝对的控制。①从本质上讲，旧媒体（传统媒体）使用两分法把世界划分为生产者和消费者两大阵营，我们不是作者就是读者，不是传播者就是观看者，不是表演者就是欣赏者，这是一种“一对多”的传播。然而，长久以来，人们一直期待着一种能融合人际媒体和大众媒体双方的优点、对公众提供个性化信息内容服务的媒体，这种媒体可以使完全个性化的信息同时送达几乎所有的人；每个参与者，不论是出版者、传播者、还是消费者，都对内容拥有对等和相互的控制。显而易见，满足这些条件的媒体就是新媒体。这是因为，相对于旧媒体（传统媒体）的“一对多”所对应的“只听不说”，新媒体的“一对一”“一对多”“多对多”则使每个人不仅有“听”和“读”的机会，更有“说”和“写”的可能。从这个意义上讲，新媒体就是“所有人对所有人的传播”的媒体。换句话说，新媒体既能对个人提供个性化的媒体内容，又能让传播者和接受者同时进行个性化的、对等的交流和传播。如此一来，新媒体不仅使同处地球村的人“天涯若比邻”，而且使其不再被少数大众传播机构的刻板印象所控制。尤为重要的是，新媒体极大地改变了以往媒体传播中的传者一元主体论、传者和受者二元对立论的话语中隐含的“他者”歧视和压迫，从而使以多元主体理论为基础建立起来的自由平等的传播理念真正得到体现。按照上述理解，互联网无疑是新媒体。或者更确切地说，互联网本身更似一个平台，是一个滋生、容纳种种新媒体的沃土或平台。

近些年来，诸如博客（Blog）、播客（Podcast）、推特（Twitter）、社会网络服务（SNS）、脸书（Facebook）、知乎、果壳、微信（Wechat）、弹幕视频、网络直播等网络社群或新媒体形式，无不依附互联网而产生、存在和发展。当然，还有“带着体温的媒体”——智能手机，也可称为新媒体。这些新媒体一经出现，便在现代社会的政治、文化、教育和经济等诸方面显现出强大的影响力。2008 年美国总统选举，Facebook、Twitter、Google+、Tumblr、Flickr、Instagram、Spotify 和 Reddit 等新兴社会化软件最终成为贝拉克·奥巴马（Barack Obama）进行政治宣传进而当选美国总统的关键因素之一，他本人也成为既“报纸总统”杰斐逊、“广播总统”罗斯福、“电视总统”肯尼迪之后的“网络总

① Crosbie V. What is new media? https://digmediaman.files.wordpress.com/2011/09/what_is_new_media_by_vin_crosbie.pdf[2017-10-12].

统”。继奥巴马之后，曾当过电视节目主持人的唐纳德·特朗普（Donald Trump）对社交媒体推特情有独钟。他在赢得2016年美国总统大选接受媒体访谈时明确表示，依靠社交媒体，特别是推特，是其赢得 2016 年美国总统大选的法宝。事实上，大选前后，诸如宣布提名人选、预告记者会、批评波音公司价高、发布涉及南海言论、评论中美关系、怒对“无良”媒体等无论大事小事，特朗普都喜欢通过推特来发布，因此被称为“推特总统”。

为了进一步探讨这些新媒体的传播特性，Dale Peski 等认为，“借助自媒体（We Media）这一新的新闻传播方式，普通公民开始理解如何提供与分享与他们本身相关的新闻事实，并通过基于数字技术的新媒体将全球范围内的知识连接起来，同时也将其武装起来”[①]。尼古拉·尼葛洛庞帝认为，“数字化的新媒体给人类社会结构带来四个方面的改变：权力分散、全球化、追求和谐与赋予权力”[②]。在他看来，网络等新媒体出现以后，传统的中央集权将会真正解体，个人享有更多的自由，个人化的时代即将来临。我们无论何人、何时、何地（anyone，anytime，anywhere），目之所及、耳之所听，都已无法逃脱新媒体为我们布下的天罗地网了。因为，这些新媒体以其灵活、多变的界面——PC、TV 和 Mobile Phone 等——扑向我们，为我们提供了一个从“电子”（electronic）到“泛在”（ubiquitous）的几乎无缝隙连接的媒体环境。在新媒体的笼罩之下，传统面孔模糊、被动接受文本内容的受众，自然就变成了能够主动出击、跨越媒体平台的阅听人。这也可以从 WeTube 最终变为 YouTube 可见一斑：WeTube 是以媒体机构为主体，YouTube 则打破了媒体机构与“视听人”权力不平等的结构，以阅听人为主体，为其放权和“赋权”。媒体人吴征也说道：“相对于旧媒体，新媒体的第一个特点是它的消解力量——消解传统媒体（电视、广播、报纸、通信）之间的边界，消解国家与国家之间、社群之间、产业之间边界，消解信息发送者与接收者之间的边界，等等。”[③]如此看来，新媒体最终终结了被动的受众，使阅听人首次有了真正的自主权。可见，这里的“自媒体”中的“自”，很明确地显示出了一种媒体传播的方式，一种参与、交互的方式，因此也可看成是新媒体的一个重要特征。近年来，新媒体正被人们运用“自”如，诸如“开放源代码新闻”（open-source journalism）、“参与式新闻”（participatory journalism）、“草根报道”（grassroots reporting）和“合作媒体”（collaborative media）等基于新媒体的自媒体传播模式，

① 转引自：Bowman S，Willis C，Peski D. We media：How audiences are shaping the future of news and information. www. hypergene. net/wemedia/download/we_media. pdf[2017-10-12].

② 尼葛洛庞帝. 数字化生存. 胡泳，范海燕译. 海口：海南出版社，1996：269.

③ 转引自：廖祥忠. 何为新媒体?. 现代传播（中国传媒大学学报），2008，（5）：121-125.

已经广泛地出现在人们的视野中。其实，在尼古拉·尼葛洛庞帝看来，这类参与性的新闻报道就是所谓的“自媒体”，或者说，就是“我的日报”（Daily Me）。自媒体的力量确实不容小视，它“来自大众，为了大众，也将治理权还归大众，有效地将媒体从单一的发号施令形式转向公众参与、社交形式，从而在很大程度上打破了所谓主流媒体、权威媒体的垄断地位”[①]。

进入自媒体时代，其固有的“微传播”特性急剧改变着传播生态和舆论格局，由个人组成的大众已不再是传统意义上的受众，转而成为新闻现场的“第一发言人”。实际上，自媒体的这种传播特性是由新媒体的特性决定的，新媒体的本质精神就固定和“自由、分享、平等、开放和参与，甚至还带有的那么一点矫情、任性、英勇和野性”紧紧联系在一起。由此，在新媒体的发展过程中，数字化（digital）、网络化（networked）、交互性（interactive）、超文本性（hyper-textual）、可操作性（manipulated）等技术特性，以及平民化、私人化、自主化、民主化和去中心化则进一步体现了其真正的实践意义，为传播个体打开信息生产、积累、共享、传播的独立空间提供了方面之门。

二、基于新媒体的参与式文化

的确，以互联网为主要形式的新媒体，正为我们构架一座人际交往的新的“立交桥”，也正在创造着一种全新的媒体传播模式。这种以新媒体为载体的自媒体互播模式，使裹挟其中的各色人等正在创造出一种全新的媒体文化样式——参与式文化。美国的Henry Jenkins教授认为，所谓参与式文化，指的是这样一种文化[②]：①艺术表达与社会公民参与的门槛相对较低；②强力支持创作和与他人分享自己的作品；③诸多非正式的富有经验的“导师”，能够将其所知传承给新来者；④参与成员相信他们的付出与参与是值得的；⑤参与成员会感觉到与其他成员之间多少有一些社会联系（至少他们会比较在乎其他成员对自己创作内容的评价）。由此看来，“参与”实际上是一个贯穿教育实践、创造性过程、社区活动、民主公民等概念的术语。参与式文化的目标是鼓励社会公众成为大众文化的全面参与者而发展他们的技能、知识、伦理框架及其所需要的自信。这种参与式文化主要是通过身份认同（affiliations，以各种不同形式媒体为中心的在线社区中的正式或非正式的会员身份）、信息表达（expressions，创作新颖、富有创意的媒

① Gmillmor D. We the media. http://wethemedia.oreilly.com/[2017-10-12].

② Jenkins H. Confronting the challenges of participatory culture：Media education for the 21st century. https://www.macfound.org/media/article_pdfs/JENKINS_WHITE_PAPER.PDF[2017-10-12].

体文本）、协作解决问题（collaborative problem solving，通过正式的或非正式的团队来共同解决问题和开发新的知识）、信息传播（circulations，通过播客、博客等形式）等手段和方式来共同创造出来的。[①]在参与式文化中，并不是每一位社会成员都应该有所表达、有所“发声”的；但当他们准备好了的时候，他们是可以一言不合就“发声”的——阅读、发帖、跟帖、评论、转发、点赞、围观等，而且是应该受到尊重的。对于这种参与式文化，一些人早已深谙此道、游刃有余，也有一些人刚刚涉猎其中，可能还只是“菜鸟”；同时，参与式文化为创造性“表达”和积极“参与”提供种种强烈的激励机制。一些数据表明，我们正在从一个少数人产制媒体、多数人消费媒体的世界转向另一个人人皆可创作的世界。作为一种在世界各国社会公民中流行的新型媒体文化样式，参与式文化对传统媒体文化意味着的是一种颠覆性的革命，其不仅会改变社会公民自我认同与他者评价的思维方式，而且会改变现有的世界秩序。由此可见，以其跨地域、时域的特性，参与式文化可以轻易地把生活和历史压缩在一个交互性、参与性的时空当中，从而对人们的生活产生了前所未有的影响。

参与式文化还具有鲜明的后现代主义特征。其实，“早在1934年，后现代主义（post modernism）一词就出现于西班牙作家温尼斯所著《1882—1923年西班牙及西属亚美利加诗选》一书中，用来描述现代主义内部发生的逆动”[②]。但是，“后现代”的“后”，正和“新媒体”中的“新”一样，都只是相对的时间概念，并无特别的时间限定。作为一种现实的思想运动，后现代主义的真正崛起却是在20世纪60年代的欧洲。“当时，大众媒体、信息技术的出现极大地促进了后现代思潮的发展。计算机改变了人类的时空观念，多媒体和虚拟技术打破了真实和虚幻的界限，人工智能的设想挑战了人类的中心地位。在信息网络中，各种信息都有平等的对话机会。现代意义上森严的等级制度受到严重的挑战。这也导致了对现代社会出现的文化危机进行批判的后现代主义的产生。”[③]同时，后现代主义思潮也是对后工业社会即信息时代的回应。随着信息时代的来临和知识经济的发展，人类的主体性、个体性从来没有像现在这样张扬过，世界政治、经济和个人生活的多元化已经成为不可逆转的历史潮流。由于参与式文化所依托的新媒体所具有的后现代特征，参与式文化也无不鲜明地体现着后现代主义特征。首先，参与式文化隐含着大众草根性，隐含着新媒体主导下的大众文化主体的广泛

① Jenkins H. Confronting the challenges of participatory culture：Media education for the 21st century. https://www.macfound.org/media/article_pdfs/JENKINS_WHITE_PAPER.PDF[2017-10-12].

② 何臻婵. 对后现代主义设计的再认识. 艺海，2006，(1)：49.

③ 黎琼锋，李庭军. 后现代主义：引发教育反思的思潮. 教师教育论坛，2006，(3)：48-51.

参与性，这和后现代思想中最重要的精神——“反权威”话语是一致的。约翰·费斯克认为，“参与是大众文化的主要特征之一，参与能够带来狂欢和节日的快感，带来自我表现以及团结他人这一表现与体验所促成的快感”[①]。后现代主义颠覆、消解了现代主义的精英意识，义无反顾地支持大众文化，试图填平精英文化与大众文化之间的鸿沟。从人类文明进程的视域来看，新媒体传播的深层次传播是文化的传播、交流、碰撞、沟通与更新，是能够跨越时间的社会交往方式。在参与式文化中，“种种新媒体样式令草根族可以自如地选择和共享交流对象，并能畅所欲言、各抒己见，由此出现许多张扬个性文化的代表性草根人物”[②]。由此可见，参与式文化比较集中地反映和贯穿了后现代主义。其次，后现代主义所标榜的“去中心”“反对实质化”“不确定性”“反整体性”“零散性”等术语，也正是参与式文化特有的标签。这是因为，新媒体不仅影响个人与社会，还塑造着个人的行为方式与思维模式，建构着社会的运作机制与文化形态；新媒体与个人、社会及文化是一种循环互动，而不是一种单向影响，个人在其中的自主性与能动性是这一循环的核心。相应地，基于新媒体的参与式文化在本质上也具有多元化、民主化、平等化的特征；在参与式文化的沐浴下，人们有理由进入自由、平等、多样性的文化伊甸园。但是，我们也应该看到，后现代主义思潮和新媒体的结合，使各种参与式文化出现了分裂性特征。新媒体的发展也为受众创造了种种“解构”与“释放”的机会，使处于21世纪终身教育和全民教育体系中的媒体使用者面临更多的机会，也会遭遇更多的陷阱，这是媒体素养教育在新媒体和参与式文化背景下应该特别注意的问题。

第二节　新媒体素养教育的形成

一、形式：新媒体素养教育

“媒体素养教育应当与时俱进，善于应对周遭情势的变化。”[③]但对媒体素养教育影响最大的因素，应该还是媒体素养这一核心概念。面对媒体环境和大众文化的上述变化，媒体素养的概念又有哪些变化和发展呢？事实上，新媒体的数

① 费斯克. 理解大众文化. 王晓珏，宋伟杰译. 中央编译出版社，2001：167.

② 江卫华，李银铃. Web2. 0 网络文化的后现代教育现象. 现代远距离教育，2006，(6)：72-75.

③ Masterman L. Media education：Eighteen basic principles. http://www.medialit.org/reading-room/media-awarenss-eduration-eighteen-basi-principles[2018-01-08].

字化、多媒体化和交互性，使人类社会产生了彻底的变革。因为新媒体的扩展模糊了受众和专业传播者的界限，所以新的媒体素养要在一定程度上向职业传播者迈进。同时，社会交往越发依赖新媒体，新的媒体素养教育涉及个人和公共社会的健康发展。针对媒体环境和大众文化的新媒体和参与式文化的转向，自20世纪90年代以来，世界各国分别提出了各自的媒体素养概念。这些概念虽然各有不同，但其主要内容和价值取向却是基本一致的——“超越保护主义”。比较典型的有如下几个媒体素养概念。

（一）美国 Aspen 媒体素养教育领导协会和媒体素养研究中心对媒体素养的定义

1992年，在美国 Aspen 媒体素养教育领导协会（Aspen Media Literacy Leadership Institute）召开的全国媒体素养领导大会（National Leadership Conference on Media Literacy，NLCML）上，与会的25位学者将媒体素养视为“每位公民皆应具备的能力，包括对传统的印刷媒体和各类新兴的电子媒体，如电视、网络等媒体信息的近用（access）、分析（analyze）及产制（produce）的能力等。其目的是为了产生特定的结果，这从一个侧面表明了媒体素养教育所致力的多元性教育目标：既可以着重培育明事理的公民，或训练欣赏与表达的美学，或增进对社会的支持，或加强对自我及文化的自尊，也可以培养明智的消费能力等”①。可以说，这次会议为当时美国境内不甚明朗的媒体素养教育勾勒出比较清楚的架构。2004年，Sonia Livingstone 在其发表的 *Media Literacy and the Challenge of New Information and communication Technologies* 一文中认为，按照上述美国Aspen媒体素养教育领导协会的定义，“媒体素养无疑是一个以技能掌握为基础的动态过程，在该过程中，有四个相互联系的技能环节相互支撑，因此技能取向非常明显”②。在她看来，媒体素养不能仅仅被理解为单一的“技能”，除了技能之外，媒体素养还应该包含文化、政治以及意识形态等维度的内涵。随着网络等新媒体的普遍流行与使用，其对使用者也提出了更高的要求。显然，“如果过于关注媒体中技术与能力方面的素质，过于忽视媒体中的有关历史与文化的因素，媒体素养教育则将不可避免地陷入一种庸俗的、普世性的、认识论的框架中”②。随后，美国媒体素养研

① Firestone C M. FOREWORD：The aspen institute communications and society program national leadership conference on media literacy. http://www.medialit.org/reading_room/pdf/358_AspenFrwd_ Firestone.pdf[2017-10-12].

② Livingstone S. Media literacy and the challenge of new information and communication technologies. The Communication Review，2004，（7）：3-14.

究中心（Centre for Media Literacy，CML）针对美国 K-12 基础教育范围内的媒体素养教育，在提出五个核心概念的基础上，还提出了五个关键问题。它们分别是[①]：①所有的媒体信息都是建构的——谁创造了信息？②媒体信息是用媒体语言按其自身规则来建构的——媒体运用了什么技巧来吸引我？③不同的人对同一信息的感受是不一样的——人们对不同信息的理解与我有多大差异？④媒体包含其价值和观点——在该信息上表达或略去了什么样的生活方式、价值和观点？⑤大多数媒体信息是为了获取利润或权力而被建构的——为什么这个信息被发送？这五个关键问题和五个核心概念被提出来之后，逐渐成为世界许多国家教育机构实施媒体素养教育的主要框架。进入新世纪后，考虑到媒体环境和媒体文化的变化，美国媒体素养研究中心又开始使用其如下扩展的定义："媒体素养是一种 21 世纪的教育方法，它提供了一个从印刷媒体、视觉媒体到互联网等多种媒体获取、分析、评估和创建信息的框架，也解释了媒体在民主社会中的作用以及民主社会中的公民所必备的查询和自我表达技巧。"[②]

（二）英国国家电信局对媒体素养的解读

进入 21 世纪，2003 年，"英国公布了《通信法》(Communication Act，2003)，建立了（国家）通讯办公室（Office of Communication，OFCOM），明确规定国家电信局有提高国民媒体素养的职责"[③]。这可以说是其媒体素养教育发展道路上的新里程碑。该局不但负责管理英国的传媒业，而且要求必须与英国教育与技能部合作，一起提高英国公民的媒体素养。自该局设立以来，已经赞助多项媒体素养调研和研究项目，并且将推动媒体素养教育列为其每年度的重要项目之一。由此可见，英国政府对媒体素养教育的确比较重视，相对于其他国家，其政府政策支持的力度也比较大。对于什么是媒体素养，英国国家电信局给出了一个描述性的定义："媒体素养是指人们在媒体环境中对信息的获取、理解、交流和创建的能力。媒体素养与传统文字素养并行，是读写视听媒体文本的能力。高级层次的媒体素养表现为更高规则的、诸如质询、分析和评价信息的批判性思维技能，即所谓的媒体'批判性观看'或媒体'批判性分析'。"[②]在此基础上，Cary Bazalgette 认为，根据受教育对象的不同，媒体素养教育的目标、内容等也应有所

① Share J，Jolls T，Thoman E. Five key questions that can change the world. http://www.medialit. org/pdf/mlk/02_5KQ_ClassroomGuide.pdf[2017-10-12].

② Center for Media Literacy. What is media literacy？A definition and more. http://www.medialit.org/media-literacy-definition-and- more/[2017-10-12].

③ Gibbons T. Communications act 2003. https://www.legislation.gov.uk/ukpga/2003/21/pdfs/ukpga_20030021_en.pdf[2017-10-12].

不同："①媒体素养的技术、技能和应用层面，如有关媒体的策划、摄取、编辑、制作和发布等。②媒体素养的文本、美学和价值观层面，如对媒体文本的分析和鉴赏，特别是对蕴含其中的'意识形态'和'刻板印象'的辨别和解密能力。③媒体素养的结构、组织层面。如媒体作为社会组织，作为工业、商业机构，其有关经营和运作层面的知识等。"[①]2006 年 3 月，一份"媒体素养倡议书"被发布在英国电影研究院（British Film Institute，BFI）的官方网站上。该倡议书认为，一个人的媒体素养，应该表现在："①掌握媒体技术，有效获取媒体讯息；②面对众多讯息能做出明智的取舍；③懂得媒体讯息生成的奥妙和传播的目的；④对媒体文本具有自主分析能力；⑤能充分使用媒体；⑥能识别并自我拒绝不良讯息；⑦重视个人的民主权益和社会责任。"[②]由此可见，媒体素养应该是 21 世纪人们必须具备的媒体技能、媒体知识和媒体智慧。自其发布后，该倡议书得到了英国近百家学校和机构积极响应，影响甚为广泛。

（三）UNESCO 对媒体信息素养的定义

UNESCO 也高度重视媒体素养教育。1973 年，UNESCO 首次为媒体素养教育（媒介教育）作出了明确的定义："媒体素养教育是关于现代传播媒介的研究和教学，它具有独特而专门的知识范围，作用跟利用传媒达至其他教育目标有所区别。"[③]1989 年，UNESCO 在巴黎召开会议时，更加明确支持媒体素养教育。1999 年，UNESCO 在维也纳举行世界媒体素养教育会议，来自全球 33 个国家的 41 位代表一致认为，所谓媒体素养，应该包括这样几种能力或技能："①对包括印刷媒体（文字和图像）、声音媒体、影视媒体等在内的所有传播媒体的处理能力；②对媒体在社会中的应用价值、运作方式的知识和技能；③对媒体文本的批判性创作、分析和反思的能力；④对媒体文本的政治、社会、教育和文化背景脉络的辨别能力；⑤对选用适当的媒体来'发声'的表达和参与能力；⑥近用、获取和接触媒体的能力等。"[④]针对这一声明，俄罗斯 Alexander Fedorov 教授征询了 10 个国家 26 位媒体素养教育顶级代表人物的意见，结果发现，这些学者们对

---

① Bazalgette C. An agenda for the second phase of media literacy development//Kubey R. Media Literacy in the Information Age. New Brunswick：Transaction，1997：72-73.

② 转引自：伯金汉，张开，林子斌. 媒介素养教育在英国（下）——访谈与思考. 现代传播（中国传媒大学学报），2006，(6)：117-121.

③ 转引自：Lee A Y L. Legitimating media education：From social movement to the formation of a new social curriculum. New York：University of British Columbia，1997：6-7.

④ Recommendations：Addressed to the United Nations Educational Scientific and Cultural Organization UNESCO. https://zh.scribd.com/document/35032610/Report-Educating-for-the-Media-and-the-Digital-Age-UNESCO-Conference［2017-10-12］.

其竟然有高达96.15%的赞同率，同时还发现这些学者也高度赞同如下的媒体素养教育目标表述：媒体素养教育的目的主要就是，培养社会公民“①对媒体文本的感知、分析、理解和欣赏能力；②对媒体文本的社会、文化、政治、经济和教育背景的领悟能力；③对媒体文本美学维度的评价能力和审美素养；④媒体沟通、发声和表达能力；⑤对相关媒体文化理论的领悟能力；⑥为民主社会生活做准备的媒体批判性自主能力”[①]。在此基础上，UNESCO又发出了更加强有力的宣言：“媒体素养教育是世界上每个国家、每位公民的应有的自由表达和获取信息的权力，构筑、维护民主的工具……媒体素养教育应该作为国家课程尽可能地被引入高等教育、非正式和终身教育体系。”[①]由此可见，对于言论自由和信息权利来说，相对于世界通用的普世价值而言，媒体素养有益于集权专制制度的崩溃和灭亡、民主制度的建立与巩固。媒体素养可以说是世界上任何一个自由、民主国家及任何一位现代公民的基本权利；相应地，媒体素养教育应该是公民教育的重要组成部分。UNESCO对媒体素养教育的肯定，无疑对媒体素养教育的历史使命提出了更高的要求；其对媒体素养概念的界定和对媒体素养教育目标的描述，也无疑符合教育信息化、民主化、全球化的世界发展趋势，由此鼓励了许多国家，如英国、挪威，以及澳大利亚、加拿大、美国、俄罗斯、以色列、日本、南非等国家竭力推动此项教育政策，进而使其在世界范围内得到了广泛响应和迅速推广。

近年来，UNESCO开始将信息素养与媒体素养合整合成一个复合概念——“媒体信息素养”（media and information literacy，MIL）。在其主导下，一系列国际会议得以召开，一系列成果得以完成[②]：《格伦沃德声明》（Grünwald Declaration，1982）、《信息素养和终身学习亚历山大宣言》（Alexandria Proclamation on Information Literacy and Lifelong Learning，2005）、《媒体素养与新人文主义》（Media Literacy and New Humanism，2010）、《媒体信息素养课程（教师用）》（Media and Information Literacy Curriculumf for Teachers，2011）、《媒体信息素养菲斯宣言》（Fez Declaration on Media and Information Literacy，2011）、《布鲁塞尔媒体素养宣言》（Brussels Declaration on Media Literacy，2011）、《IFLA媒体和信息素养建议书》（International Federation of Library Associations and Institutions Media and Information Literacy Recommendations，2012）、《媒体信息素养莫斯科宣言》（Moscow Declaration on Media and Information Literacy Information

① Fedorov A. Media education and media literacy：Experts'opinions//MENTOR. A Media Education Curriculum for Teachers in the Mediterranean. Paris：UNESCO，2003：1-17.

② Doha Centre for Media Freedom. Supporting Media and Information Literacy Education in the Middle East. http://www.dc4mf.org/sites/default/files/mile_experts_meeting_-_report_final.pdf[2017-10-12].

Literacy，2012）、《信息素养哈瓦那宣言》（Havana Declaration on Information Literacy，2012）、《支持中东地区媒体信息素养教育发展多哈宣言》（Doha Declaration on Supporting Media and Information Literacy Education in the Middle East，2013）和《数字时代的媒体信息素养巴黎宣言》（Paris Declaration on Media and Information Literacy in the Digital Era，2014）等。

其中，2010 年，在《媒体素养与新人文主义》这篇报告中，UNESCO 认为，媒体素养"是一种吸收和使用当代媒体系统中所涉及的代码的过程，以及正确使用这些代码所依据的技术系统所需的操作技能"。同时，媒体素养也是一种"能够访问、分析和评估我们每天所面对的、在当代文化中起重要作用的图像、声音和信息的能力。它包括媒体沟通的个人能力，涉及所有媒体，包括电视、电影、广播和录音音乐、报刊、因特网和其他任何数字通信技术……"[①]由此看来，媒体素养应该是一项基本技能，它支持许多其他技能，因此不应该仅仅作为一个特定的知识领域来教授，也不应仅仅作为一种技能或一种集体实践来教授；它还涉及媒体专业人员和新闻工作者，强调媒体信息内容和表达自由。而在 2005 年，在《信息素养和终身学习亚历山大宣言》中，信息素养被界定为终身学习的核心。"它使各行各业的人们在一生中寻求、评价、利用和创造信息，有效地实现其个人、社会、职业和教育目标。"[②]从这个意义上说，信息素养是获取信息、数据、知识和智慧的能力。它通过识别、定位、评估和有效地利用信息来解决手头的问题。在此基础上，2011 年，国际图联管理委员会（International Federation of Library Associations and Institutions，IFLA）将媒体素养和信息素养进行整合，对媒体信息素养作出了定义："媒介和信息素养由知识、态度以及各种技能组成，通过这些技能可以知晓何时需要何种信息；从哪里并且如何获取所需信息；发现信息时如何进行客观评价和有序组织；并且以正当的方式加以利用。这一概念突破了通讯与信息技术来实现学习、批判性思考以及不受职业和教育背景限制的阐述技能。媒介和信息素养包括所有形式的信息资源：口述、印刷以及数字的。"[③]换句话说，具有媒体和信息素养的人能够使用各种工具来获取、检索、理解、评估、使用、创造和共享他们所需要的信息和媒介内容，能够以批判

---

① Tornero J M P，Varis T，Media Literacy and New Humanism，UNESCO Institute for information technologies in Education . http://iite. unesco.org/pics/publications/en/files/3214678.pdf[2017-10-12].

② Beacons of the information society. The Alexandria proclamation on Information Literacy and Lifelong Learning. https://www.ifla.org/publications/beacons-of-the-information-society-the-alexandria-proclamation-on-information-literacy[2017-10-12].

③ 国际图联管理委员会（International Federation of Library Associations and Institutions）. 国际图联媒介和信息素养建议书（2014 中文翻译版）. https://www.ifla.org/files/assets/information-literacy/publications/ media-info-lit-recommend-zh.pdf[2017-10-12].

性的、合乎道德的、有效的方式，参与个人、职业和社会行动；他们清楚地知道他们需要什么样的信息，在哪里及如何得到这些信息。他们还知道是谁、为什么创建这些信息，明白媒体和信息的提供者的角色、职责和功能定位。在当今这个越来越数字化、相互依存的全球化世界中，媒介和信息素养侧重对于信息和媒体内容的研究，致力于培养合格的社会公民；它还是一项基本人权，旨在提升社会包容度。国际图联管理委员会进一步指出："媒介和信息素养可以缩小拥有丰富信息群体与信息匮乏群体之间的差距。它令有知识的个体得以享用媒介与信息系统的功能及其运行环境。它与终生学习紧密相连。终生学习让个体、团体以及国家能够实现他们的目标，并且借助全球环境变革所带来的新机会实现所有个体的共同利益，而非仅仅少数人的利益。这有利于他们及其机构和组织应对技术、经济和社会领域的挑战，弥补劣势，从而提高每个个体的福祉。"①

2011 年，UNESCO 在其出版的《媒体信息素养课程（教师用）》一书中，将媒体信息素养整合成为一个全新的、以媒体素养和信息素养为核心的、包含"计算机素养、数字素养、网络素养、图书馆素养、新闻素养、游戏素养、影院素养、广告素养、电视素养和自由表达与信息素养"①的综合概念。在此基础上，该书提出了有关媒体信息素养教育的九个核心模块，内容涵盖了"公民权、言论自由和信息自由、信息近用、民主话语与终生学习、理解新闻、媒体和信息伦理、媒体和信息再现、媒体和信息语言、广告、新媒体与传统媒体、互联网的机会和挑战、信息素养和图书馆技能、大众传播、MIL 和学习等主题"①。另外，该书提出的非核心模块还涵盖了"受众、媒体、技术与地球村、数字编辑和计算机修图、摄影镜头和角度—传递意义、跨国广告和'超级品牌'等内容"①。这些概念和模块，有助于媒体信息素养教师逐渐熟悉媒体和其他信息提供者的职能，并了解他们自己对公民身份和知情决策的重要作用。

（四）新媒体素养

新媒体不仅"影响个人与社会，它还塑造着个人的行为方式与思维模式，建构着社会的运作机制与文化形态"，它"与个人、社会及文化是一种循环互动，而不是一种单向影响，个人在其中的自主性与能动性是这一循环的核心"②。尤为重要的是，"网络技术与数字技术的发展为受众创造了'赋权'与'释放'的

① Grizzle A，Wilson C. UNESCO's Media and Information Literacy Curriculum for Teachers . http://unesdoc.unesco.org/images/0019/001929/192971e.pdf[2017-10-12].

② 孙文彬. 媒介素养内涵演变与发展研究. 合肥：中国科学技术大学，2009：24.

机会，新媒介的产生改变了传受双方的权利与信息失衡、搭建了网络的传播模式与数字平台、创造了民主参与的文化形态”[①]。正是在新媒体环境和参与式文化背景下，2005 年，国际新媒体协会（New Media Consortium）为 21 世纪的媒体素养——新媒体素养（new media literacy）下这样一个定义：“由听觉、视觉以及数字素养共同构成的一整套能力与技巧，包括对影像、声音媒体的理解、识别与使用能力，对数字媒体的控制、转换和广泛传播的能力，以及熟练地对媒体内容进行再加工的能力。”[②]由此可见，这个定义主要强调的是个体所应具备的对新媒体的文本理解能力、创造能力及传播能力。相应地，培养和提高这种新媒体素养的教育，就称为新媒体素养教育。

媒体素养教育专家 Sonia Livingstone 认为，素养的定义和三个部分相关[③]：①素养是知识、文化和价值观的标志性的、实质的代表；②在分层的人群中阐释性的技巧和能力的扩散；③素养是制度化的，是国家权力对知识和技巧管理化后定义的“谁才是有素养的”。当我们步入信息社会，新媒体素养是不是成为我们拥有公民身份的一部分？是我们参与社会的重要部分？还是说，新媒体素养仍主要用于自我实现，文化表达和美学创造？还是说，新媒介素养最主要的任务是，让我们在日益全球化的信息时代获得经济、文化上竞争中的优势地位？由此可见，在 Sonia Livingstone 看来，新媒介素养最主要的目的应该是：让人们能够不再仅仅是被动接受的、被选择的，而是批判性的、主动参与的。简而言之，人们不再是消费者，而是公民。

二、价值：“参与”取向

新媒体所营造的社区并不是一个单纯的“个体”概念，而是一个“集体”的概念，是一种由诸多正式或非正式成员共同创造的参与式文化样式。参与式文化将重点逐渐从“个体表达”向“社区参与”转移。伴随这种转移，新媒体素养几乎都涉及通过协作和网络交往而发展的社交技能，并且必须以在学校教学中所讲授的传统素养、研究技能、技术技能及批判性分析技能为基础。有鉴于此，Henry Jenkins 教授认为：“我们应该从两个方面修改该定义。首先，学生在进入参与式文化之前，必须能够读、写、算。他们必须拓展其所需的素养，而不是为

① 孙文彬. 媒介素养内涵演变与发展研究. 合肥：中国科学技术大学，2009：24.

② New Media Consortium. A global imperative：The report of the 21st century literacy summit. http://www.adobe.com/education/solutions/pdfs/globalimperative.pdf[2017-10-12].

③ Livingstone S. Media literacy and the challenge of new information and communication technologies. The Communication Review，2004，7（1）：3-14.

了为新的素养让位而抛开旧的素养。因此，读写素养仍然是21世纪的一个主要技能。其次，新媒体素养应该被看作是一项社交技能，被看作是在一个较大社区中互动的方式，而不应被简单地看作是用来进行个人表达的技巧。”[①]由此可见，新媒体素养是在第四代媒体技术——新媒体技术革命的情况下，为了应对全球化、信息化、网络化的交互式环境和后现代主义大众文化而提出的一种积极、基于受众中心理论的媒体素养教育，其主要内涵是参与式的社区行动，即由对媒体的批判性思考转为通过“参与”与“赋权”，来“促成健康的媒体社区，而非仅仅指责媒体的不是”[②]。

新媒体素养也并不是要完全否定或者舍弃传统媒体素养，而是在其基础上加入新的媒体素养要求，新媒体素养是对传统媒体素养的补充和升华，而不是取而代之。Henry Jenkins教授进一步将青少年应该具备的新媒体素养总结为11大核心技能[①]：①游戏，作为一种问题解决的形式，是一种与周围环境进行交互、试验的能力。②表演，以即兴创作和发现为目的的采用替代性身份的能力。③模拟，解释与建构真实世界进程的动态模型的能力。④再加工，对媒体内容进行有意义的取样与混合再加工的能力，可理解为一个涉及分析和评论的过程。⑤多重任务处理（multitasking），监测周围环境并能抓住事件关键细节的能力；它涉及对包围我们的信息汪洋大海的监测和反应的能力。⑥分布式认知（distributed cognition），与那些能够扩展我们智能的工具进行有意义的交互的能力。⑦集体智慧（collective intelligence），为了同一个目标而与其他人共享知识、交换思想的能力；在当今世界，每一个人都多少知道一些知识，没有人知道所有的知识，在一个群体内的任何一个个体所知道的知识都可为该群体所有成员共享。⑧判断（judgment），对不同来源信息的可靠性与可信性做出评价的能力；在当今这样一个充斥各种主流新闻源、种种“神龙见首不见尾”的新闻网站、针对越来越年轻消费者的日益复杂的市场营销技巧的完全崭新的媒体景观中，我们需要教授学生区分事实与虚构、区分材料与观点、区分真实与虚假以及区分推销与教化。⑨跨媒体导航能力（trans-media navigation），具有处理多形态媒体的故事与信息的能力。⑩网络能力（networking），具有搜寻、合成及传播信息的能力。⑪协商能力（negotiation），在不同网络社区间自由跳转的能力，辨别和尊重多元观点的能力，理解与遵循替代性规范的能力。我们应该帮助学生理解多元观点、尊重甚或

① Jenkins H. Confronting the Challenges of Participatory Culture：Media Education for the 21st Century. Cambridge，Mass. MIT Press，2009：12.

② 周典芳，陈国明. 媒介素养概论. 台北：五南图书出版股份有限公司，2005：11.

接受观点的多样性、理解社会规范的多样性、以及在各种相互冲突的观点间相互协商；能够在一个多元文化和全球媒体的范围内活动时，克服差异进行沟通。

从表面上看，“新媒介素养内涵中，面向实践的操作技能非常重要，它是传统媒介素养的外延，是对当代公民传播能力与信息技术的新要求……这些技术手段的掌握正是新媒介素养的重要组成部分，我们需要了解各种新媒介技术，提高信息的传播能力，并实现对媒介信息的获取、遴选、分析、制作与传播的操作，用以处理个人事务”①。由此可见，Henry Jenkins 关于新媒体素养概念的界定似乎也属于技能性取向；但是，新媒体素养不仅仅是一种实践的技能，它还包括相关的知识、文化、理解、意识、品质、精神等特质。新媒体素养的 11 大核心技能，不仅是有关媒体运用的技能，而且是文化技能。也就是说，它们都体现在个体和他人交往之间，是我们社会共享知识和价值的一部分。这些技能是为了强调积极的参与，以及信息、知识和思想的交流，而不仅仅是个人对自己感觉、想法的表达和个性的宣泄。几乎每一项技能都在强调个体与他人之间的参与，每一项技能都在强调个人与周围环境之间的互动，其核心精神就是在新媒体、自媒体世界所营造的参与式文化中个体应该具备的与他人进行社会交往的能力，即社交技能（social skills）。不仅仅是青少年，任何一个想要在这种参与式文化中生存的人都应该掌握这些基本技能。尤其值得一提的是，这些技能都是基于同感观念的，“理解一个人想法在别人那里会是怎样”，以及“我们要理解 20 世纪 90 年代早期媒体是个性化的……但在如今这个网络和通信技术的时代则是协作和公共的……并在这个基础上发展我们的伦理框架”②。

事实上，雷蒙·威廉斯已经证明，“早期有关媒体素养教育的争论就是围绕权力——控制关系展开的。在工业化早期，工人们被训练学习阅读，但是不被鼓励写作，这使得他们可以服从命令和阅读圣经以利道德说教，但却无法表达自己的需要和利益”③。而现代社会“机构的民主化，以及通向真正参与式民主的漫长道路，非常依赖于大多数公民的能力……以及媒体参与活动的介入”④。近几年，“詹姆斯·波特更是发展了批判性解读，提出了媒体素养认知理论，将研究重点放在了头脑复杂和大脑信息处理方面；同时，在实践领域，媒体素养在健康

① 孙文彬. 媒介素养内涵演变与发展研究. 合肥：中国科学技术大学，2009：39.

② Sessums C D. Skills for 21st century learners：Preparing ourselves for participatory culture. http://elgg.net/csessums/weblog/146395.html[2017-10-12].

③ 李欣人，叶玲珍. 媒介素养的人学解读. 山东社会科学，2010，(3)：44-48.

④ Masterman L. A rationale for media education//Kubey R. Media Literacy in the Information Age：Current Perspectives. New Brunswick，NJ：Transaction Publishers，2001：60.

素养和健康社区运动中，尤其基于新媒体技术及其互动性，业已发挥出积极的作用”①。在这些情况下，关于 literacy 的定义势必需要扩展，素养不仅指使用者所具有的种种文字识别能力，更是被看作是技术与使用者之间依赖于某种特定媒体共同生产的相互关系。在这种背景下，新媒体素养更重要的内涵，就是“利用个人新媒介传播技能的提高，参与公民社会中的民主协商与公共决策，通过交流实现社会的和谐与发展”②。

三、本质：促进个人自由、全面发展

以上给出了 20 世纪 90 年代以来几个比较典型的媒体素养概念及其价值取向。自然，这些表述相互之间还存在着一些差异。关于这些差异，大卫·伯金汉是这么看的：“在英语语言国家，大家对媒体素养主要理念和基本目的已经达成共识。尽管人们运用不同的词语来界定媒体素养，但大家对‘何谓媒体素养’的认识恰是基本一致的。没有必要强迫大家认同某一个定义或某个理念，因为媒体素养教育与特定国家或地区的具体文化背景和国情民风有着必然的联系。”③的确，由于各个国家的政治环境、文化传统、经济状况、人口因素等方面存在着很大差别，媒体素养概念的内涵必然带有意识形态、地域文化、个体差异等方面的特色和差别。所以，目前出现多版本的媒体素养核心理念和定义的现状是正常的，也有其存在的必要性和可行性。问题的关键是，我们要从这些不同媒体素养定义中找出其共性。毫无疑问，新媒体素养旨在赋权公民自由、全面发展，推动社会文明进步。“新媒体极大地丰富了人们广泛参与社会各项事物的民主权利与平等机会，但这种权利与机会的享用是建立在新媒体素养基础之上的，相反如果缺乏这种素养，数字鸿沟将无情地剥夺这一切，造成更大的不平等。”④

从本质上讲，任何形式的教育都是培养人的活动。换句话说，培养人是教育的本质属性，是其区别于其他社会活动的根本标志。作为一种特殊的教育形式，媒体素养教育本质上也是一种培养人的社会活动。在当前基于网络新媒体的媒体化社会中，新媒体素养教育要“真正站到人的立场上来，以人之生成、完善为基本出发点，将人的发展作为衡量的根本尺度，用人自我生成的逻辑去理解和运作

① 陆晔. 媒介素养：理念、认知、参与. 北京：经济科学出版社，2010：4.

② 孙文彬. 媒介素养内涵演变与发展研究. 合肥：中国科学技术大学，2009：39.

③ 伯金汉，张开，林子斌，等. 媒介素养教育在英国（上）——访谈与思考. 现代传播（中国传媒大学学报），2006，(5)：135-139.

④ 孙文彬. 媒介素养内涵演变与发展研究. 合肥：中国科学技术大学，2009：25.

教育”[①]。要做到这一点，实现新媒体素养教育自身的“成人之学”，新媒体素养教育需要以知识与智慧并重，以“全面发展的人、独立自主的人、自我创造的人和自由实践的人”[②]的培养为价值目标。这既是新媒体素养教育对人的媒体化生存的一种承诺，也是其内在的价值关照和关怀社会的一种作为。从人的全面、自由发展来说，社会参与、自我表达是民主社会公民的一项基本权利。“当计算机互联网这一技术平台让每个人都有自主表达自己诉求的权利以后，大众－网民－写手－作家—政论家的界限便不复存在；传播者—接受者—主体—客体的界限也就日益模糊和消弭。从这个意义上讲，电子媒介（计算机、互联网）使人的表达得到了巨大的解放，是人的本质力量复归。它捍卫了人的自由表达的权利和全面发展的可能性空间，因而对人类来说，具有革命性变革和解放的意义”[③]。在此基础上，因电子媒介（计算机、互联网）而生的新媒体素养“首先可以提高个人的终身学习能力，以此为基础逐渐实现知识的共享与交互，并可以利用知识来满足自身的各种需求，通过民主对话与文化交流分享权利与机会，参与到公众事务与社会进程之中，最终实现个人的自由全面发展”[④]。而且，“公众新媒介素养的整体提升将直接拉动社会各部门的发展，这种影响首先表现在科技方面，新媒介素养促进了公众间知识的共享与交流，并将推动知识的创新与发展，这有利于科技的传播与进步；科技进步将直接导致产业升级，提高社会总体生产力，新媒介素养还让商业信息的流动更加顺畅与快捷，提高了资金的周转与市场需求的反应速度，促进全球经济的一体化发展；经济基础决定上层建筑，所以经济的发展不可避免地影响到社会意识形态与政治气候，而且新媒介素养提供了社会权利共享与平等交流的对话机制，必将推动社会政治体制的民主化进程；新媒介素养还使公众通过符号与意义的互动参与到整体社会文化的构建中，这种民主参与、平等对话、共享交互的文化正是构建和谐社会与创新性社会的基础；而新一代的公民将在这样的文化中实现社会化并形成学习型社会，并再次通过新媒介素养实现个体的终身教育与素质教育”[⑤]。

由此可见，新媒体素养联系着个人与社会的各个方面，它是一种推动个人自由、全面发展与社会可持续文明进步的重要循环机制。于是，社会公众，特别是

---

① 鲁洁. 教育的原点：育人. 华东师范大学学报（教育科学版），2008，(4)：15-22.

② 刘津池. 当代媒介素养教育研究. 长春：东北师范大学，2012：125-126.

③ 王华生. 媒介形态嬗变与出版方式创新. 河南大学学报（社会科学版），2016，56（3）：138-148.

④ 孙文彬，李宪奇，汤书昆，等. 谈大众传播理论的发展——新媒介素养. 新闻世界，2009，(4)：62-65.

⑤ 孙文彬. 媒介素养内涵演变与发展研究. 合肥：中国科学技术大学，2009：25.

青少年全面参与到新媒体所带来的参与式文化中时，如何帮助他们拓展必要的媒体知识、技能、信心和伦理挑战，便自然成为新媒体素养教育的首要任务。显然，传统的保护主义已很难做到了。因此，为了应对这些挑战，在进行有意义的媒体素养教育干预的时候，人们必须考虑："如何确保每一位社会成员都能拥有这些技能和体验，以让他们成为当今社会的、文化的、经济的、政治的全面参与者，即如何减少'参与知沟'？如何确保他们都能拥有清晰表达其对媒体感知世界方式的理解能力，即如何消除'透明问题'？如何确保他们都能以日益显现的伦理标准实现自身的社会化，即如何应对'伦理挑战'？"①唯有清晰、明确地解答这些问题，21 世纪的社会公民才有可能具备新媒体素养，才能成为参与式文化游刃有余的全面参与者，才能不被排除在这种 21 世纪的崭新的文化之外。同理推之，如果民主社会意味着在全球媒体文化中的百家争鸣，百花齐放的话，那么新媒体素养也将是未来公民必须具有的基本素养。

第三节　媒体素养教育嬗变的历史规律

在一篇谈论媒体素养教育发展原因的文章中，学者 James D. Hallom 指出："像任何其他类型的教育一样，媒体素养教育也无法在孤立的情况下得到充分的成长；如果离开了更广阔的历史、文化、教育、经济、法律、民族、政治及社会背景，媒体素养教育的发展是不可能的。"②诚然，在西方媒体素养教育的起源及不断发展的历史嬗变过程中，大众媒体与大众文化、相关学科理论，以及社会和实践领域内的多种因素对它产生了重要影响。在这些因素的共同作用下，媒体素养教育在深度上经历了从"抵制媒体"到"初步认同媒体"，再到"思辨、解读媒体"，最后到"赋权媒体"这样一个不断深化的轨迹；在广度上经历了从一国到多国，从教育思想萌芽到付诸教育实施，再到正规化、规模化、体系化的不断拓展和深入的过程，这也正是媒体素养教育超越保护主义和多元化发展的必然结果。本书认为，大众媒体、大众文化的影响及相关学科理论对媒体素养教育发展的影响，是西方媒体素养教育发展的重要原因。另外，从实践层面来看，社会

---

① Jenkins H. Confronting the Challenges of Participatory Culture：Media Education for the 21st Century. Cambridge，Mass：MIT Press，2009.

② Hallom J D. Media education and research：In search of sound base for the future developments. Media Development，1995，（12）：3.

需要和经济水平的发展状况也为世界各国的媒体素养教育发展提供了必要保证，而政府的支持、学校教育和社会团体和专业协会组织的有力推动，也为媒体素养教育的发展提供了可能性。

一、媒体形态：教育形式的“风向标”

所谓媒体形态，一般是指报纸、广播、电影、电视、网络等各种传统媒体和新媒体样式。正如美国学者 R.Fidler 指出的：“媒体形态变化是由可感知的需要、媒体竞争和政治压力、社会发展和媒介技术革新的相互作用引起的。”[①]这些复杂的因素，使各种媒体相互作用、互相影响、此消彼长，最终导致了媒体形态的变化。纵观媒体形态的发展历史，“每一种新媒介的诞生，都为我们的社会带来新的变化，改变了人们获取、传递、交流信息的方式，信息越来越丰富，人们理解信息、处理信息的能力越来越强。在人类传播史上，每次传播技术的进步均对人类认识和传播能力提出了挑战，这种挑战总是具有历史必然性。在大众传播时代，媒介素养与媒介传播技术总是如影随形，媒介技术的发展及不同媒介间特质的差异，决定了媒介素养的内涵与外延、必然与变化”[②]。同时，不同的媒体形态“在媒体素养教育各要素之间起着中介作用，制约着媒体素养教育的广度和深度，对媒体素养教育组织形式和教育方式起着直接的制约作用。一方面，新的媒介形态需要新的媒介素养储备；另一方面，新的媒介形态不断更新着媒体素养教育的内涵，使得媒体素养教育顺应着媒介形态演进方向与步伐。在媒介形态的变迁中，媒体素养教育被赋予了新的意义，重构了媒体素养教育的内容格局与文化情景”[③]。在不同历史及社会、文化语境下，媒体素养教育总是表现为某一具体媒体的素养。这是因为媒体素养总是根据媒体的不断发展、媒体环境的不断变化而发展和应对的。随着媒体形态的变化，媒体素养教育也相应地演化为以下几个阶段：“免疫式”媒体素养教育、“流行艺术式”媒体素养教育、“祛魅式”媒体素养教育、新媒体素养教育以及媒体素养教育的深度推进与全球扩散。与此同时，伴随着媒体技术的不断突破和媒体形态的不断变化，人们对待媒体的态度及人们在其与媒体的关系中的地位也在变化，媒体素养的名称、取向和理念也在随之不断变化。在媒体素养教育不太长的历史嬗变过程中，媒体素养教育在

① Fidler R. Media Morphosis：Understanding New Media. Thousand Oaks CA：Pine Forge Press，1997：87-90.

② 张艳秋. 理解媒介素养. 北京：人民出版社，2012：21.

③ 张艳秋. 理解媒介素养. 北京：人民出版社，2012：77.

深度上经历了从“抗拒媒体”“认同媒体”到“思辨、解读媒体”“媒体参与、赋权”这样一个不断深化的发展过程。

虽然人类很早就同语言、文字打交道，但人们开始真正对媒体素养问题进行关注，却是在报刊、流行杂志和小说、广播、电影、电视等大众媒体逐渐走进大众日常生活的时候。因此，从严格的意义上讲，媒体素养教育的发展与媒体本身的发展并不完全同步。换句话说，媒体素养研究及其教育的真正起步，只是在电子媒体尤其是电影出现以后的事情；在此之前，还没有媒体素养的说法，那时恐怕只有语言素养、文字素养或文学素养等称谓。在印刷时代，对于印刷媒体——书籍的识读体验，或者说识字素养、文学素养，我国清代诗人张潮在《幽梦影》中有一个绝妙的比喻：“少年读书，如隙中窥月；中年读书，如庭中望月；老年读书，如台上玩月，皆以阅历之浅深，为所得之浅深耳。”张潮所处的时代，还是一个印刷媒体仅限于读书阶层“识读文本”的时代。同样是一轮月亮，由于少、中、老三个人生阶段的年龄和阅历不同，“隙、庭、台”观月的地点有别，“窥、望、玩”月的方式各异，所看到的情景和收获就大相径庭了。前者仅可观其一二，中者只能略知大概，唯独后者高临台上，眼界开阔，能深得其精髓。这应该就是媒体素养出现之前的识字素养或文学素养体验。其实，媒体素养教育作为单独的概念，最初源于传统的大众媒介，如杂志、报刊等印刷媒介。相对应来说，在以大众报刊为代表的纸质媒体时期，媒体素养教育主要是强调培养阅读理解能力和文学文化素养，从而实现对传统文化的传承与发展。

与印刷媒体相比，电子媒体传播形象、直观，其信息的获取无须特殊的训练，似乎任何具有正常视听觉的人都可以无师自通地对其进行收听、收看，最终使文盲和非文盲之间的界限、儿童与成人之间的区隔得以打破。既然如此，我们还需要重新识读媒体吗？还需要与大众媒体打交道的媒体素养吗？还需要开展媒体素养教育吗？这些似乎都是无须回答的问题。但我们只要稍加思考，就会发现，所谓“能听”“能看”只是一个问题的表象。事实上，“广播的口语化传播特点决定了广播节目要符合听众传播的规律；视听兼备的特点，要求电视媒介能够双线互补，即通过画面和声音的交互作用表达内容，增强人们对事物认知的确定性，在这种‘双向互补’的关系中，声音补充解释了画面内涵，画面更具体、形象地补充了声音所讲述的抽象内容；而优秀的电影也同精彩的文章一样，具有极强的教育意义和审美价值，理解影片，就必须了解基本的视听语言。不同媒介有各自不同的媒介语言和编码原则，通过媒体素养教育，对不同形式媒介语言进行分析，受众可以更好地理解媒介意义是如何产生的”[①]。因此，在“能听”“能看”的背后，在“把鼠击键，幻化三千；虚拟现实，天上人间”的背后，人们不禁要问，所听所见是否真实？是否存在着代表某个阶级或阶层的意识形态？谁代表着话语权？大众媒体由谁来操控？大众媒体的产生和发展将给人类和社会带来什么性质的影响？大众媒体的出现是让我们与大众媒体的关系变得简单明了，还是变得更加复杂？不管是对理想中的大众媒体的一种期许，还是对现实中的媒体状况的一种反省，对诸如此类问题的深层关注和回答实际上都需要我们围绕大众媒体而展开，都需要我们努力擦亮慧眼注视、洗耳恭听这个熟悉而又陌生的媒体世界。这些问题实际上也是媒体素养教育所关注的问题。因此，媒体素养教育的主要研究内容和对象就应该是大众媒体本身，正如加拿大媒体素养教育专家 Pungente 所说，“媒体素养教育致力于大众媒体的解剖、辨析与建构，使人们得以洞悉其中的机理与因果联系”[②]。

通过前面的研究，我们知道，在“免疫式”媒体素养教育中，大众报刊、广播和电影等媒体是其重要的研究对象。或者说，正是这些媒体的兴起促进了“免疫式”媒体素养教育的产生。在传播学史上，美国学者伯纳德·贝雷尔森（Bernard Berelson）研究发现，“没有报纸，人们感到奇怪地离开了世界，好像帷幕放下来使他们看不见外面了，尽管他们并不是常常看外面的”[③]。由此可见，在当时，报纸就是与人们的日常生活息息相关的生活方式，人们必须学会如何与大众报刊打交道。但是，“免疫式”媒体素养教育过于关注大众报刊的负面影响，完全是一种“反对媒体”的教育——反对“大众报刊、广播和电影等媒体”的教育。在“流行艺术式”媒体素养教育中，广播、电影等大众媒体的普及及其带来的“流行艺术”和流行文化引起了西方学者的重视，它们的价值观念也与学校正统教育相冲突，因此只有赋予人们新的解读能力，人们才能正确理解电影传达的意义，于是有了“屏幕教育”的概念。当然，这里的“屏幕”，主要是指电影屏幕，其对应的是电影媒体。因此，该阶段重点关注的是电影等大众媒体，人们对待大众媒体的态度逐渐趋于和缓与认同，不再一味地反对。在“怯魅式”媒体素养教育中，电视媒体则被隆重地推向了前台，其关注的重点自然是电视“屏幕”，当然电影也继续受到关注，因为电视媒体的出现为媒体素养教育提供了新的机会和可能。20 世纪 60—70 年代，作为娱乐和重大新闻的发布者，电视媒体的影响已经

① 张艳秋. 理解媒介素养. 北京：人民出版社，2012：77.

② Pungente J. Media Literacy the Ontario Ministry of Education Resource Guide for Teachers. Toronto：Ontario Ministry of Education，1989：7-15.

③ 转引自：章洁. 大众传媒心理学教程. 杭州：浙江大学出版社，2011：2.

无处不在，使得媒体研究者不得不认真正视其社会作用，不能再将其作为比电影更为低级的大众媒体。如果说文字媒体的识读、“咬文嚼字”是这个时期成年人的特权的话，几乎不设任何门槛的电视媒体的出现、普及则明显淡化了这种特权。因为“儿童在不适宜的时期偷看了成人世界”，所以出现了一种“成年人与儿童的同质化现象”，电视也因此被称为“一览无余的媒介”[①]。因此，人们在享受电视媒体带来的各种好处的时候，也会感到不安和焦虑，担心孩子们不能分辨现实与想象。这一阶段的媒体素养教育更加重视媒体的外在表现形式，关注电视媒体形态对于媒体内容表现的重要作用。“电影和电视是有着很大差别的不同媒介，电影播放的影像都是独立内容的故事，艺术性很强，结构完整时效性要求不强，而电视则是一些互不相干的内容的连续播放。这些内容写实性更强，结构未必完整，更讲求实效。这些在内容表现上的差异，在一定程度上受到承载内容的媒介形式所限制。”[②]因此，媒体素养教育不仅要研究不同的媒体内容，更需要研究不同的媒体形态及其表现形式。总之，这一时期陆续出现的“视觉素养”（visual literacy）[③]、“电视素养”和“视觉意识”（visual awareness）与“批评性观看技能”等概念，无不和电视媒体有关。同时，它还有种种不同的称谓，美国著名学者 Renee Hobbs 曾打了一个形象的比喻：“它是一个有着一千个名字的孩子：批判性阅读（critical reading）、媒体教育、媒体研究……以及更多。”[④]从这些名字中，我们可隐约发现当时主流媒体形态的影子。在这一阶段，媒体素养教育提倡以符号学的、意识形态等方法来解读、分析媒体，对大众媒体的态度更加客观、主动。

20 世纪 90 年代以来，在媒体形态的不断演化过程中，新旧媒体不断地竞争融合。随着计算机和互联网络的普及，随着新媒体的不断发展及其传播媒体系统的社会地位与功能的不断提升，“传统媒介背景下的媒体素养教育理论很难发挥实质性作用，传统媒介语境下的媒体素养教育理论无法正确有效地指导当下媒体

---

① 波兹曼. 童年的消逝. 吴燕莛译. 桂林：广西师范大学出版社，2004：116.

② 宗佳惠. 媒介形态变化对媒介素养教育的影响研究. 南京：南京邮电大学，2015：22.

③ 1966 年，John Debes 最先使用视觉素养（visual literacy）这一学术概念，参见：Debes J L，Williams C M. some history of visual literacy. http://www.asu.edu/lib/archives/vlhist.htm[2017-10-12]。后来，国际视觉素养协会给视觉素养下了一个定义：视觉素养指一个人将观察与其它感觉经验整合起来的一类视觉能力。当这些能力得到发展时，它们使具备视觉素养的人能区分和解释视觉行动、视觉物体以及自然的或人造的视觉符号；创造性地运用这些能力，才能与别人更好的交流；带有感情地运用这些能力，才能深切地理解和享受视觉交流的奥妙。参见：International Visual Literacy Association（IVLA）. http://www. ivla.org[2017-10-12].

④ Hobbs R. Pedagogical Issues in the U. S. Media Education. //Deetz S A. Communication Yearbook，London：Reutledge. 17：453.

素养教育实践”[①]。在这种情况下，计算机素养、信息素养、动态影像媒介素养、网络素养、数字素养、视觉媒体信息素养、健康素养、家庭素养、媒体信息素养及新媒体素养等概念又被提出。但不管是哪种类型的媒体素养，其结构中都有一个稳定的二元存在。关于这里的二元，一个是人的素养所指向的某类（或几类）特定的“媒体”，正是这个“媒体”导致了素养类型的变化；另外一个自然是人，只有人才能成为媒体素养的主体。当媒体技术发展到网络新媒体阶段，“时间和场所彻底失去意义，传播媒介把社会关系从共享的时空情境中‘抽离’出来，变成一种比真实世界还真实的‘超现实’时，媒介素养又不得不随之发展为一种新的态势……社会交往越发依赖新媒介，新的媒体素养教育涉及到个人和公共社会的健康发展。在识读和分辨能力之外，更要从新媒介、个人与社会三者之间的互动关系出发，来廓清媒介素养新的意义和内涵”[②]。进入21世纪之后，随着媒体形态的发展和变迁，处于大众媒体环境中的人的主体性逐渐得到提升，其主动性受到越来越多的关注，这也赋予了媒体素养教育理念更多的内涵，批判意识、赋权、民主参与和媒体快感等逐渐成为新时期媒体素养教育的核心理念。

有学者指出：“媒介变革必然引起媒介系统的变化，媒介系统的变化必然导致社会信息系统和个人信息系统的一系列变化，还会引发社会结构和社会形态的变革。由此，我们可以推论媒介变革会导致社会信息系统的变化，甚至会引起社会结构、社会形态的变化。”[③]媒体素养教育正是在媒体技术和媒体形态的变化和发展过程中，不断地发生变化和发展的。有鉴于此，“如果不及时为媒介素养赋予新的内涵，新传播技术不仅不能很好地服务于社会大众，还可能反过来压制和奴役它的主人”[②]。西方媒体素养教育肇始至今，媒体素养的内涵也随着媒体技术、通信技术和媒体形态的不断发展，经历了“从与印刷媒体相关的阅读、理解和写作素养、与广播、电视、电影等电子媒体相关的视听素养、与电脑以及电子存储设备相关的数字素养和信息素养、与移动互联网相关的新媒体素养的转变”[④]。当前，面对“数字革命”和“大数据”带来的新的媒体形态变化，以培育合格的参与式公民、建立理想的公民社会为目标的媒体素养的内涵必然要有新的拓展；与此同时，媒体素养教育理念势必也要与时俱进，以积极应对新的媒体

① 闫欢. 关于数字环境下媒介素养教育主体传播权利的再思考. 中国广播电视学刊，2012（2）：68-69.
② 芮必峰，陈夏蕊. 新传播技术呼唤新“媒介素养”. 新闻界，2013（14）：62-66.
③ 崔保国. 媒介变革与社会发展. 南京：南京师范大学出版社，1999：47.
④ Chen D T，Wu J，Wang Y M. Unpacking new media literacy. Journal of Systemics Cybernetics and Informatics，2011，9（2）：84-88.

传播环境、新的媒体传播技术、新的传播权利和新的信息传收方式等方方面面的变化。

二、大众文化：价值取向的“晴雨表”

从大众媒体的角度出发，大众文化无疑是一种“以文化工业为特征，以市民大众为消费对象，以大众传播媒介为主要传播手段的文化形态”①。媒体正深刻地影响着社会中的每一个人，也深刻地影响着我们的文化。正如马歇尔·麦克卢汉（Marshall McLuhan）所说：“一切传播媒体都在彻底地改造我们，它们对私人生活、政治、经济、美学、心理、道德、伦理和社会各方面的影响是如此普遍深入，以至我们的一切都与之接触，受其影响，为其改变。媒体即信息。”②更有甚者，“大众媒体作为文化世界、作为权力世界、作为文本世界、作为游戏世界已构成当代社会的新的权利核心。”③事实上，作为大众文化的生产者、传播者，大众媒体毫无疑问为大众文化的流行提供了种种技术条件和保障，其自身也成为大众文化不可分割的一部分，成为大众文化闪亮的标签，“在当代社会，公众往往接受媒体所呈现的社会现实，因此，当代大众文化实际上就成了‘媒体文化’”④。

与此同时，在西方的工业化、城市化进程中，大众文化中的“大众”由最初的贬义词逐渐变为中性词，再变为多少有些褒义的概念。正如 John Fiske 所说，“某事的大众性可被视为其正面价值或反面价值的标志，这取决于人们对‘大众’（the people）的看法”⑤。他进一步认为，如何理解和界定“大众”，隐含着对大众文化的两种不同态度：“其一，大众文化究竟是通过媒体或国家机构加诸普通民众，还是源自于他们自身的经验、趣味、习惯等。其二，大众文化究竟是仅仅对某一无权无势的从属阶级的状况进行表现，还是某种自主而具有解放功能的源泉，可以与宰制的文化或官方的文化相抗衡的。”⑤因此，真正意义上的“大众”的产生是大众文化产生的主体条件，“在日趋标准化和同一性的社会生活中，‘个人’逐渐成为‘大众’，从前个人所有的出身、血统、种族、种姓、阶级等等的区别已变得不那么重要，个人渐渐失去了其个别性而成为被操纵的社

---

① 陈力丹. 当代大众文化消费与舆论引导. 现代传播（北京广播学院学报），1997，(3)：27-35.

② 转引自：李彬. 传播学引论. 北京：新华出版社，1993：161-162.

③ 潘知常. 大众传媒与大众文化. 上海：上海人民出版社，2002：137-167.

④ 克兰. 文化生产：媒体与都市艺术. 赵国新译. 南京：译林出版社，2001：4.

⑤ Fiske J. Key Concepts in Communication and Cultural Studies. London，New York：Routlege，1994：231-232.

会原子和单位……大众在这里显然不是一个量的概念。人成为大众是大众社会的基本标志”[①]。由此可见，大众、大众媒体与大众文化的关系如此密切，以至于我们不难设想，如果离开了大众媒体这一土壤，离开了大众这一主体，大众文化将成为无本之木、无源之水，也将不再成为大众文化。

毫无疑义，大众文化已成为“大众大规模地共同参与的当代社会文化公共空间或公共领域，是有史以来人类广泛参与的，历史上规模最大的文化事件”[②]，其本身已不可避免地成为社会各阶层表达意志、愿望的媒体方式，成为各阶层在文化、教育、意识形态等诸多方面竞相争夺的领域。在这种情况下，有人会欣然接受与享受其带来的成果与方便，对其持一种明显的褒扬与赞赏的态度；自然也有人以大众文化对理想价值的影响为参照，给予其强烈的贬抑与谴责的态度。历史上，人们对大众文化的解读存在着两种基本立场：精英主义和民粹主义。20 世纪上半叶，“英国形成的利维斯主义对大众文化就有着不加掩饰的厌恶，视其为洪水猛兽，抱怨它摧毁了旧时岁月的美好记忆，其可被视为精英主义的典型代表”[③]。这种情况一直持续到伯明翰学派时期，当时还有不少英国人带着英国贵族式的鄙夷在奚落、嘲笑着大众文化。到了 20 世纪 50—60 年代，西方学者对大众文化的态度开始从彻底否定变化到部分肯定，再变化为积极肯定，实际上就是从精英主义向民粹主义转变。随着媒体技术的进步，文化质态的不断演进，利维斯主义之后的大众文化发展出了民粹主义。“所谓精英主义就是否定、批判大众文化，所谓民粹主义则以宽广的胸怀接纳、肯定、维护大众文化。从历史嬗变来看，精英主义在先，民粹主义在后。”[④]民粹主义已经认同了大众文化作为主流文化的文化身份，并把媒体素养教育作为引导学生接纳大众文化的手段之一。

一般来说，任何教育都存在着一种先导性的文化立场。所谓教育的文化立场，也是教育的一种文化意识表现，该文化意识决定了教育对待包括精英文化、传统文化、主导文化、大众文化等在内的各种文化的立足点和态度。“对于媒体素养教育而言，文化立场是其基本出发点和依据，也是它无法回避的价值向度。站在不同的文化立场，对于媒体素养教育的目的、内容、价值等一系列媒体素养

① 张汝伦. 论大众文化. 复旦学报（社会科学版），1994，（3）：16-22.

② 金元浦. 文化研究：理论与实践. 开封：河南大学出版社，2004：164.

③ 多米尼克·斯特里纳蒂. 通俗文化理论导论. 罗达仁译. 北京：商务印书馆，1987：52.

④ 以这两种立场为出发点，西方对大众文化大致存在着五种具有代表性的解读模式：阿诺德-利维斯模式、阿多诺文化批判模式、大众式对抗模式、自由民粹主义模式和符号学解读模式。本书在前面相关章节中也有相应论述。参见：董希文. 意识形态视阈下的西方大众文化解读模式分析. 学术论坛，2004，（1）：103-107.

教育的本体论问题的认识就会产生不同的看法，也会导致不同的实践路向，因此澄清文化立场是我们进行媒体素养教育理论探讨所面临的首要问题。”①因为大众媒体所传播的主要是大众文化，而且，从某种意义上讲，媒体素养可以说是对媒体中所蕴含的大众文化的识别和解读。这样一来，大众文化，尤其是人们对待大众文化的认识和态度就自然成为影响媒体素养教育发展的重要因素；或者说，这种认识和态度最终成为决定媒体素养教育价值取向的因素。纵观媒体素养教育的各个发展阶段，人们终于意识到，大众媒体及其蕴含的大众文化，虽然难以洗脱其抛洒给我们的残渣和危害，但它们也并非永远是“社会的毒瘤”，它毕竟也有着令人惊喜的一面，有着值得肯定的一面。媒体素养教育固然是随着媒体技术和媒体形态的发展而变化的，但万变不离其宗，其关注的重点始终在于媒体文化或者大众文化。媒体素养教育的历史既是大众媒体发展的历史，也是大众文化发展、演化的历史。西方的媒体素养教育先后经历了“免疫式”媒体素养教育、“流行艺术式”媒体素养教育、“祛魅式”媒体素养教育和“赋权式”媒体素养教育等几个明显不同的模式，其划分的主要依据仍然建立在人们对待大众文化的认知和态度上。在最初的“免疫式”媒体素养教育中，其诞生也是源于大众社会对有机社会的颠覆，以及大众文化对共同文化的冲击；在这些颠覆和冲击之下，文化精英不得不对大众文化进行批判，对传统文化进行捍卫，其理念具有浓厚的“文化-文明”传统和“家长制”的保守性，这也是它之所以首先发轫于欧洲（英国）而不是美国的主要原因。这一阶段的媒体素养被看成是一种防腐拒变——抵制堕落大众文化的侵袭的理想工具，主张对媒体和大众文化进行全盘的抗拒和抵制，希望通过与大众文化的绝缘而达到对青少年的保护。在其后的“流行艺术运动”文化背景和“流行艺术式”媒体素养教育中，随着工业化程度的不断提高，大众文化越来越标准化、单一化、商品化，大众也随之丧失了其自身情感的丰富性和复杂性，由此引发了人们普遍的文化危机和文化焦虑。此时媒体素养教育始终将其关注的重点聚焦在主流文化、亚文化、流行艺术和大众文化等文化场域，其主要目的就是为了帮助人们练就一双火眼金睛，以便随时甄别大众文化的优劣，其潜在前提便是：大众文化不再是一无是处，而是优劣互见，等着人们发现。“祛魅式”媒体素养教育则是强调“再现”——从媒体内容和形式入手对大众文化进行基于符号学的、客观的分析和解读。此时，结构主义—符号学、后现代主义等社会理论流派对大众媒体和大众文化进行了全方位的反思和批判，为媒

① 李凡卓. 论媒介素养教育的文化立场——一种文化研究的视角. 当代教育科学，2012，(9)：6-9.

体素养教育的进一步发展提供了有力的理论支持。因此，“怯魅式”媒体素养教育一反传统媒体素养教育的文化保守理念，开始提倡媒体受众基于“再现”的自主性与能动性的培养和提高。然而，由于历史条件的限制，“不论是作为道德维护还是意识形态‘怯魅’，媒体素养教育在价值取向上仍然是一种基于防御的保护主义论调”[①]。20 世纪 90 年代以来，受后现代主义等哲学思想的影响，大众文化因新媒体的介入而成为一种参与式文化。这时人们面对大众文化，已经不是仅仅限于态度和认识层面的问题，而是直接的参与式行动，已超越了传统保护主义的范畴。

随着媒体素养教育运动的不断深入和发展，人们对待大众文化的态度也就变得越来越和缓，变得越来越认可和肯定、越来越客观和辨证。这种态度的转变是与整个社会对大众文化认识的不断深入分不开的。说到底，“媒体素养教育都是与大众媒体所带来的那种新的文化——大众文化有关”[②]，更与某一时期、某一阶段人们对待大众文化的态度和行为密切相关。

三、相关学科：学科体系的理论基础

从某种意义上说，媒体素养教育的历史既是文化观、教育观发展的历史，也是媒体社会发展理论的历史。媒体素养教育从其诞生之日起，就有一个非常明显的特点，即它的跨学科特性或者说交叉学科特性。可以说，媒体素养教育是基于传播学、教育学、心理学、社会学、伦理学和美学等学科的一门交叉学科，来自这些学科的学者对媒体素养教育都进行了研究，其中当然为数众多、影响深远的还是传播学学者和教育学者。有人说，传播学和教育学是媒体素养教育的纽带，这种说法虽然有些简单化，但是也从一个侧面说明了媒体素养教育与传播学及教育学之间的紧密联系。

（一）传播学的理论支撑

媒体素养教育和大众媒体息息相关，自然与传播学、特别是大众传播学具有极为紧密的联系。西方媒体素养教育的历史嬗变表明，媒体素养教育的发展有赖于传播学理论的发展，传播学中的大众传播效果理论、受众理论、媒体伦理学和

① Buckingham D. Media education in the UK：Moving beyond protectionism. Journal of Communication，2010，48（1）：33-43.

② 黄旦，郭丽华. 媒介教育教什么?——20 世纪西方媒介素养理念的变迁. 现代传播（中国传媒大学学报），2008，（3）：120-123.

媒体生态理论等为媒体素养教育奠定了基础，并为它的发展方向提供重要的依据。传播学先驱哈罗德·拉斯韦尔（H. Lasswell）曾经提出了著名的“五个 W”的传播模式[①]：谁（who）——传播主体；说什么（says what）——传播内容；通过什么渠道（in which channel）——传播媒体；对谁说（to whom）——传播对象；产生什么效果（with what effect）——传播效果。这既是传播过程中五个不可缺少的步骤，也是传播学研究的五类内容。应该说，这五个方面的内容都对媒体素养教育具有重要的意义。我们在前面多少已经涉及、论述到这些方面，特别是在通过什么渠道——传播媒体方面，较为充分地论述了媒体素养教育与大众媒体之间的关系。然而，大众传播学中的传播效果研究对媒体素养教育发展的影响也不容小视。哈罗德·拉斯韦尔在 1948 年的《社会传播与结构》一文中就提出传播活动的三大功能：监视功能、联系社会、传递遗产。后来，社会学家赖特·米尔斯又在其中增加了一项功能——提供娱乐。这些关于传播媒体功能分析的观点大多着眼于社会层面，关注的正是传播效果和媒体影响，或者说宏观层面的人与媒体之间的关系。在此基础上，微观层面与个人层面上的媒体功能分析则主要体现在“魔弹论”（magic bullet theory）、“有限效果论”（limited effects theory）、“使用与满足理论”（uses and gratifications theory）和“涵化理论”（cultivation theory）等理论上。这些媒体效果理论主要以行为主义心理学、人本主义心理学、认知心理学理论为指导，特别关注受众的个体行为，考察其媒体行为的动机与结果，探讨人和媒体之间的关系，实际上和受众的媒体素养已经具有非常密切的联系。

事实上，如果我们从传播学的角度来审视媒体素养教育的发展历程，我们不难发现，在媒体素养教育的起源和“免疫”阶段，其隐含的传播学前提就是一种极端的媒体效果理论，亦即传播学中的“魔弹论”。“魔弹论”又被称作“皮下注射论”或“子弹论”，该理论可以认为是技术崇拜和媒体崇拜的产物。这种理论认为：媒体与受众之间遵循着一种简单直接的、基于行为主义心理学的“刺激-反应”（S-R）机制；传播媒体具有无往不胜、所向披靡的威力。而且，“魔弹论”的核心是把受众视为一种完全被动的、容易被大众媒体所操纵和利用的群体，它所强调的是一种完全被动的受众观。倘若以这种理论来指导媒体素养教育，则大众媒体的作用几乎无所不能，但几乎又都是负面的。“‘媒体万能观’所产生的影响极坏，它能产生致命疾病，威胁社会公民的文化与道德健康。事实上，‘媒体万能’也可以认为是处于优越地位的中产阶级对工人阶级廉价和

① Lasswell H D. The Structure and Function of Communication in Society. New York：The Communication of Ideas，Harper and Brothers，1948：215-228.

劣质的媒体消遣的一种长期以来的恐惧。”[①]于是，在这些“负面”和“恐惧”面前，针对大众媒体的教育必须采取一种保护主义的立场，必须采取一种“免疫式”的教育。揭露大众媒体对民众的操纵与愚弄，破除民众对大众媒体的崇拜和恐惧便自然成了当时“免疫式”媒体教育的主要目的。随着传播学研究的进展，“人们不再通过单一的刺激-反应框架来思考大众传播，不再认为媒体是一端，受众是另一端，二者之间是一个真空”[②]。“魔弹论”的缺点随之暴露出来：它将大众媒体的作用不分时间、地点、对象、环境地夸大化，亦即将传播效果绝对化。于是，从 20 世纪 40 年代开始，“魔弹论”逐渐受到冷落。相应地，基于“魔弹论”的、持保护主义立场的“免疫式”媒体素养教育也受到了批判，因为其基本理论假设——大众媒体的作用全是负面的——已经越来越经不起实践和理论的检验。

与“免疫式”媒体素养教育明显不同的是，在“流行艺术式”媒体素养教育中，其隐含的传播学前提更多是“使用与满足”理论。“‘使用与满足’研究虽然到 20 世纪 70 年代才正式确立，但其起源可以追溯到 40 年代。”[③]当时，Berelson 在考察了读者对报纸的“使用”后总结出报纸能够“满足”人们 6 个方面的需求[④]：①获得外界消息来源；②日常生活的工具；③休憩的手段；④获得社会威信的手段；⑤社交的手段；⑥读报本身的目的化。他由此认为，大众媒体与人们的日常生活需要具有密切的联系，人们正是通过使用媒体而获得种种满足，或者说媒体能够满足人们的种种需要。同时，人们接触媒体是有其特殊目的和动机的，而且动机也是多种多样的。到了 1959 年，Katz 正式提出了“使用与满足论”理论，并具体地提出了“使用与满足”的基本模式[⑤]：①出于一定的社会和个人心理需求，人们才开始接触媒体。②要实现媒体接触行为，首先，身边必须要有诸如电视、报纸和网络之类的媒体。其次，要有一定的媒体印象，即心目中要事先有一定的媒体评价和媒体预期。最后，根据媒体印象，人们选择身边特定的媒体形态、媒体内容，继而开始具体的接触行为。③接触行为的结果无外乎“需要得到满足”或“没有得到满足”两种。④需要无论满足与否，都会影响到

---

① Piette J，Giroux L. The theoretical foundations of media education programs//Kubey R. Medialiteracy in the Information Age. New Brunswick，London：Transaction Publishers，2001：98.

② 洛厄里，德弗勒. 大众传播效果研究的里程碑. 刘海龙译. 北京：中国人民大学出版社，2004：190.

③ 蔡骐，刘维红. 对传播学中使用与满足理论的再探索. 湖南大众传媒职业技术学院学报，2004，(1)：5-10.

④ 转引自：Lowery S A，Defleur M L. Milestones in Mass Communication：Media Effects. London：Lonpman Publishers. Longman Publishers USA，1995：93-111.

⑤ 转引自：郭庆光. 传播学教程. 北京：中国人民大学出版社，1999：184.

以后的媒体接触行为。如果得到满足，人们就会形成正面的媒体印象，并在不同程度上强化类似的媒体接触行为；否则会得到负面的媒体印象，并在今后抑制类似的媒体接触行为。根据“使用与满足”理论，人们开始“承认大众媒体在内容上的良莠不齐，但受众可以通过学习一定的技巧来加以分辨，受众是具有一定的主动性的，他们完全可以做到让大众媒体及大众文化为我所用，而不是全盘抵制和抛弃”①。如此一来，“使用与满足”理论就与“流行艺术式”媒体素养教育具有密切的联系。因为“使用与满足”理论着重研究的是受众如何在自己的动机和需求激发下对待和利用媒体信息，这与当时的媒体素养教育目标是一致的：培养具有甄别能力的、具有一定主动性的受众。另外，以受众接触媒体信息的动机和目的是否得到满足，来确定传播效果之有无和传播效果之大小，这同当时媒体素养教育围绕受众来评价媒体使用或利用行为也是一致的。

其实，“使用与满足”理论不仅适用于“流行艺术式”媒体素养教育，也适用于以新媒体为基础的新媒体素养教育。众所周知，Facebook 率先引入“Like”功能。随后，百度贴吧、QQ 空间、新浪微博、微信等国内社交媒体也纷纷引入颇有“like”神韵的“赞”功能，引来“点赞文化”的流行。于是乎，在微信、微博、新闻客户端等社交媒体上，你晒幸福，我点赞留言；你晒美照，我点赞留言；你卖萌，我点赞留言；你转发美文，我点赞留言；你求安慰，我“拥抱”留言。于是，网友和朋友圈好友通过发帖、转帖、点赞、评论的积极互动，获得了人际交往、情绪宣泄、自我价值认同、自我价值实现等多方面需求后的种种身份感、认同感、愉悦感、成就感和荣耀感等。

在正规的学校教育中，教师可以通过对媒体内容的分析和甄别，帮助学生关注媒体使用的行为并对其作出评价，进而积极地对媒体信息作出反应，这也有助于提高他们的媒体自觉意识。“使用与满足”理论正是充分考虑到媒体对人的影响有赖于个体差异、个体的社会地位和人际关系网络差异，把受众放在了一个主导地位，从传播者的角度转向受众的角度，认为受众要对媒体有正确的批判性态度，要有比较明确的媒体使用意图，从而为媒体素养教育提供了新视角，这对于解放和尊重广大受众，促成以受众为中心的媒体素养教育的生成和发展，都具有积极意义，应该说是媒体素养教育的一大进步。当然，“使用与满足”理论过于从微观层面强调个人的、心理的因素，不能全面揭示受众与媒体的社会关系，而且，其指出的受众的某些能动性、自觉性也非常有限。因此，该理论后来在媒体

① 蔡骐. 论大众文化与媒介教育的范式变迁. 现代传播（北京广播学院学报），2002，（1）：118-121.

素养教育领域也受到了诸多批评，特别是受到了遵循文化研究传统的媒体使用者的批评，其被认为过于相信受众的媒体自律，仅停留于个体心理水平，而没有充分考虑到媒体使用的社会、政治、经济和文化背景。

其实，传播学中的媒体效果理论与受众理论一直是紧密联系在一起的。不同的媒体效果理论，所对应的受众地位也迥然不同。近一个世纪以来，传播学中先后产生了“作为靶子的受众、作为差异性个体的受众、作为社会类别的受众、作为亚文化群体的受众、作为社会关系的受众、作为使用与满足的消费者受众、作为商品的受众、作为解码者的受众等八种研究视野”①，其总体脉络体现出受众能动性不断生成、主动性不断加强、主体性不断觉醒、参与性不断深化的过程。如此这般，在“祛魅式”媒体素养教育中，由于符号学、斯图亚特·霍尔的电视编码/解码理论，以及 20 世纪 70 年代盛行于美国的“涵化理论”（又称“培养理论”）的介入和影响，媒体受众的主动性和主体性不但已淡化了媒体传播中“传者中心”的地位，而且“受众中心话语”的形成也不再只是“神话”。人们越来越明白，面临种种媒体信息的包围和轰击，受众唯有提升媒体素养才能真正“再现”媒体真实，才能使其“中心话语”真正确立。到了 20 世纪 90 年代，由于后现代主义、解放教育、“多维能动受众理论”等理论和思潮的影响，教育理论逐步走出了政治一元化的制约，逐步走向了多元化。其中，“多维能动受众理论”以“能动受众”为核心，“以世界各地媒体教育实践为基础，从媒体识读、媒体意识、媒体批判、媒体活动、媒体社会情景和媒体创造性等六个密切联系的维度系统探讨了媒体素养教育”②。在该理论的观照下，媒体素养教育研究的重心开始从“文本分析”转向了“媒体受众”——媒体消费的上帝。媒体受众再也不是被动的受众，相反，他们应该是在与媒体接触和体验中能够“发声”、能够广泛参与的受众。

如前所述，本书曾描述了当今世界的媒体环境及其对人类的重大影响，特别是其对人类的负面影响，并在此基础上论述了开展媒体素养教育的必要性和艰巨性。其实，包括媒体在内的媒体环境应该属于媒体生态学（media ecology）的范畴。1968 年，尼尔·波兹曼在一次演讲中首次介绍“媒体生态”一词时，将其定义为把“媒体作为环境”（media as environments）的研究。具体来说，媒体生态学在致力于研究媒体传播结构和技术模式的环境影响的同时，重点“研究传播媒

① 蔡骐. 多维视野中的受众研究. 湖南师范大学社会科学学报，2003，(2)：65-70.

② Lavender T，Tufte B，Lamish D. Global Trends in Media Education：Policies and Practices. New York：Hampton Press，2003：149-166.

体如何影响人类的思维、感情、认知、价值，以及人们与媒体的互动是怎样帮助或促进其生存机会的。它总是试图找出我们对于媒体的假设、发现各种媒体强迫我们行动的角色，分析媒体如何架构我们的所见所为”[①]，力求在媒体征服与媒体维护之间找到一个最佳的结合点，以理清媒体与人类社会的交互关系，从而确保媒体环境的生态平衡和良性循环。在媒体生态学学者看来，媒体生态学不仅关注媒体技术环境对人类社会的影响，也强调受众通过对媒体技术的使用，不断塑造着媒体生态环境，这就更全面地揭示了媒体与社会之间的复杂关系。在媒体与人的关系中，人是始终处于主动状态的，人是媒体发挥社会作用的主动性力量；与此同时，“媒体影响了教育，因此媒体必须成为教育的一个主要科目”，“媒体环境是媒体素养的一个形式”[②]。而在媒体素养教育学者看来，从媒体生态的角度而言，提高公众的媒体素养是从根本上优化媒体生存环境的最广泛的社会基础。媒体生态状况的改善需要全社会、全人类的共同努力，需要我们共同对整个媒体环境进行全期、全景式的建设和关照，需要我们改善人—媒之间的互动关系，努力提高媒体素养，这也正是我们开展媒体素养教育的重要意义所在。由此可见，媒体生态学把媒体作为人生存和发展的环境来研究，充分重视人作为媒体使用者对媒体具有的能动作用和影响力，追求人与媒体的和谐相处，引导受众成为媒体的主人，而不是媒体的奴隶的理念，与我们在研究媒体素养教育时极力关注和追求的良好人-媒关系的研究视角非常接近，其对媒体素养教育自然具有很好的借鉴意义。

作为传播学的一个重要分支的媒体伦理学，是指从总体上考察媒体道德现象，揭示媒体道德本质和规律的理论科学。“现代传播实践的巨大引力把过去较多的在哲学层面讨论的伦理观拉向了大众传媒文化。然而，伦理学的精神上升的力量是无法抗拒的。它关注并执着于传播领域中的伦理原则：言论的自由、社会的责任、人类的正义、职业的道德等问题。它们是传媒伦理学的基石。”[③]如前所述，媒体与人类的生存、发展密不可分，始终贯穿人类各项活动。从最初的口语媒体、印刷媒体到后来的电子媒体，传播媒体及其技术的改进和革新，在体现着人类认识世界、改造世界的能力不断提高的同时，也给人类与社会带来了不少负面影响。于是，探究媒体在传播过程中必须遵循的伦理原则和道德规范，也就成为媒体素养教育历史嬗变的各个阶段历来重点关注的内容。在新媒体环境中，

① 吴翠珍，陈世敏. 媒体素养教育. 台北：巨流图书股份有限公司，2007：176-177.
② 吴翠珍，陈世敏. 媒体素养教育. 台北：巨流图书股份有限公司，2007：62.
③ 陈超南. 彩色的天平——传媒伦理新探. 武汉：湖北教育出版社，2001：26.

媒体伦理问题越凸显。一方面，新媒体给我们带来种种方便与好处；另一方面，新媒体环境中诸如个人隐私的侵犯、知识产权的侵犯、信息安全的失范、信息犯罪、文化的侵犯和信息污染等种种充满冲突、混乱和无序的弊端也导致了媒体道德观念的紊乱和沦丧。人们很容易沉湎于新媒体所营造的虚幻交往空间，导致视野狭窄或极端自我内化。而且，在匿名的、似乎可以不受现实社会伦理规范束缚的新媒体环境中，一些人会很容易忘掉自己的社会角色与责任，而随意散布虚假信息甚至诽谤侮辱攻击他人。这些问题给新时代的媒体素养教育带来了新课题，要求我们从媒体伦理学的角度认真思考开展有效媒体素养教育的策略，要求我们至少在媒体自律和个人自律两个方面必须有所作为。毕竟，新媒体的广泛开放性，使得参与其中的社会成员可能成为信息源，这就需要他们有较高的媒体自律意识和行为，不能在媒体的虚拟世界里为所欲为。与此同时，新媒体越发达，媒体机构或组织就越需要自律，就越需要构建与其相适应的新媒体伦理道德体系。这是因为低俗的受众牵制着媒体组织的品位，媒体的品位低俗又反过来迎合了受众的低俗，在低俗受众与低俗媒体中极容易形成“马太效应”。这样对于整个新媒体生态的发展都极为不利，也对社会公众的媒体素养的提高极为不利，是我们在开展媒体素养教育时应该极力避免的。

（二）教育学的理论支持

媒体素养教育首先是一种教育，是关于媒体的教育，其与教育或教育学的逻辑联系应该比其与传播学的联系更密切。当然，和媒体有关的教育还有电化教育或教育技术，它和媒体素养教育有一定的联系，但并不是本书关注的重点。从西方媒体素养教育并不太长的发展历史来看，其与整个教育的时代背景和各个时期的教育学的发展必然具有密切的联系。而且，教育学本身的研究对象和范围极为广泛，使其对媒体素养教育的影响也是多方面的。限于篇幅，本书仅拟从批判教育学、终身教育的角度来探讨教育学对媒体素养教育的理论支持作用和影响。

一般认为，批判教育学是出现于 20 世纪 60—70 年代的一种汇集了多种批判思潮的理论体系和涉及范围甚广的教育实践。批判教育学者“注重讨论技术、文化与解放之间的关系，在他们看来，解放为步入一种新文化提供了机会，但又产生了新的支配和控制”[①]。事实上，批判教育学从其诞生之日起就充满了对当代教育的方方面面进行批判与解放的斗争精神。它“在美国具有深厚的独特传统。

① 吉鲁. 教师作为知识分子：迈向批判教育学. 朱红文译. 北京：教育科学出版社，2008：94.

这种传统可追溯到杜威（John Dewey）、克伯屈（William H. Kilpatrick）时代的进步主义运动，延续到本世纪 20 年代更为激进的社会重建主义者，比如康茨（George Counts）、蔡尔兹（John Childs）等，一直到布拉梅尔德（Theodore Brameld）；二战后 60、70 年代的修正主义的批判教育学家异军突起，到了 90 年代具有自觉意识的批判教育学家粉墨登场，主要的代表人物是亨利·吉鲁克斯（Henry A.Giroux）、阿普尔（Michael W. Apple）、卡诺伊（MartinCarnoy）、鲍尔斯（Samuel Bowles）和金蒂斯（Herbert Gintis）、大卫（Miriam E. David）、费恩伯格（Walter Feinberg）、威克斯勒（Philip Wexler）、斯密（Richard Smith）和赞托基斯（Anna Zantiotis）、费恩（Michelle Fine）、麦克劳伦（Peter L. McLaren）、阿鲁若维兹（Stanley Aronowitz）等”[①]。在理论背景上，批判教育学的产生和发展深受法兰克福学派批判理论和随后的后现代主义文化思潮的影响；这和媒体素养教育产生的理论背景也比较接近。杜威认为，在学校教育的学科与文本理解上，“教育首先是人类的，随后才是专业的”[②]；同时，杜威也反对赫尔巴特经典式的知识灌输，主张“从做中学”，提倡教学中的儿童中心主义和培养学生的批判思维及实际能力。另外，面对当代社会文化环境的巨大变化，亨利·吉鲁克斯深刻地感受到了大众文化的巨大力量。他进一步认为，“必须把大众文化作为严肃的教育话语整合进学校课程，必须让学校政策和教育学规划中也有那些被边缘化、被排斥的人所发出的声音，学校应极力避免使任何一个学生处于失语状态，应该防止教师和学生被退化为政治和意识形态的工具”[③]。亨利·吉鲁克斯的这些教育主张和媒体素养教育的历来目标比较一致。

事实上，媒体素养教育总是自觉或不自觉地充分吸收批判理论和批判教育学理论，从而使其自身理论体系及其教育实践的批判性不断丰富，不断深入。媒体素养教育从其诞生的那一天起，就注定了它的批判性。相对于批判教育学更加关注的社会公平和民主，媒体素养教育则将其关注的重点汇聚在由大众媒体所反映的媒体现实和大众文化身上。在“免疫式”媒体素养教育中，虽然那时还没有出现批判教育学，但其批判精神显得相当彻底和激进。当时，无论是法兰克福学派的社会批判理论，还是英国的利维斯主义，都对大众文化的流行和大众媒体的兴起持强烈的批判态度，强烈到近乎对抗和否定的地步。但是，真正的批判绝不是

① 转引自：朱旭东. 当代美国教育理论多元化格局形成的文本和话语分析. 清华大学教育研究，2000，(2)：36-43.

② 杜威. 民主主义与教育. 王承绪译. 北京：人民教育出版社，1990：127.

③ Freire P. Giroux H A. Pedagogy，popular culture and public life//Giroux H A. Simon G I，Contributors. Popular Culture，Schooling and Everyday Life. Boulder，C0：Westview Press，1998： viii.

简单地指责或是抱怨某种现象或某个事物，更不是单纯地否定或抛弃。相对于否定、抱怨、抛弃来说，批判的意义应该更为深刻：它是一种“以社会本身为对象的人类活动”，这种活动视追求“人类的合理组织与社会的合理状态”[①]为己任。因此，“免疫式”媒体素养教育采取的其实并不是严格意义上的批判的立场，充其量只是一种反对、否定的立场，只是一种对大众文化和大众媒体中的一切优点视而不见的激进的、极端的批判立场，这也是其历史局限性和片面性之所在。在“流行艺术式”媒体素养教育中，其价值取向已不再是一味地拒绝和反对媒体，而是教学生正确地、辩证地甄别各种媒体所表达的内容和其中大众文化产品的优劣，其实，当时的伯明翰文化研究者也认为，“教育学作为一种文化产品，应遵从一种文化批判主义路线，批判性地关注知识、欲望、价值在权力与意义间的组织方式，以权力、政治、伦理为基础思考和分析教师、学生和课本之间的关系，并在实践中建构一种批判教育学（critical pedagogy）”[②]。而以符号学为其理论基础的“怯魅式”媒体素养教育，更是明确地把教会学生对媒体“再现”的分析能力与批判能力作为其主旨。媒体素养是以批判性思维为核心的，可以说，媒体素养是批判性思维与媒体文本解读的结合。媒体素养教育进入参与式文化为主导的新媒体素养教育阶段，不仅强调媒体素养教育理论的批判性，更强调在实践上“赋权”，要有批判性行动。加拿大媒体素养教育协会前任主席巴里·邓肯曾撰文指出：“在全球教育的背景下，媒体素养有助于培养学生以批判的观点分析媒体如何运作、如何确立意图、被如何运用以及如何评价呈现在他们面前的信息。媒体素养与批判性素养和文化研究有密切关系，即在社会、文化、地缘政治和历史的背景下研究媒体作品。”[③]对于媒体素养与批判性思维的关联，Arke 也在其博士论文 *Media Literacy and Critical Thinking：Is there A Connection*？中运用皮尔逊积差相关方法对于二者的关联性得出结论：“在媒体素养以及批判性思维技能之间存在着明显的正相关。”[④]由此看出，批判性素来是媒体素养和媒体素养教育的核心，也是其得以存在并日显重要的基石。媒体素养教育虽然经历了几个不同的发展模式，其教育目的和取向的表述也一再变化，但其自始至终强调的是对媒体使用者批判性思维、自主意识的培养和锻炼。媒体

① 马克斯·霍克海默. 批判理论. 李小兵译. 重庆：重庆出版社，1989：206.

② 转引自：张等菊. 伯明翰文化研究中的实用主义教育思想解析. 比较教育研究，2002，(6)：16-19.

③ 邓肯，威尔逊. 全球研究和媒介教育：新世纪的出路//蔡帼芬，张开，刘笑盈. 媒介素养. 北京：中国传媒大学出版社，2005：1.

④ Arke E T. Media Literacy and Critical Thinking：Is There A Connection？. Pittsburgh：Duquesne University，2005：8.

素养对批判性的要求决定了媒体素养教育既是批判思维的养成教育，又是积极的行动教育，因此，它在本质上是一种开放的、民主的教育。这与批判教育学的核心教育理念和方法可视为等同。

UNESCO分别于1965年和1972年发布了《论终身教育》和《学会生存——教育世界的今天和明天》两份重要报告。它们提出了终身教育和学习化社会的相关概念和理论体系。终身教育被认为是“由一切形式、一切表达方式和一切阶段的教学行动构成的一个循环往复的关系所使用的工具和表现方法”[①]。可想而知，这里的“一切形式”“一切表达方式”“工具和表现方法”，无不昭示着大众媒体的强大渗透力和影响力，也无不昭示着终身教育与大众媒体所具有的那种天然的、不可分割的联系。作为一种宏观教育理念，终身教育致力于“大规模地调动和利用各种训练手段和信息，在各种形式的行动（技术的、政治的、工业的、商业的行动等）和教育目标间建立密切的联系”[②]。它旨在通过各种自我教育的形式，“向每一个人提供最高、最真实程度上完成自我发展的目标和工具，在促进人的自身发展”[③]。由此可见，终身教育以其立足于人的生命过程和人的全面发展的宏观视野，以及其所倡导的终身性、全民性、广泛性和灵活实用性，无可争议地成为教育的组织原则和指导性理念。终身教育与媒体素养教育之间具有密切的联系，或者说，媒体素养教育就应该是一种终身教育。这是因为，一方面，终身教育包括从婴幼儿、青少年、中年到老年的所谓“从摇篮到坟墓”所有正规、非正规教育和训练的连续过程，也包括家庭、学校、媒体和社会等一切可利用的教育场所和方式；它强调教育应为人的终身发展服务，重视教育在人格塑造、个性发展及批判精神方面的作用。另一方面，大众媒体早已渗入社会生活的方方面面，成为社会个体重要的社会化动力和途径之一。从时间上看，现代社会中的媒体传播覆盖了从儿童、青少年、成年到老年的整个人生历程；从空间上看，媒体也覆盖了个人在家庭、工作、学习和社交活动中的各个领域。纵观媒体素养教育的发展，注重在信息时代和媒体环境中人的生存能力，注重媒体对人的塑形作用，强调自主批判意识、信息理性的媒体素养教育，一向追求能与学习型社会完美对接的终身教育，希望能涵盖学校教育、家庭教育和社会教育的各种形式，其着眼点也在于更好地、更充分地利用媒体以认识自我和社会，以促进自身的发展和社会进步。而且，理想的媒体素养教育就应该是基于终身教育的人类个

---

① 麦克莱. 传媒社会学. 曾静平译. 北京：中国传媒大学出版社，2005：25.

② 麦克莱. 传媒社会学. 曾静平译. 北京：中国传媒大学出版社，2005：31.

③ 杨光辉. 走进传媒——如何开展媒介教育. //蔡帼芬，张开，刘笑盈. 媒介素养. 北京：中国传媒大学出版社，2005：29.

体纵向的时间拓展与基于学习化社会的人类整体的横向空间延展的有机结合，就必须面向社会全体成员，就必须整合学校教育、家庭教育、自我教育和社会教育，就必须是开放的、终身的、持续性的教育。由此可见，终身教育与学习型社会的诉求和媒体素养教育各个发展阶段的基本精神和理念是极其一致的。“二者精神上的贯通，恰恰表明媒体素养教育只能是一种终身教育，也只有在终身教育理念下，它才能真正得以深入。”①

事实上，UNESCO对媒体素养教育终身化的推进向来也是不遗余力。1982年1月，UNESCO在德国慕尼黑召开了首届国际媒体素养教育会议。该会议公布的《媒体素养教育宣言》建议启动和支持全面的媒体素养教育项目（从学前教育到大学教育，以及成人教育），其目的就是通过丰富电子媒体和印刷媒体使用者的知识、提高其技能以促进其批判意识和应用能力的提高，激发心理学、社会学和传播学各相关领域的人们开展媒体素养教育研究和有益的活动，支持和壮大由UNESCO组织或支持的行动，促进媒体素养教育的国际合作。1999年，在维也纳举行的UNESCO会议针对媒体素养教育明确提出了以下声明：“媒体素养教育是世界上每个国家、每位公民应该享受的权利，是公民自由表达权、信息权、构建并维持民主权的手段……媒体素养教育应该被引入到国家课程体系的方方面面，并且要涵盖高等教育、非正式教育和终身教育体系；媒体素养教育应当以对所有社会成员赋权为目的，并且确保那些有特殊需要以及在社会和经济方面处于劣势的群体也能得到同等的权利；媒体素养教育还具有批判的角色，应当对社会以及政治争端、战争、自然灾害、生态危机等做出反应。”②从这一系列重要声明可以看出，国际社会对媒体素养教育已经越来越重视，最终将其上升到公民权利和终身教育的地位。

第四节　媒体素养教育的多元化发展

“媒体素养教育的发展，是来自政治、社会、技术等各方面因素综合作用的结果。其中促进公民参与是媒体素养教育发展的政治动因，应对媒介的发展而衍生的问题是媒体素养教育发展的社会动因，而随着媒介形态的革新而适应媒介素

① 袁文丽. 终身教育背景下的媒介素养教育. 光明日报，2005-05-25（001）.

② Kubey R. How media education promotes critical thinking, democracy, health, and aesthetic appreciation http://www.medialit.orp/sites/defauit/files/547_CICML-Kubey.pdf[2018-01-08].

养内涵的不断变化则是媒体素养教育发展的技术动因。”[①]自 20 世纪 90 年代以来，世界范围内的媒体环境、媒介语境、文化语境和社会环境已发生了很大的变化。在大众媒体与大众文化、相关学科理论，以及政治、社会、技术等领域内的多种因素的共同作用下，一方面，传统的媒体素养教育“保护主义”价值取向越来越受到人们的质疑；另一方面，正如马斯特曼指出的，“参加每一次媒体素养教育国际学术会议，与会者都要重新树立观念：媒体素养教育不是单数形式的，而是复数形式的、多种多样的、多元化的”[②]。世界各国开展的新媒体素养教育，越来越多地呈现出超越保护主义的多元化发展态势。

一、纯粹“保护主义”价值取向的式微

通过前面的研究，我们知道，西方各国开展媒体素养教育的初衷无不是为了“抵制”大众媒体所传播的大众文化对受众的负面影响，以培养受众自身的批判能力和主体意识。从某种意义上说，媒体素养教育的历史也是一种“防御”“保护”的历史。20 世纪 30—80 年代，西方国家总体上采用的是一种保护主义取向的媒体素养教育。其中，“免疫式”媒体素养教育旨保卫精英文化，基本上是对大众媒体和大众文化采用一种消极抵制和预防的方法。免疫式媒体素养教育是“反对媒体的教育，其目的是将媒体的操纵本性与真正文化的永恒价值相比较——这在文学中有极好的体现”[③]。在“流行艺术运动”如火如荼开展之时，媒体素养教育开始不再一味反对媒体，排斥媒体，而是提倡学会区别、判断和欣赏媒体，即由“抵制”取向逐渐转变为“甄别”取向。但是，由于其过分强调教师式、家长式的体验，其基调依然是保护主义的。在“屏幕教育”时期，媒体文本分析开始成为关注的焦点；通过媒体文本、语言，媒体意义得以产生和“再现”。但是，无论是上面提到的哪种媒体素养教育价值取向，我们都可以清醒地意识到，虽然教师们对媒体的态度逐渐变得更为现实和客观，但他们始终对其持有一种过度防范意识和保护观念。也就是说，作为媒体素养教育的施教者，他们始终认为大众媒体所传播的大众文化价值不高，其中蕴含着许多意识形态的东西，存在着种种陷阱和误导，媒体素养教育的受教者是需要全力保护的。针对

① 卢锋，刘洋，张舒予. 媒介素养教育的发展动因研究. 现代远距离教育，2016，(4)：58-63.

② Masterman L. Media education worldwide：Objects，values and superhighways http://pdfprocilib.su. edu/?file=/DMC/African%ZOJournais/pdfs/africa%20media%20review/volionoz/jamr010002004.pdf[2018-01-08].

③ Masterman L. Forward：The media education revolution//Hart A. Teaching the Media：International Perspectives. Lawrence Erlbaum Associates，Publishers，1998：vii-x.

这种现状，1998 年，英国伦敦大学教育学院的大卫•帕金翰博士认为，以往的媒体素养教育是一种保护主义取向，具体包括文化保护主义、道德保护主义和政治保护主义。不言而喻，F.R.利维斯及其追随者的著作就具有浓厚的文化保护主义倾向。因为在他们看来，之所以要保护媒体受众免受媒体的伤害，是因为大众媒体中明显地缺乏文化价值。总体来说，与英国形成鲜明对照的是，相对于欧洲早期的媒体素养教育比较关注文化保护，北美国家、特别是美国的道德保护主义显得十分紧迫，它们的媒体素养教育较为重视道德保护。美国广泛存在“反对种族、阶层和性别不公正，协助个人成长，应对年轻人的物质享乐主义，防范青少年暴力倾向，帮助青少年戒烟、戒酒并远离毒品的基于道德保护的媒体素养教育。与此同时，由于担心险恶的媒体文化会对其子女产生过多的负面影响，对儿童教育深感无能为力的家长们也无不希望媒体素养教育助他们一臂之力”[①]。显然，媒体被认为应对传播不良意念和诱导劣行负有责任。基于这种看法，人们便相信，可以通过向学生进行严格的媒体素养教育训练来防止被媒体误导的危险。“在美国，媒体素养教育的一种颇为强烈的动力在于对媒体传播中的性和暴力所带来的负面影响的担忧，并在某种程度上亦是对媒体在刺激消费主义和实利主义（materialism）方面所起的作用的担忧……媒体被认为应对传播不良意念和诱导劣行负有责任。同时，媒体也被认为是在鼓励孩子相信他们所面临的一切问题都可以通过暴力或给予物质上的好处来解决。基于这种看法，人们便相信，可以通过向学生进行严格的媒体素养教育训练来防止被媒体误导的危险。”[②]此外，还有一种政治保护主义。20 世纪 70 年代后，“这种政治保护主义已经增添了范围更广泛的‘身份政治’的内容，如反对性别政治和种族政治。在这种政治保护主义看来，媒介要对学生成为男性至上主义者或种族主义者负主要责任。而通过媒介分析，媒介的这种意识形态偏执可以得到克服或矫正”[③]。在这种动机下，“政治保护”则成为西方各国媒体素养教育的共同主题和主要出发点。“批判学派也关注大众媒介内容对社会的影响，但着重研究的是大众媒介的政治经济学，尤其是媒介的所有权，是政治和公司对媒介的控制，以及它们如何在媒介内容的生产、销售与获取上扮演重要的角色。他们关注的重点问题是，所有权的集中造成

---

① Hobbs R. The seven great debates in the media literacy movement. Journal of Communication，1998，48（1）：16-32.

② 帕金翰，宋小卫. 英国的媒介素养教育：超越保护主义. 新闻与传播研究，2000，（2）：73-79.

③ 林文刚. 媒介环境学——思想沿革与多维视野（媒介环境学译丛）. 何道宽译. 北京：北京大学出版社，2007：12-14.

信息环境对人敏锐的社会意识和文化意识起到限制作用，而这个信息环境就包括媒介的内容，他们解决问题的方法是政治和意识形态的多样化，因为信息垄断只会服务于政治、产业和公司的精英。”[①]针对这种情况，在许多西方学者眼中，媒体素养教育其实是一种人文素养、意识形态的学习经验，其主要的目的在于发展受众独立思考的能力，将媒体素养教育尤其是媒体的意识形态分析作为一种消除媒体使用者错误信仰和思想的工具，使他们有勇气“反洗脑”，挑战社会上偏颇的意识形态。应该说，政治保护主义是许多集权专制、独裁国家开展媒体素养教育的主要动机和行动，推行起来也颇为不易，因为其明显有违现代意义上的媒体素养教育的初衷。

大卫•帕金翰进一步认为，这三种保护主义取向的基本动机，都无一例外地将媒体素养教育当作解决范围广泛且内容复杂的种种社会问题的一种途径和方法。如果大众媒体被视为这些社会问题的替罪羊，那么，媒体素养教育当然就被视为解决问题的最佳选择。平心而论，自媒体素养教育滥觞，媒体环境中令人担忧和不满的状况并未改变多少；时至今日，新媒体的出现使其反而有愈演愈烈之势。媒体素养教育的保护主义取向从一个侧面反映了人们对其所接触到的大众媒体整体表现的不满、忧虑、反思和希冀，有着深刻的历史和现实原因。因此，保护主义取向的媒体素养教育不但从一开始就几乎以唯一的方式存在，至今仍然还存在着各种不同的样式。但是，我们也必须看到，三种保护主义取向的媒体素养教育在处理学生和老师之间的关系上也是相当一致的：学生被视为媒体不良影响的易感人群，似乎难以抵制媒体的各种不良影响；老师则似乎置身于大众媒体的种种不利影响之外。但这显然越来越缺乏说服力，至少在针对青少年的媒体素养教育方面被实践证明是不太成功的。至于其中原因，帕金翰认为主要有三：“其一，由于高雅文化与大众文化的界限日益模糊，多元文化日益深入人心，因此绝不能再把大众媒体整体视为缺乏文化价值的毒品；其二，由于媒体技术的发展使其与受众的关系日益密切，传统的把关、审查和规范大众媒体信息的手段不再合理和有效；其三，青少年选择大众媒体的自主性和防御不良大众媒体信息影响的能力实际上比人们想象的要强得多。”[②]在美国，情况也大致如此。譬如，尽管美国政府对媒体的管制多种多样，如电影、电视实行分级，以及电视机安装

① 林文刚. 媒介环境学——思想沿革与多维视野（媒介环境学译丛）. 何道宽译. 北京：北京大学出版社，2007：12-14.

② Buckingham D. Media education in the UK：Moving beyond protectionism. Journal of Communication，2010，48（1）：33-43.

V-CHIP 芯片、互联网安装过滤软件等，也是出于保护之目的，但收效甚微，并被认为是一个“坏主意”。这是因为“人们很难在哪些内容应被‘限制’方面达成一致；况且，限制反而给青少年一种提示或提醒，刺激他们不遗余力地搜寻这些内容”[①]。如此看来，纯粹的保护主义取向是行不通的；除了必要的“保护”之外，媒体素养教育确实应该思考是否应该增加一些“超越保护”的要素和内容了。

事实上，自 20 世纪 90 年代以来，从英国、美国，以及 UNESCO 分别对媒体素养概念及相关关键问题的界定来看，尽管其侧重点各有不同，但其内涵已经发生了深刻的变化，已从先前的单纯的“防疫性保护主义”（inoculation protectionism）取向发展到“超越保护主义”（beyond protectionism）的取向，从个人对媒体信息的甄别与抵制能力的培养延伸到在参与式文化环境中的参与意识、公民意识和民主意识，以及表达能力的培养。从总体上说，传统纯粹“保护主义”色彩的媒体素养教育已渐渐暗淡了下来；相应地，以批判性自主、民主参与、多元文化和媒体快感为核心理念的“超越保护主义”的媒体素养教育逐渐成为主流。但要注意的是，这里所谓的“超越”，并非完全“否定”的意思；因此，“超越保护主义”就不能等同于“非保护主义”，也不等于不要“保护主义”。进一步讲，“超越保护主义”的媒体素养教育的价值目标已从单一保护目标扩展为包含“预备”（preparation）、“保护”（protection）和“享用”（pleasure）的三重（3P）目标。其中，“‘预备’是指媒体素养将使受众获得辨别媒体信息的能力，从而使其成为现代社会中明智和理性的公民；‘保护’即传统媒体素养教育使受众免受媒体负面信息的影响；而‘享用’则是指媒体素养教育尊重受众使用媒体的正面经验，在单纯地解构媒体文本外，也让受众能够产制自己的媒体文本并参与到媒体组织中”[②]。

由此可见，“超越保护主义”的媒体素养教育涵盖了许多内容，甚至并不完全将传统的“保护主义”排斥在外——仅仅只有“保护主义”是不够的，应该在超越原有的“保护主义”之外，适当添加上一些更有价值的内容。譬如，它还应该包括一些技术取向、艺术取向和能力取向的成分。我们前面介绍的新媒体素养，其涵盖的 11 种能力，就是这种取向的典型代表。这些理念既见于媒体素养教育学术研究领域，也出现在媒体素养教育实践领域：“超越保护主义已经成为那

① Heins M，Cho C. Media literacy：An alternative to censorship. http://www.fepproject.org/ policyreports/medialiteracy.html[2017-10-12].

② Taylor T R. The implementation of media literacy. Hattiesburg：The University of Southern Mississippi，2002：10.

些媒体素养教育历史最为悠久、媒体素养教育发展模式最为一致的国家的主流取向。”[①]不仅如此，这种取向的确立，也标志着基于利维斯主义的媒体素养教育保护传统的终结，同时对世界上几乎所有开展媒体素养教育的国家，尤其是加拿大、美国、澳大利亚等国家都产生了很大程度的影响。

二、多元发展趋势

英国的媒体素养教育有着较为广泛的支持，其发展壮大主要就是依靠政府、专业协会、团体组织和学校教师等力量的共同推动。一些专业协会和团体组织曾为英国媒体素养教育的发展作了巨大的努力。譬如，英国影视教育协会、英国电影学院等，就是其中突出的代表。尤为值得一提的是，成立于1933年的英国电影学院是推动英国媒体素养教育的主要机构之一。可以说，该学院既是一个文化组织，也是英国电影工业不可分割的一个组成部分；其主要任务就是领导、管理有关电影、电视和影像领域的各方面活动，促进公众对电影、电视和影像文本的认知和理解。Cary Bazalgette 曾长期担任该院教育部主任，直接从事媒体素养教育工作近 40 年。1986 年，在她的主持下，英国电影学院与英国教育与科学部合作成立了全国初级媒体素养教育工作小组委员会，并开展了许多有益的工作。与此同时，一些社会机构、大学及媒体公司与组织，纷纷开辟与媒体素养教育相关的专业网站，出版教学参考书，组织媒体素养教育师资培训和交流，为媒体素养教育的开展到处游说，极大地推动了英国媒体素养教育的开展。正是在这些组织和专业人员的推动下，一批批媒体素养教育的课程被开发了出来，大量和媒体素养教育相关的出版物也得到出版和发行，一些针对媒体素养的师资培训也得到开展。

1989 年，英国教育与科学部规定，媒体素养教育必须正式纳入小学和中学各级课程体系，在该年开始实施的国家规定课程（national curriculum）里明文赋予媒体素养教育有六项任务：“教育与媒体研究；教导有关受众的相关概念；辨别事实与观点；讨论大众文化的小说与戏剧；发展关于教授广告、宣传、劝服的教学方法；以国家规定课程为标准，延伸出媒体素养教育施行策略。”[②]

到了 1991 年，已有 1/3 的英国学校实施进阶媒体研究课程。结果，媒体素养教育课程不但进入国家正式课程体系，而且在中等教育证书考试上也受到师生相

① Buckingham D. Media Education：Literacy，Learning and Contemporary Culture. Cambridge：Polity Press，2003：12.

② 转引自：吴翠珍. 英美电视素养教育. 媒介研究（中国传媒大学学术内刊），2004，(3)：71-76.

当程度的认同。与此同时，英国的高等教育也开始积极从事媒体素养教育理论研究与实践探索。至此，国家、学校、社会、家庭共同发力，使得英国的媒体素养教育快速发展。“英国媒体素养教育已经覆盖从小学到中学再到大学的全过程，成为正式教育体系中有名有实的教学科目”①，并且具备了完备的评价系统，逐步成为该国终生教育体系的重要组成部分。而且，“英国政府与学校机构、社会组织共同合作，建立了丰富完善的媒介素养教师培训网络，大致分为职前培训与在职培训，其中在职培训较为广泛，培训课程和形式多种多样，培训时间也相当灵活。完成培训后，可获得媒介素养结业证书”②。

加拿大媒体素养教育的发展也应该归功于该国政府、专业协会组织、媒体机构及教师等多方的支持和推动。加拿大的政府教育部门非常支持该国的媒体素养教育运动，它们通过一系列官方和非官方组织，制定出一系列规章制度，在推动媒体素养教育方面作出了不少贡献。譬如，在1987年，加拿大安大略省教育部主动组织编写了一部媒体素养教育课程指导手册，该手册就明确将媒体素养教育作为其母语教育的一部分。1989 年，加拿大安大略省教育部又发布文件规定：“从幼儿园到 12 年级的基础教育中，媒体素养教育课程可以整合到语言艺术课程中去，或者说，语言艺术课程必须适当包含媒体素养教育的内容。”③就连加拿大广播、电视及电信委员会（Canadian Radio and Telecommunication Television Commission，CRTC）的成员也被认为应具备媒体素养，由此可见政府对媒体素养全民性的重视。一些自发性的、社会化的非营利性社会组织和学术协会也是推动加拿大媒体素养教育发展的重要力量。早在1966年，加拿大国家电影局（National Film Board of Canada，NFB）就发起创立了第一届电影电视研究夏季学院。1992 年，加拿大媒体教育组织协会（Canadian Association of Media Education Organizations，CAEMO）宣告成立，其宗旨是联合各成员组织，倡导提高加拿大民众的媒体素养，逐渐成为加拿大当之无愧的一个全国性的媒体素养教育组织。另外，还有媒体意识网（Media Awareness Network，MAN）、加拿大媒体素养教育资源中心（Canadian Resource Center for Media Literacy，CRCML）、耶稣会士交流工程（Jesuit Communication Project，JCP）和加拿大媒体素养协会（Association for Media Literary，AML）等协会和组织。其中，加拿大媒体意识网成立于 1996 年，是目前世界上最前沿的公益性双语（英法）媒体教育网。其资源主要包括：“超

① 吴翠珍. 英美电视素养教育. 媒介研究（中国传媒大学学术内刊），2004，（3）：71-76.

② 郑素侠. 农村留守儿童的媒介使用与媒介素养教育. 北京：社会科学文献出版社，2017：1-3.

③ Ministry of Education，Ontario. Media Literacy：A Resource Guide. Qutario：Queen's Printer for Ontario，1989：Preface.

过 150 份的小学和中学的课程计划，可供自由下载的游戏和教学指南；最新的科研数据和行业信息；报纸文章的电子版；大量关于奇闻逸事、社会多元化、文化主权、网络、媒介暴力等方面的专题文章。”[①]加拿大媒体素养教育协会起初是由加拿大安大略省的一些媒体教育人士于1978年组织建立的，目前已发展成为一个全国性非营利性媒体素养教育组织，在加拿大国内外享有较高的学术声誉。1984年，在 John Pungente 的倡导下，耶稣会交流机构得以成立，其目的在于促进加拿大媒体素养教育在学校和社区中开展。该机构成果丰富，组织编写了 *Getting Started on Media Literacy*（1995 年）和 *Media Literacy Resource Guide*（1989 年）等经典著作。同时，“JCP 还始终致力于媒介素养教育的规划与实践工作，如，1992 年，参与组织了北美第二次媒介素养大会；1996 年，John Pungente（约翰·庞加特）在加拿大 Bravo 电视台做每期半小时关注影迷朋友的电视节目‘Scanning Movies’；2000 年，与另外四家机构联合举办了主题为‘儿童、青年和媒介’的全球媒介素养峰会。加拿大耶稣会交流机构在媒体素养教育领域的影响已经超越加拿大境内，走向全球”[②]。到了 20 世纪 90 年代，加拿大各省几乎都自发成立了各自的媒体素养协会，这些协会相互间开展了密切的合作研究和交流，有力地推动了加拿大媒体素养教育的发展。通过各方的努力，到了 1999 年，加拿大已经将媒体素养教育完全纳入义务教育体系之中，实现了在全国范围内推行以儿童、父母、全体阅听人为对象的媒体素养教育。2008 年，加拿大媒体素养教育年会总结报告显示，“其实践课程主要包括语言艺术（language arts）、健康/消费教育（health/consumer education）、个人成长（personal development）、世界学习（global studies）、公民教育（civics Education）、多元文化工程/反种族主义项目（multicultural/anti-racism programs）、媒介技术教育（media technology education）、音乐（music）和可视艺术（visual arts）等”[③]。同时，家庭在加拿大的媒体素养教育实施主体体系中，也起着不可忽视的重要作用。进入 21 世纪以来，加拿大家庭媒体素养教育得到越来越多的关注，家长的媒体意识和媒体素养意识也在不断提高，同时在媒体素养教育资源的获得与实施手段上也有很大的进展。

在美国，也有一些非营利性的媒体素养教育促进机构承担了媒体素养会议、研究和教育指导重任，比如媒体素养中心（Center for Media Literacy，CML）、媒体教育中心（Center for Media Education，CME）、国家电讯媒体委员会（National

① 转引自：张开. 媒介素养概论. 北京：中国传媒大学出版社，2006：258.
② 转引自：张开. 媒介素养概论. 北京：中国传媒大学出版社，2006：264.
③ 转引自：代香顺. 加拿大中小学媒介素养教育实施主体分析及启示. 教育科学研究，2010，(9)：72-75.

TeleMedia Council，NTC）、公民媒体素养（Citizens for Media Literacy，CML）、西北媒体素养研究所（Northwest Media Literacy Institute，NMLI）和阿斯本研究所（Aspen Institute，AI）等。它们一般都建立在正规教育体系之外，并没有政府的直接财政拨款，主要依靠社会基金会资助、媒体产业赞助和个人及会员捐助，其组织比较松散；它们通过组织或举办媒体素养教育会议，开发媒体素养教育教材，开展网络媒体素养教育培训等，积极推动着美国媒体素养教育的发展。其中，阿斯本研究所于 1992 年资助了第一届全国媒体素养引导人会议。美国媒体素养教育基金会（Media Education Foundation，MEF）等教育组织也赞助制作了大量有关“消费、健康、性别、种族”等主题的教育片，譬如 *Deadly Persuasion：The Advertising of Alcohol & Tobacco*、*Consuming Kids：The Commercialization of Childhood*、*No Logo：Brands, Globalization & Resistance* 和 *Advertising & the End of the World Featuring* 等有关媒体素养教育的优秀纪录片和教学视频节目。它们用于开展媒体素养教育后引起了巨大的社会影响。美国政府教育部门也对媒体素养教育逐步重视。1978 年，在美国教育部举办的一次研讨会上，媒体素养教育的重要性不但得到进一步强调，而且一项有关电视批判性观看能力的研究计划也得到政府的批准和资金支持。到了 20 世纪 90 年代初，美国政府将媒体素养教育纳入正规教育体系，并投入资金支持媒体素养教育研究。当时，“美国超过 1000 所大学开设了多于 9000 门的电影或电视课程，中期媒介素养教育地位逐步提高，12 个州的教育体系中融入了媒介素养教育标准”[①]。1994 年，时任总统克林顿签发《目标 2000：教育美国法案》（Goals 2000：Educate America Act）。该法案明确规定，应确立媒体素养教育在学校课程中的地位和内容，同时鼓励学校在英语、数学、历史、科学、外语、公民教育、经济学、艺术和地理学等九个核心学科中制定自己的内容标准，其中艺术学科的课程内容标准包含小学和中学各年级的媒体素养教育内容。整个 20 世纪 90 年代，“美国媒介素养教育的策略是电视改革、健康价值观教育，教学理念是抵制多元文化社会中的成见。实质上，采取改良式的预防接种模式，努力让受众远离负面影响”[②]。另外，“一些州政府还通过立法来约束媒体行为，保证媒体素养教育的开展”[②]。到了 20 世纪初，“美国加强了与国外学者的合作，希望借鉴成功的经验，尤其是加拿大或英国模式，把媒介教育吸收到文化、社会、历史和经济的大范畴中，从而成为美国教育的基础。到 2004 年为止，全美有 50 个州的官方承认媒体素养作为课程的一个部分，46 个州把媒体素养教

① 转引自：王帆. 论全球媒介素养教育的发展进程. 教育评论，2010，(1)：162-165.

② 田中初. 媒介素养：一种正在兴起的教育实践. 浙江师范大学学报，2004，(1)：62-66.

育内容编入英语语言或艺术课程，30个州将其纳入社会科学、历史、公民学、生态学、健康课程中”[①]。

在澳大利亚，南威尔士于1981年就制定了《教育中的大众媒体》条例，条例规定，从幼儿园到12年级的基础教育课程中，必须包含相关媒体课程，以促进少年儿童对一个被媒体深度影响的世界进行正确的了解。并且，到了20世纪90年代初，媒体素养教育已经成为澳大利亚公共学校体系的一部分。UNESCO很早就开始介入媒体素养教育领域，也是媒体素养教育的大力倡导者和积极支持者。1962年，UNESCO提出，教师应教导学生如何建设性地使用媒体，以甄别媒体作品的优劣。20世纪80年代，UNESCO先后出版了《多种声音，一个世界》《最后报告：将大众媒体用于公共教育的国际研讨会》《媒体素养教育》《了解媒体：媒体素养教育与传播研究》等多个报告、宣言和决议。1982年，UNESCO在《媒介素养宣言》中指出："我们生活在一个媒介无处不在的社会，与其单纯谴责媒介的强大势力，不如接受媒介对世界产生巨大影响这一事实，承认媒介作为文化要素的重要性。"[②]这些出版物为媒体素养教育运动在全球范围的开展起到了强有力的推动作用。UNESCO一贯认为，媒体素养教育应为建立具有真正民主精神的、高效率的媒体体制而努力。它还积极推动了区域性媒体素养教育活动的开展。譬如，2004年5月，UNESCO在西班牙巴塞罗那举办了一个研讨会，并筹备成立了一个名为Mentor的国际性协会组织，以增强媒体专家与教育工作者的协作。正是在UNESCO的推动下，世界上的许多国家和国际性媒体素养教育组织纷纷投入到媒体素养教育运动中来，形成了一股在全球范围内开展媒体素养教育运动的热潮。作为一个媒体素养教育国际性非政府组织，成立于1950年的国际教育媒体理事会（International Council for Educational Media，ICEM）经常开展媒体素养教育研讨活动。在UNESCO的支持下，其会员来自30多个东西方国家。其中既有英国、美国、加拿大、法国、德国、丹麦等一些媒体素养教育历史悠久的国家，也有诸如阿尔及利亚、尼日利亚、奥地利、比利时、芬兰、西班牙、意大利、日本、科威特、墨西哥等一些媒体素养教育的后起之秀。在欧洲共同体委员会和欧洲理事会的赞助下，视听传媒教育欧洲协会（European Association for Audiovisual Media Education，EAAME）得以成立。[③]进入21世纪后，媒体素养教育在许多国家正演变成为一种参与式的公民行动，并逐渐成为其终身教育体系的

① 田中初. 媒介素养：一种正在兴起的教育实践. 浙江师范大学学报，2004，(1)：62-66.

② 转引自：张艳秋. 国外媒介教育发展探析. 国际新闻界，2005，(2)：11-16.

③ 宋小卫. 学会解读大众传播（下）——国外媒介素养教育概述. 当代传播，2000，(3)：64-65.

重要内容。

1991 年夏，基于美国媒体素养教育的实践发展状况，美国著名的媒体素养教育学者 Kathleen Tyner 在 *Strategies Quarterly* 上发表了 *Media Education Elephant* 一文，指出了美国媒体素养教育的壁垒，十分形象地将美国的媒体素养教育比作盲人摸象，教育者常常触及媒体素养教育的一个方面就认为是掌握了全部。Kathleen Tyner 认为，“因教育者个体差异性，导致各自不同的媒体素养教育观念。美国形形色色的媒体素养教育可以综合为四类取向：保护主义（protectionism）取向、技术教育（technology education）取向、媒体艺术教育（media arts education）取向和民主教育（democracy education）取向”①。在此基础上，她还特别指出，媒体素养教育不仅在美国，而且在世界范围内已经呈现出多元化、多样化发展的态势。譬如，20 世纪 30—80 年代，英国的媒体素养教育经历了从最初的“免疫观”到后来的“超越保护主义”取向的发展过程，虽然目前在教育取向上更民主，更科学，但其骨子里似乎“始终保持有一种防范意识和保护观念，认为大众媒体传播内容的文化价值不高，暗含意识形态的东西，存在许多陷阱和误导”②。因此，从某种意义上说，“英国在历史上是媒体素养教育实行文化保护最为典型的国家。在美国，虽然同样存在保护，但保护主义更多地表现在道德保护层面。至于技术教育取向和媒体艺术教育取向，则表现在其比较注重对媒体素养教育中技术应用层面和艺术欣赏层面能力的培养。最后，民主教育的价值取向则致力于民主社会理想的公民的培养，希望通过媒体素养教育改善社会公民的民主、政治参的态度和热情”③。Kathleen Tyner 关于媒体素养教育四种取向的划分，实际上反映出世界范围内的媒体素养教育运动已经走出单一的保护主义——一元化保护取向的束缚，逐渐走向多元化发展。

1998 年，正是在世界媒体素养教育多元化发展的背景下，Renee Hobbs 在 *Journal of Communication* 上发表了著名的 *Seven Great Debates in the Media Literacy Movement* 一文。在这篇论文中，Renee Hobbs 全面分析了媒体素养教育运动七个方面的争论④：

---

① Tyner K. The media education elephant. http://www.medialit.org/reading-room/media-education-elephant [2017-10-12].

② 蔡帼芬，张开，刘笑盈. 媒介素养. 北京：中国传媒大学出版社，2005：101.

③ Tyner K. The media education elephant. http://www.medialit.org/reading-room/media-education-elephant [2017-10-12].

④ Hobbs R. The seven great debates in the media literacy movement. Journal of Communication，1998，48（1）：16-32.

① 媒体素养教育是否应该保护儿童和青少年免受媒体的负面影响？

② 媒体制作是否应该成为媒体素养教育的一个基本特征？

③ 媒体素养是否应该重点关注流行文化文本分析？

④ 媒体素养是否应该有一个更明确的政治和/或意识形态议程？

⑤ 媒体素养是否应该重点关注以学校为基础的 k-12 教育环境？

⑥ 媒体素养应该作为一门专门学科来讲授还是在现有科目的背景下进行整合？

⑦ 媒体素养倡议是否应该得到媒体组织的财政支持？

针对这七个方面的问题，Renee Hobbs 对媒体素养教育进行了深刻的反思和追问。Renee Hobbs 认为，“第一，保护主义的立场通常会导致以教师为中心的课堂教学，老师告诉学生关于媒体负面影响的事实、对信息的操纵（manipulation of messages），等等；学生只需静静地听，为考试做笔记。这样的教学方法可能会导致学生对所谓‘正确’的解释——教师所认可的解释——鹦鹉学舌。果真如此，媒体素养教育可能会失去其真实性（authenticity）和对学生生活的意义。第二，单纯媒体制作的直接后果可能导致学生仅仅局限于一套‘去情景化’（de-contextualized）的狭隘的技能，只是复制好莱坞或新闻行业层次的技能；因此，针对儿童或青少年的媒体制作课往往沦为一种虚假的职业教育，在此过程中，学生只会学习模仿专业人士，但关键的批判性思维和分析视角将一去不返。第三，一些教育工作者认为，媒体素养必须与那些以学生的‘第一课程’为中心的流行文化文本——他们的家庭观影和个人媒体消费体验紧密相连，把这些技能从学校转移到家庭的目标是一个理想的结果。但是，大众文化一旦进入课堂，家长往往又会持反对意见。第四，媒体素养教育提倡对政治议题和社会文化问题的关注。但是，在主流公共教育权力分散（decentralized）、政治分化（politically divided）和‘社区中心’（community-centered）的背景下，不可能接受更多的政治或社会变革目标。第五，一方面，有关媒体素养的学术研究和舆论报道很少提及学校、儿童、教师或公共教育；另一方面，一些学者和教育家指出，需要在家里由父母发展媒体素养技能。但自相矛盾的是，学校是社会制度中最激进的，也是最保守的，它在定义学校使命与媒体信息角色之间的适当关系方面却一直保持沉默。事实上，虽然不是一个有组织的、有系统的地区性进程的一部分，但绝大多数教育工作者还是自觉地将媒体素养概念整合到学校课程中，自觉地通过阅读、课程、职业培训或通过同事间的谈话和观察来了解媒体。这种‘自下而上’的势头是媒体扫盲运动的一个重要力量。这种方法虽然支离破碎，质量参差不齐，但可能是将媒体素养理念引入美国学校的 5700 万名儿童和青年生活的唯一切实可行的方法。第六，几乎每一位教育工作者都认识到在课程中灌输媒体素养概念的价值，因为媒体文本在科学、社会研究、历史、艺术和文学教学中用于传递教学内容。但课堂教学中文本——课本、杂志、书籍、录像带和计算机程序等——很少被认为是用来传送信息的。第七，媒体组织有责任去帮助人们反对政府不合理的媒体管制，提高媒体批判意识，建立良好的公共关系。但也有人认为，媒体组织会精明地利用教育者服务于他们自己的目标，会削弱媒体素养运动的力度，从而确保公众对媒体的批判不会过于强大、激进和刺耳”①。针对上述各个问题正反两个方面的激烈争论，Renee Hobbs 强调指出，“媒体素养教育不仅可以提高公民接触、分析和传播信息的能力、领导能力和自由地、负责地表达个人意见的能力，还可以提高公民面对冲突的协调能力和解决问题的能力以及促进公民对主动获取不同来源信息的兴趣和对不同意见的容忍能力”①。因此，媒体素养教育在提升公民素质方面的重要意义是不言而喻的。问题的关键是，我们应该确立媒体素养教育的多元化的目标和内容，不同的媒体素养教育专家、组织者和媒体素养运动活跃分子对媒体素养教育的认识存在差异，而这些差异都应该被认识并予以足够的尊敬和重视，以便于媒体素养运动的健康开展。应该说，人们对上述媒体素养教育问题的争议与选择，将在很大程度上决定媒体素养教育未来的格局与走向。很大程度上，媒体素养的未来取决于长期、严格和对智力要求高的（intellectually demanding）教育工作的发展；其中，课堂教师是学校实施媒体素养的关键，甚至是主要的合作伙伴。那些在媒体素养教育中设计和实施教师教育的学者和教育家需要找到机会分享他们的经验、策略和理念，并设法衡量和评价他们所提供的教学和学习经验的质量。

其实，上述争论的目的就是要在新的历史条件和参与式文化语境下，寻求媒体素养教育对传统的保护主义的突破，使其最终走向“超越保护主义”，走向多元化。在多元的观点看来，新时期的媒体素养教育的主体已从传者本位转变到受众本位，重心已从媒体对我们的影响转变到我们对媒体的赋权和使用，方法已从经验主义的功能分析、文化研究、批判主义理论、认知心理学、结构主义符号

① Hobbs R. The seven great debates in the media literacy movement. Journal of Communication，1998，48（1）：16-32.

学、系统论等综合考察等转变到参与式媒体文化分析，范畴已从态度与行为调查实验拓展到心理认知、人际影响、群体压力、文化互动、社会建构等系统研究。在这种情况下，试图使一种“元命令”适用于所有媒体语言规则是不可能的，试图找出一种让所有媒体素养教育研究者都接受的“一元化取向”更是不可能的。因此，多元文化、多种方法、多角度与多元取向应该是媒体素养教育的明智选择；相应地，作为媒体消费者的受众，应该是能够自由“发声”、广泛参与的“能动受众”，而不应该是被动的受众。事实上，英国政治学者约翰·基恩在反思现代社会的媒体与民主关系时指出，一定程度上的市场竞争确实能够抵御政治专制，保障传播自由，但不受限制的市场自由会形成垄断、限制选择，要打破传播自由和市场自由之间的这一结构性矛盾，关键是发展出一种新的公共服务模式，其一是通过宪法保障公民自由平等传播的权利，尤其是媒体对政府（包括跨国政治机构）进行监督的权利；其二则是发展非国家的、多元的传播媒介，“这种媒介既发挥着监督政治权利的作用，又成为公民在真正多元社会中，生活、工作、恋爱、争吵、宽容他人的基本手段”[①]。在这种背景下，到了 20 世纪 90 年代，从实践上看，媒体素养教育相应地在全球无一例外地突显出这样的发展趋势[②]：①普及化和规模化；②多元化和多样化；③社会化、全球化和网络化。在全球范围内，媒体素养教育已经逐步发展成为一种全民普及教育，已从学校逐步延伸至家庭、大众和社区，并覆盖各个层次、各个年龄阶段的人群。媒体素养教育内容的范围不断扩大，不仅涉及学校教育中的各种问题，还涉及与媒体有关的公共利益、生活健康方面的诸多问题。同时，媒体素养教育的教学方式呈多元化趋势，如媒体创作法、社会参与法、议题探究法、基于问题的学习模式、科学探究法、案例分析法、合作式学习、文本分析法、语境分析法、翻译法、模拟法，等等。

---

① 陆晔. 媒介素养：理念、认知、参与. 北京：经济科学出版社，2010：473.

② 臧海群. 传播学教育新方向：从媒介研究到媒介素养. 现代传播（北京广播学院学报），2003，(6)：89-92.

第六章
媒体素养教育嬗变对我国的启示

当前，我国媒体素养教育仍处于起步阶段。在此阶段，我国媒体素养教育在文化、价值和教育等层面还分别存在着严重的信息主义思维和精英文化思维、‘妖魔化’媒体和灌输式教学的倾向。另外，由于素以‘信息主义取向的批评’来建构媒体素养教育理论，我国媒体素养教育还不可避免地存在着批评对象片面、批评标准单一、批评视域封闭、批评理论和方法匮乏等问题①。同时，在当今这样一个全球化与信息化的时代，在新媒体发展日新月异、大众文化兴起、个人诉求多元、社会矛盾多重的中国当前社会、媒体、文化复杂语境中，我们必须认真思考，西方媒体素养教育究竟能给我们带来哪些有益的借鉴和启示？我们究竟应该如何开展具有中国特色的媒体素养教育？平心而论，西方媒体素养教育的价值取向经历了从“家长制”走向“赋权制”、从“保护主义”到“超越保护主义”，以及从“一元取向”到“多元取向”的历史嬗变历程，其理论体系和实践经验，无疑为我们认识和开展媒体素养教育提供了一个很独特的视角、一个“它山之石，可以攻玉”的参照。

① 李廷军. 媒体素养教育“流行艺术”范式：形成、理念与启示. 外国教育研究，2011，38(9)：45-49.

第一节　我国的媒体环境与大众文化现状

一、我国的媒体环境现状

（一）我国的媒体制度

我国学者陈卫星指出，“决定传播价值导向的是传播制度”[①]。这里，传播制度也就是媒体制度。西方媒体素养教育的历史嬗变表明，“欧美各国传统上看待大众媒体的角色功能，从来就是将自由经济造就的商业媒体视为一柄双刃剑，它既可能成为公众参与社会、建构民主影响最广泛的平台，也会因其趋利动机导致低俗化并被消费主义意识形态左右”[②]。因此，虽然媒体理应具有监督和约束政府的职责，但在西方媒体制度私有化的条件下，政府与媒体之间并非严格意义上的约束和监督的关系，更多的是一种经济方面的互惠互利关系。而相较于西方发达国家大众媒体的私有化，中国当前的媒体制度，多是国有条件下的典型有限商业运作机制；因为媒体在我国属于比较敏感的意识形态范畴，政府对媒体一直实施严格的监管和控制，主体的舆论导向功能向来起着宣传作用。当然，随着社会转型的不断深化，我国的媒体制度、媒体生态也相应地发生了巨大变化。整体的、结构性的社会转型促成了社会的巨大变革，也自然对各种社会关系的联结者——媒体组织产生巨大作用。

事实上，与我国轰轰烈烈的社会转型相对应的是，自1978年改革开放以来，我国的新闻媒体经历了三次跨越式发展[③]：①彻底否定媒体的“阶级斗争工具”论，恢复报纸作为“新闻纸”的本来面目；②借用信息概念，对媒体功能重新定位；③重新认定新闻事业性质，确立“事业性质，企业管理”的新思路。然而，即使经过三次跨越式发展，我国的大众媒体仍然具有双重性质，它既起着宣传作用，又是一个谋求商业利益的产业。2013年8月19日，习近平在全国宣传思想工作会议上的讲话中说，“党性和人民性从来都是一致的、统一的。坚持党性，核心就是坚持正确政治方向，站稳政治立场，坚定宣传党的理论和路线方针政策，坚定宣传中央重大工作部署，坚定宣传中央关于形势的重大分析判断，坚决同党

① 陈卫星. 传播的观念. 北京：人民出版社，2004：1.

② 陆晔. 媒介素养的全球视野与中国语境. 今传媒，2008，(2)：11-14.

③ 李良荣. 新闻学概论. 上海：复旦大学出版社，2001：294-299.

中央保持高度一致，坚决维护中央权威。所有宣传思想部门和单位，所有宣传思想战线上的党员、干部都要旗帜鲜明坚持党性原则。坚持人民性，就是要把实现好、维护好、发展好最广大人民根本利益作为出发点和落脚点，坚持以民为本、以人为本”[①]。2016 年 2 月 19 日，习近平总书记在党的新闻舆论工作座谈会上再次强调，党的新闻舆论工作坚持党性原则，最根本的是坚持党对新闻舆论工作的领导。党的新闻舆论媒体的所有工作，都要体现党的意志、反映党的主张，维护党中央权威、维护党的团结，做到爱党、护党、为党；都要增强看齐意识，在思想上政治上行动上同党中央保持高度一致；都要坚持党性和人民性相统一，把党的理论和路线方针政策变成人民群众的自觉行动，及时把人民群众创造的经验和面临的实际情况反映出来，丰富人民精神世界，增强人民精神力量。“新闻观是新闻舆论工作的灵魂。要深入开展马克思主义新闻观教育，引导广大新闻舆论工作者做党的政策主张的传播者、时代风云的记录者、社会进步的推动者、公平正义的守望者。”[②]这些论述清晰阐明了我国媒体制度的党性原则，并有力指出了践行这一原则的实践方法。这是因为党管媒体不能变，党管干部不能变，党管舆论导向不能变，党管媒体资产不能变。这是党和政府对媒体的根本性要求，也决定了我国媒体发展的方向。虽然从理论上讲，二者应该是相互促进、相互协调的关系，只有将它们恰当地结合起来，才能最大限度地发挥出媒体应有的社会功能，它们似乎并不矛盾；但实际上，二者很难完全协调一致。

（二）我国当前的媒体环境

近些年来，随着我国社会主义市场经济体系的不断完善和媒体新技术的不断发展，更主要的是由于我国特有的媒体制度，我国的信息化环境和媒体环境发生了很大的变化。“根据国家信息化发展指数，中国的排名从 2012 年的第 36 位迅速攀升至 2016 年的第 25 位。中国信息化发展在产业规模、信息化应用效益等方面取得长足进步，已经位居全球领先位置。……‘二十国集团’（G20）国家的信息化发展在全球居于超前位置。排名领先的国家依次为美国（第 1 位）、英国（第 2 位）、日本（第 3 位）三个国家，韩国（第 5 位）、德国（第 10 位）、加拿大（第 11 位）、澳大利亚（第 18 位）紧随其后。值得一提的是，俄罗斯（第 23 位）

① 习近平. 把宣传思想工作做得更好. http://cpc.people.com.cn/xuexi/n/2015/0720/c397563-27331763.html[2015-07-20].

② 人民网. 习近平在党的新闻舆论工作座谈会上强调：坚持正确方向创新方法手段 提高新闻舆论传播力引导力. http://cpc. people. com. cn/n1/2016/0220/c64094-28136289. html[2016-02-20].

与中国（第 25 位）首次超过二十国集团的平均水平。”[①]而且，我国大力推进实施网络强国建设，加快部署下一代互联网和通信网络，光纤接入和宽带无线移动通信的发展，将推动构建无缝连接的高速网络环境。“中国通过加快高速宽带网络建设，共建共享电信基础设施，提升骨干网络容量和网间互通能力，实现网络提速降费的目标。根据宽带发展联盟的数据，2015 年第四季度，我国固定宽带网络下载速率达到 8.34Mbit/s，这是我国宽带下载速率首次突破 8Mbit/s，比 2014 年第四季度的 4.25Mbit/s 提高了接近一倍……与此同时，我国通过推动电信企业降低网费、加强对电信市场监管、提高电信企业运营效率、有序开放电信市场等方式，引导电信企业开展定向流量优惠、闲时流量赠送等业务，降低流量资费水平，鼓励电信企业推出流量不清零、流量转赠等服务，宽带服务综合性价比得到提升。”[①]随着新一代信息技术和模式的应用发展，信息网络空间的加快构建，我国出台了《“宽带中国”战略及实施方案》（2013 年 8 月 1 日）、《中国制造2025》（2015 年 5 月 8 日）、《国务院关于积极推进“互联网+”行动的指导意见》（2015 年 7 月 4 日）、《促进大数据发展行动纲要》（2015 年 8 月 31 日）和《国家信息化发展战略纲要》（2016 年 7 月 27 日）等一系列促进信息化发展、新媒体繁荣的政策措施。“‘十二五’期间，我国制定出台互联网相关法律法规、规范性文件共 76 部，同比增长 262%，特别是中央网络安全和信息化领导小组成立以来，颁布实施 47 部互联网相关政策法规，网络立法速度明显加快。”[①]当前，信息社会发展也出现了很多新的亮点。“一方面，与信息社会相关的国家战略设计与政策措施密集出台，2015 年国家和地方政府围绕云计算、大数据、电子商务、智能制造、众创空间、宽带中国建设等诸多领域，制定了一系列的规划计划、实施方案与政策措施，进一步完善了信息社会发展的制度环境。另一方面，信息社会相关的供给侧改革与新动能培育稳步推进，网络提速降费‘互联网+’、‘四众’平台、分享经济、新型智慧城市等催生了一批基于互联网的新产业、新业态、新模式，引领信息社会发展的新动能更加强劲。”[①]

目前，得益于我国信息化环境的日新月异变化，根据我国媒体普及率和接触率，我国媒体无论是在发展的规模上还是在速度上，基本上已经和世界媒体发达国家保持同步。据我国最新发布的《2016 年国民经济和社会发展统计公报》显示，截至 2016 年末，我国“电信业全年新增移动电话交换机容量 7 318 万

① 中国互联网络信息中心（CNNIC）. 国家信息化发展评价报告（2016）. http://www.cnnic.net.cn/hlwfzyj/hlwxzbg/hlwtjbg/201611/P020161118599094936045.pdf[2017-10-12].

户，达到 218 384 万户。年末全国电话用户总数 152 856 万户，其中移动电话用户 132 193 万户。移动电话普及率上升至 96.2 部/百人。固定互联网宽带接入用户 29 721 万户，比上年增加 3 774 万户，其中固定互联网光纤宽带接入用户 22 766 万户，比上年增加 7 941 万户；移动宽带用户 94 075 万户，增加 23 464 万户。移动互联网接入流量 93.6 亿 G，比上年增长 123.7%。互联网上网人数 7.31 亿人，增加 4 299 万人，其中手机上网人数 6.95 亿人，增加 7 550 万人。互联网普及率达到 53.2%，其中农村地区互联网普及率达到 33.1%。软件和信息技术服务业完成软件业务收入 48 511 亿元，比上年增长 14.9%。……全国文化系统共有艺术表演团体 2 046 个，博物馆 3 060 个。全国共有公共图书馆 3 172 个，总流通 64 781 万人次；文化馆 3 338 个。有线电视实际用户 2.23 亿户，其中有线数字电视实际用户 1.97 亿户。年末广播节目综合人口覆盖率为 98.4%，电视节目综合人口覆盖率为 98.9%。全年生产电视剧 330 部 14 768 集，电视动画片 119 895 分钟。全年生产故事影片 772 部，科教、纪录、动画和特种影片 172 部。出版各类报纸 394 亿份，各类期刊 27 亿册，图书 86 亿册（张），人均图书拥有量 6.27 册（张）。年末全国共有档案馆 4 193 个，已开放各类档案 13 388 万卷（件）”①。

当然，媒体中发展最快的应该还是互联网。互联网虽然进入中国不过数十年的时间，但是发展迅猛，已经深入到社会的方方面面。1994 年，中国实现与国际互联网的互联互通。伴随着互联网技术和运用的从基于网络互联的 Web1.0 时代到基于社交的 Web2.0 时代的迭代更新，互联网行业的社会环境也发生了天翻地覆的变化，到目前已逐渐过渡到基于移动的 Web3.0 时代。1997 年，中国互联网络信息中心（China Internet Network Information Center，CNNIC）第一次统计的我国网民人数才 62 万。2017 年 8 月 4 日，最新发布的第 40 次《中国互联网络发展状况统计报告》显示："截至 2017 年 6 月，我国网民规模达到 7.51 亿，半年共计新增网民 1992 万人，半年增长率为 2.7%。互联网普及率为 54.3%，较 2016 年底提升 1.1 个百分点。截至 2017 年 6 月，我国手机网民规模达 7.24 亿，较 2016 年底增加 2830 万人。网民中使用手机上网的比例由 2016 年底的 95.1%提升至 96.3%，手机上网比例持续提升。截至 2017 年 6 月，我国 IPv4 地址数量达到 3.38 亿个、IPv6 地址数量达到 21 283 块/32 地址，二者总量均居世界第二；中国网站数量为 506 万个，半年增长 4.8%；国际出口带宽达到 7 974 779Mbps，较 2016 年

① 国家统计局发布 2016 年国民经济和社会发展统计公报. http://finance.people.com.cn/n1/2017/0228/c1004-29113654.html[2017-02-28].

底增长 20.1%。”[①]由此可见，正如习近平同志指出：“我有一个总的感觉，就是对互联网来说，我国虽然是后来者，接入国际互联网只有 20 多年，但我们正确处理安全和发展、开放和自主、管理和服务的关系，推动互联网发展取得令人瞩目的成就。现在，互联网越来越成为人们学习、工作、生活的新空间，越来越成为获取公共服务的新平台。我国有 7 亿网民，这是一个了不起的数字，也是一个了不起的成就。”[②]当前，从网民规模、互联网普及率、域名、网站数、IP 地址和网页数增长情况等多项指标来看，我国互联网资源在过去一年里又得到了全面提升，因此成为名副其实的世界网络第一大国。相应地，我国的媒体环境也显示出了以互联网使用为主要标志的新媒体特征。

在社交媒体、网络游戏和音乐、视频娱乐应用方面，“截至 2017 年 6 月，使用率排名前三的社交应用均属于综合类社交应用。微信朋友圈、QQ 空间作为即时通信工具所衍生出来的社交服务，用户使用率分别为 84.3%和 65.8%；微博作为社交媒体，得益于名人明星、网红及媒体内容生态的建立与不断强化，以及在短视频和移动直播上的深入布局，用户使用率持续回升，达 38.7%，较 2016 年 12 月上升 1.6 个百分点。垂直类社交应用中，豆瓣作为兴趣社交应用的代表，用户使用率为 8.6%。截至 2017 年 6 月，我国网络游戏用户规模达到 4.22 亿，较去年底增长 460 万，占整体网民的 56.1%。手机网络游戏用户规模为 3.85 亿，较去年底增长 3380 万，占手机网民的 53.3%。截至 2017 年 6 月，网络文学用户规模达到 3.53 亿，较去年底增加 1936 万，总体的 46.9%，其中手机网络文学用户规模为 3.27 亿，较去年底增加 2291 万，占手机网民的 45.1%。截至 2017 年 6 月，中国网络视频用户规模达 5.65 亿，较 2016 年底增加 2026 万人，增长率为 3.7%；网络视频用户使用率为 75.2%，较 2016 年底提升 0.7 个百分点。其中，手机视频用户规模为 5.25 亿，与 2016 年底相比增长 2536 万人，增长率为 5.1%；手机网络视频使用率为 72.6%，相比 2016 年底增长 0.7 个百分点。截至 2017 年 6 月，网络音乐用户规模达到 5.24 亿，较去年底增加 2101 万，占网民总体的 69.8%。其中手机网络音乐用户规模达到 4.89 亿，较去年底增加 2138 万，占手机网民的 67.6%。截至 2017 年 6 月，网络直播用户共 3.43 亿，占网民总体的 45.6%。其中，游戏直播用户规模达到 1.80 亿，较去年底增加 3386 万，占网民总体的 23.9%；真人秀直播用

① 中央网络安全和信息化领导小组办公室，国家互联网信息办公室，中国互联网络信息中心（CNNIC）. 第 40 次中国互联网络发展状况统计报告（The 40th China statistical report on internet development）. http:// ww.cnnic.net.cn/hlwfzyj/hlwxzbg/hlwtjbg/201708/P020170807351923262153.pdf[2017-10-12].

② 习近平. 在网络安全和信息化工作座谈会上的讲话. 人民日报，2016-04-26（002）.

户规模达到 1.73 亿，较去年底增加 2851 万，占网民总体的 23.1%”[①]。另外，“截至 2016 年 6 月，互联网新闻市场用户规模达到 5.79 亿，网民使用比例为 81.6%；手机端网络新闻用户规模为 5.18 亿，占移动网民的 78.9%。……距 2016 年底最近半年内，每天上网看新闻的网民比例达到 61.9%，每次浏览时长在半小时内的比例为62.4%，使用场景个数平均为3.1 个。用过社交媒体获取新闻资讯的用户比例高达 90.7%，在微信、微博等社交媒体参与新闻评论的比例分别为 62.8%和 50.2%，通过朋友圈、微信公众号转发新闻的比例分别为 43.2%、29.2%。社交媒体正在成为网络社会热点事件产生和发酵的传播源头，在形成传播影响力后带动新闻网站、传统媒体跟进报道，最终形成更大范围的舆论浪潮”[②]。由此可见，移动端即时便捷的特征满足了用户获取新闻资讯的信息需求，网络已成为网民获取新闻信息、表达观点和沟通互动的重要渠道。“互联网打破了传统社会中自上而下的科层制组织结构，通过网络重构行动中心、话语中心、舆论中心。”[③]同时，智能手机和移动互联网的迅速普及，给新闻传播带来了巨大深远的影响，使新闻受众的卷入度大幅提升，互联网舆论影响力也从广度到深度都得到前所未有的提升；从某种意义上说，移动互联网标志着传播“渠道霸权”时代终结，公民“自我赋权”时代来临。“从 Web2.0 时代开始，随着博客、播客、SNS 等受众参与性应用工具的飞速发展和网民数量的大幅增长，新闻信息从单向被动接收变为双向传输，网民可以在网上表达对新闻事件的观点和看法，舆论参与的热情日益提高。移动互联网时代社会化程度不断提高，每个用户成为了信息发布和传播的重要载体，利用社交媒体和网络社群评论或转发热点新闻，表达自身阶层的利益诉求，特别是对于在医疗、教育、住房、人身安全等民生领域热点新闻，民间的网络舆论影响力日益增强。”[①]

正是因为网络传播方式的多样化、移动化、即时化与便捷化，人们从被动地阅读、收听和观看媒体信息，逐渐变为积极、主动地去寻求、参与媒体信息交流中去，于是“传播者”和“受众”的界限逐渐模糊。这是因为“所谓收听者、消费者、接收者或目标对象，这些被动的、典型的受众角色将会终止，取而代之的将是主动的、能动的搜寻者（seeker）、咨询者（consultant）、浏览者（browser）、反馈者（respondent）、对话者（interlocutor）或者交谈者（conversationalist）。显

① 中央网络安全和信息化领导小组办公室，国家互联网信息办公室，中国互联网络信息中心（CNNIC）. 第 40 次中国互联网络发展状况统计报告（The 40th China statistical report on internet development）. http:// ww.cnnic.net.cn/hlwfzyj/hlwxzbg/hlwtjbg/201708/P020170807351923262153.pdf[2017-10-12].

② 中国互联网络信息中心（CNNIC）. 2016 年中国互联网新闻市场研究报告. http://www.cnnic.cn/hlwfzyj/hlwxzbg/mtbg/201701/P020170112309068736023.pdf[2017-10-12].

③ 李良荣，郑雯. 论新传播革命. 现代传播（中国传媒大学学报），2012（4）：38.

然，这样一种变化确实堪称革命”①。“言论自由，长期以来被视为人类的一项基本权利，对于充分实现人类潜力至关重要。它还是其他权利和自由的基石，支撑社会和经济发展。不过，言论自由需要一个允许信息和思想有效交流的公共平台，因此媒体在提供这些平台方面发挥重要作用……这种自由的管制反过来又使新闻工作者有义务在道德上采取行动，因此制定了符合新闻标准的职业规范。”②我国宪法规定公民有言论自由的权利，但是由于先前媒体技术的限制和媒体资源的紧缺，并不能保证每个人都能利用大众媒体表达自己的声音。当博客、微博、微信等基于网络的新媒体已成为我国公民个人私有媒体和自媒体的时候，当每个人都成为“报道者、出版者、传播者、表达者、监督者、参与者”的时候，个人表达自由和言论自由才有可能真正地实现。事实上，我国的媒体环境也正在经历和感受着同样的一场革命，并由此进入了一个“人人都有麦克风”，人人参与传播、自由表达的新媒体时代。

不过，在这一连串闪亮数字和“好消息”背后，振奋过后的疑惑、不满乃至沮丧同样不少。正如习近平同志于 2014 年 2 月 27 日在中央网络安全和信息化领导小组第一次会议上的讲话中指出，“当今世界，网络信息技术日新月异，全面融入社会生产生活，深刻改变着全球经济格局、利益格局、安全格局。世界主要国家都把互联网作为经济发展、技术创新的重点，把互联网作为谋求竞争新优势的战略方向。虽然我国网络信息技术和网络安全保障取得了不小成绩，但同世界先进水平相比还有很大差距。我们要统一思想、提高认识，加强战略规划和统筹，加快推进各项工作。”③我们还必须看到，“截至 2017 年 6 月，我国非网民规模为 6.32 亿。上网技能缺失以及文化水平限制仍是阻碍非网民上网的重要原因”④。而且，“以美国、英国、日本等为代表的信息化发达国家，在信息产业和技术创新、信息化应用效益等方面仍具有明显的领先优势，其余各项指标也实现了均衡发展。相对而言，网络基础设施建设、终端普及率、关键核心信息技术创新、信息化人力资源储备等方面是中国信息化发展的短板……中国网络资源就绪度和终端普及率两方面的建设水平仍有待提升。在终端设备普及方面，由于中国人口规模数量庞大，与美国、英国、法国等领先国家相比较，中国还存在非常

---

① 麦奎尔. 受众分析. 刘燕南等译. 北京：中国人民大学出版社，2006：158.

② Grizzle A，Wilson C. UNESCO's media and information literacy curriculum for teachers. http:// unesdoc.unesco.org/images/0019/001929/192971e.pdf[2017-10-12].

③ 习近平谈互联网发展：核心技术受制于人是最大的隐患. http://cpc.people.com. cn/xuexi/n1/2017/0626/c385476-29361656.html[2017-06-26].

④ 中央网络安全和信息化领导小组办公室，国家互联网信息办公室，中国互联网络信息中心（CNNIC）. 第 40 次中国互联网络发展状况统计报告（The 40th China statistical report on internet development). http://www.cnnic.net.cn/hlwfzyj/hlwxzbg/hlwtjbg/201708/P020170807351923262153.pdf[2017-10-12].

大的提升空间”①。习近平同志还敏锐地指出了我国当前网络环境的主要问题和解决方案：“相比城市，农村互联网基础设施建设是我们的短板。要加大投入力度，加快农村互联网建设步伐，扩大光纤网、宽带网在农村的有效覆盖。可以做好信息化和工业化深度融合这篇大文章，发展智能制造，带动更多人创新创业；可以瞄准农业现代化主攻方向，提高农业生产智能化、经营网络化水平，帮助广大农民增加收入；可以发挥互联网优势，实施‘互联网+教育’、‘互联网+医疗’、‘互联网+文化’等，促进基本公共服务均等化；可以发挥互联网在助推脱贫攻坚中的作用，推进精准扶贫、精准脱贫，让更多困难群众用上互联网，让农产品通过互联网走出乡村，让山沟里的孩子也能接受优质教育；可以加快推进电子政务，鼓励各级政府部门打破信息壁垒、提升服务效率，让百姓少跑腿、信息多跑路，解决办事难、办事慢、办事繁的问题，等等。这些方面有很多事情可做，一些互联网企业已经做了尝试，取得了较好的经济效益和社会效益。”②

与此同时，随着社会主义市场经济体制的逐步建立，中国的传播环境和媒体运行机制发生了巨大而深刻的变化。我国媒体在其产业化和市场化的进程中，也面临着与欧美国家相同或近似的许多媒体问题，如内容低俗化、报道权力寻租等。翻开报纸的社会新闻或娱乐新闻版面，或者打开一些门户网址的首页，常常看到为了迎合用户娱乐和猎奇心理，靠色情、窥私、矛盾、煽情吸引流量的标题和夸大或扭曲新闻事实的内容。同时，微博、微信的朋友圈等自媒体上还存在着大量令人厌烦却又难于摆脱的“负能量党”“营销党”等。事实上，网民对于网络新闻和自媒体传播的真实性仍缺乏质疑意识，直接转发未经核实新闻的现象普遍存在。2016 年中国互联网络信息中心数据显示，“60.3%的网民在转发新闻前不会核实信息的真实性直接转发，仅有 25.7%的用户在转发新闻前会有意识核实信息的真实准确性。由于转发不实新闻零成本，网民在看到热点新闻随手转发的情况仍普遍存在，这对于推动虚假新闻信息的传播起到了推波助澜的作用”③。更有甚者，部分媒体“新闻内容的庸俗化、媚俗化、调侃化、游戏化使得媒体常常回避重大的具有社会典型意义的新闻，变得功利、浅薄、世俗，缺乏职业道德和专业主义精神”④。这些媒体现象理应受到人们特别是媒体素养教育人员的高

① 中国互联网络信息中心（CNNIC）. 2016 年中国互联网新闻市场研究报告. http://www.cnnic.cn/hlwfzyj/hlwxzbg/mtbg/201701/P020170112309068736023.pdf[2017-10-12].

② 习近平. 在网络安全和信息化工作座谈会上的讲话. 人民日报，2016-04-26（002）.

③ 中国互联网络信息中心（CNNIC）. 2016 年中国互联网新闻市场研究报告. http://www. cnnic.cn/hlwfzyj/hlwxzbg/mtbg/201701/P020170112309068736023.pdf[2017-10-12].

④ 屠晶靓. 从“愤青”到“奋青”?——解读电视民生新闻评论特色的转变. 青年记者，2005，(6)：22-23.

度重视。对此，陆晔教授做出了精辟的分析和总结：其一，中国大众传播媒介形态、功能的多元化，在不断满足社会变革过程中日益多样的媒介需求的同时，商业化和娱乐化的弊端也开始引起社会各方的重视，在庞杂的媒介信息面前，提升受众自身的选择、批判、使用能力，成为建构健康媒介生态必不可少的一环。其二，全球化的影响越来越多地对中国的媒介学者和教育工作者产生影响，媒体素养不仅被视为公众一方制衡媒介不良表现的力量，而且，作为公民权利和责任的组成部分，媒体素养旨在强化公众的传播权，以及公众对大众传播媒介在民主机制中发挥正面作用所担负的责任。其三，新媒介技术的发展，极大地增强了信息传播的互动性，给公众通过参与媒介进而参与社会，提供了更多的机会和方式，迫切需要公众的媒介创造能力的培育、提升和自我发展[①]。

二、我国的大众文化现状

中华文化源远流长，我国被公认为是世界四大文明古国之一。大众文化很早即与国家控制相关联，并纳入学者视野。《荀子·乐论》有云，“移风易俗，天下皆宁，美善相乐”，天下者，天下百姓也；因此这句话实际上谈的天下大众之乐、之生活、之文化，乃大众文化之雏形也。而现代意义上中国大众文化的源头，则是近代或工业社会以来，在 20 世纪 30 年代曾伴随着报刊、电影和无线电广播等大众媒体的出现而产生的“上海文化”。“上海的市民文化可以说是中国大众文化的前奏。”[②]但是，直到 20 世纪 70 年代末 80 年代初，伴随着当时社会主流文化的松动和大众媒体的兴起，真正意义上的中国大众文化才开始悄然产生并逐渐流行。当时，戴墨镜、穿喇叭裤、提着录音机满街遛、跳迪斯科、掷飞镖这些风行一时的社会流行文化方式都是通过电影、电视等大众媒体而进入中国社会的。与此同时，武侠、爱情小说，港台歌曲和电视剧进入我国内地，另外，《警犬卡尔》《加里森敢死队》等国外电视译制片类大众文化产品也初次出现在“文化大革命”后的文化生活领域。这些大众文化产品以其个性化的、革新的表演方式，虽然依旧受到当时极左势力的阻挠，但最终还是若久旱后的雨水，迅速传遍我国内地，奏响了大众文化的序曲，让跳惯忠字舞、看惯样板戏的国人耳目一新。应该说，中国的大众文化是在其对精英文化、主导文化等主流文化的不断的反质疑和反批判中逐渐争得一席之地的。当时，部分以精英自居的知识分子出于

① 陆晔. 媒介素养的全球视野与中国语境. 今传媒，2008，(2)：11-14.
② 李光彩. 透视 30 年代上海“大众文化”. 河北工程大学学报（社会科学版），2005，(1)：52-54.

对自己越来越边缘化的处境心怀不满，无不以居高临下的态度，对大众文化十分挑剔，认为大众文化“其实是一种文化工业，商业原则取代艺术原则，市场要求代替了精神要求，使得大众文化注定是平庸和雷同的”[①]。

到了 20 世纪 90 年代中叶之后，面临“社会主义市场经济的基本社会架构的形成、市民社会结构的迅速发展，高科技、大规模的文化生产手段，以及先进媒体所达到的当代水平”[②]这一历史契机和现实境遇，我国大众文化有了进一步发展的现实可能性和必然性。另外，从人类自身看，“人之好动、好奇、好思、好名、好利、好戏、好美，以及人之自我超越性和人的自我装饰倾向，都是促进流行文化生生不息地产生和更新的精神动力”[③]。与此同时，由于主导文化对大众文化及流行文化采取了更为开放和宽容的理性态度，社会对文化的多样性、多层次性和多功能性越来越获认可。于是，冠之以“通俗文化”“流行文化”“大众文化”标签的，诸如通俗文学、报纸的娱乐版面、电视肥皂剧、写真集、手机短信等本土的和外来的文化现象，开始在我国孕育、生长并迅速流行。随着互联网、移动互联网的发展，以及 QQ、微信等即时通信工具和人人、微博等分享平台的流行，建立在新媒体基础上的、新的文化生产与传播模式完全打破了原有文化的垄断。伴随着网络成长的数字化新生一代，保持着对新事物、新文化的猎奇心理；他们肆意地张扬着他们的自主意识和平等意识，愿意使用同种物品或采用同种方式交流，以期获得某种社会身份认同或群体归属感。这就为“微信公众号”“腾讯新闻”“搜狐视频”“粉丝文化”“搜索文化”“点赞文化”“段子文化”等丰富多彩的多元化亚文化的产生提供了丰厚的土壤。它们如万花筒般层出不穷，使新媒体技术权力的扁平化得到最大程度的彰显，宣告了一个文化生产的平权时代的降临。“面对这一波涛汹涌、光怪陆离的大众文化现象，我们不难发现，大众文化无疑已逐渐成为中国文化舞台上极为耀眼的主角，其所遭受的已不再只是被批判和否定的命运；在大众文化流光溢彩、盛世繁华的表象下，是远为深刻的隐形书写和丝毫不容怀疑的光明前景。”[④]

事实上，我国大众文化在不太长的时期内，便迅速成长壮大，最终与来自官方的主导文化、来自历史的传统文化、来自学界的精英文化形成并驾齐驱的主干性社会文化形态。所谓主导文化，是指我国“以社会主义意识形态为核心内容的

---

① 张汝伦. 论大众文化. 复旦学报（社会科学版），1994，（3）：16-22.
② 金元浦. 试论当代的“文化工业”. 文艺理论研究，1994，（2）：26-32.
③ 高宣扬. 流行文化社会学. 北京：中国人民大学出版社，2006：101.
④ 戴锦华. 隐形书写——90 年代中国文化研究. 南京：江苏人民出版社，1999：1-2.

文化类型”[①]。它以一元主导与多样性、先进性与层次性、批判性与建设性、时代性与民族性、继承性与创新性、开放性与包容性，“在现阶段我国的文化系统中始终处于支配地位，它引导、规范、推动、制约着当代中国大众文化的发展”[②]。这也是与我国特有的媒体制度相对应的。借助于我国特有的主导文化，我国当前的大众文化并非完全意义上的西方“文化工业”；同时，借助于大众文化的通俗性和普及性，我国主导文化也会进行意识形态的影响。或者说，“‘主导文化’调整自身以适应市场需要的最好办法，就是引入大众文化的生产与操作规律，将消遣性、娱乐性、大众性等功能融入于‘主导文化’之中，从而缩小其与大众之间的距离”[③]。我国以为人民服务和为社会主义服务作为我们国家文化建设与发展的根本指导思想，体现了改革开放以来中央对于文化与政治之间关系的深层思考。2013 年 12 月 30 日，习近平同志在中共中央政治局第十二次集体学习时强调：“提高国家文化软实力，关系‘两个一百年’奋斗目标和中华民族伟大复兴中国梦的实现。要弘扬社会主义先进文化，深化文化体制改革，推动社会主义文化大发展大繁荣，增强全民族文化创造活力，推动文化事业全面繁荣、文化产业快速发展，不断丰富人民精神世界、增强人民精神力量，不断增强文化整体实力和竞争力，朝着建设社会主义文化强国的目标不断前进。”[④]这一论断明确了我国文化的战略地位与作用、文化建设的目标和任务，是指导中国当前文化改革发展的重要方针。它同时表明，文化建设既具有一般意义上的社会属性，又具有政治意义上的意识形态属性，前者体现为文化建设需要满足人民多元化的精神文化需要，后者体现为文化发展要坚持社会主义的方向与原则。

我们国家有段时间曾经过于强调文化建设的政治意涵，从而提出了“文艺为政治服务”的极左口号，以至于忽略了文化建设的社会属性，这必然会湮灭文化建设与发展的内在活力。所以，中国特色社会主义文化发展坚持以为人民服务、为社会主义服务为核心价值取向，符合文化建设的内在规律，这必然会因为人民精神文化生活需要的满足与文化建设的创造性参与，最终形成中国特色社会主义文化发展的真正生命力。中国特色社会主义文化是人民大众的文化，坚持以人为本、坚持人民至上是中国特色社会主义文化发展的根本价值指向，以满足人民群众精神文化需求为出发点和落脚点。中国特色社会主义文化发展坚持以人为本的

① 金民卿. 文化全球化与中国大众文化. 北京：人民出版社，2004：200.
② 金民卿. 文化全球化与中国大众文化. 北京：人民出版社，2004：306.
③ 禹建强，李永斌. 对媒体制造大众文化的批判. 国际新闻界，2004，(5)：40-45.
④ 习近平谈建设社会主义文化强国. http://theory.people.com.cn/n/2014/0807/c40531-25421812［2014-08-07］.

价值追求，一方面要解决好“为了谁”的问题，坚定地维护广大人民的文化权益，为人民提供更多更好的精神文化产品和服务；另一方面要解决好“依靠谁”的问题，牢固树立群众观点，坚持走群众路线，充分尊重人民群众的主体地位和首创精神，为人人成为社会主义文化建设者提供广阔舞台。同时，还应该把人民满意不满意、接受不接受、认可不认可作为最终衡量标准，自觉接受人民的评判，从而创造出经得住人民和实践检验的文化产品。从这个意义上讲，主导文化并非一定来自官方。从文化内涵的视角出发，当前，“只有体现了社会主义核心价值体系，体现了社会主义意识形态的文化，才是我们国家的主导文化，才是代表我们国家文化软实力的文化。缺失了社会主义核心价值的文化形态或形式，无论表面是何其热闹，何其具有轰动效应，也只能热闹一时轰动一时，充其量只是从属文化，亚文化，甚至亚亚文化”①。只有如此，我国的主导文化才能实现其主导作用，并成为人人能够接受的一种共同文化。

所谓中国传统文化，是指“中国历史上流传下来的，由思想家提炼出来的理论化和非理论化的，并转而影响整个社会的，具有稳定结构的思想方式、价值取向、国民品性、伦理观念、理想人格、审美情趣等精神成果的总和”②。其实，中国传统文化与当前的大众文化、流行文化是可以相互促进、共栖共生的。近年来，我国多个卫视频道陆续推出了《中国成语大会》（央视）、《中国诗词大会》（央视）、《国宝档案》（央视）、《成语英雄》（河南卫视）、《中华好诗词》（河北卫视）等文化节目。其中，《中国成语大会》采用猜成语比赛形式，“自 2014 年 4 月 18 日推出，历时三个多月，共 13 期，每周末在央视综合频道和科教频道播出，收视观众达到3.48亿，第5期至13期节目34城市平均收视率高达1.26%，在同时段最高排名居全国第 1 位。在播出期间，网络热议指数多次冲击新浪微话题电视节目排行榜，百度搜索‘成语大会’主题词高达5200多万条，人民日报、光明日报、环球时报、北京日报等平面媒体和新浪、腾讯、搜狐、凤凰等网络媒体对《中国成语大会》进行了持续聚焦报道”③。可以说，正是这一系列优秀的、具有原创性质的有关中华传统文化的电视栏目，不仅展现了当代主流媒体的文化坚守，而且以一种新颖而独特的视角让广大电视观众感受到了中华传统文化精华的魅力。另外，从发展路径看，我国现代意义上的大众文化确实算得上地地道道

① 刘志友. 论主导文化. 陕西师范大学学报（哲学社会科学版），2010，（6）：107-113.
② 李宗桂. 中国文化导论. 广州：广东人民出版社，2002：14.
③ 李腾林. 从《中国成语大会》谈电视文化节目的主流传播价值. 当代电视，2014，（12）：51-52.

的西方舶来品，其在形式、载体甚至有些内容方面同样具备现代性、商业性、消费性、平民性、娱乐性和参与性等典型的西方大众文化特征，从而表现出与西方大众文化一定的趋同性。但是，就关键内容和生存语境而言，当代中国的大众文化与西方大众文化还是有本质区别的。这是因为，相对于西方大众文化对我国大众文化的影响而言，中国传统文化对大众文化的影响似乎更大一些。

毫无疑问，我国特有的传统文化对我国大众文化和媒体素养教育都产生了深远的影响，使其深深地打上了“中国”的烙印；更为重要的是，由于中国特有的传统文化的影响及现实生活的选择，我国的大众文化所独有的社会主义性、民族性，以及在满足消费享乐的同时又顽强地表现出来的道德教化色彩等很强的中国特色因素，是西方大众文化所不具备的，也是中西方大众文化重要差别所在。也有学者指出，中西方大众文化的主要差异还表现在：“①面对法兰克福学派关于大众文化是统治集团实施意识形态控制工具的指控，中国的大众文化与主流意识形态之间并不存在直接的‘共谋’关系；②面对麦克卢汉对大众文化是一种赚钱文化的指控，时至今日，中国大众文化还不能称之为纯粹的商业文化；③面对约翰·菲斯克对大众弱势群体文化抵抗的刻意强调，中国大众文化的受众大多还是跟着时尚走的‘单面人’；④面对霍克海默和哈贝马斯（Jurgen Habermas）对科学技术已由解放人的工具异化为奴役人的工具的指责，现代媒体技术在中国现代化过程中发挥着现代启蒙和传播现代思想的积极功能，其积极价值不容忽视；⑤面对詹姆逊（Fredric Jameson）认为大众文化是后现代社会的文化模式的论断，整体上仍处于前现代的中国谈后现代问题似乎多少带有瘦子减肥的反讽意味……”[①]这些差异不仅使我们在分析我国的大众文化时不能全盘套用西方的大众文化理论，也使我们在建构我们自己的媒体素养教育体系时，必须考虑中西大众文化不同的生存语境。由于存在这些差异，我们在分析我国的大众文化时就不能全盘套用西方的大众文化理论。

其实，分歧的焦点和问题的关键是大众文化的主体——大众。应该说，大众文化中的“大众”是个历史性的范畴，它在不同的时间与空间，与不同的政治、经济、文化等具有密切的联系。譬如，在西方前资本主义阶段，“大众”主要指中下层普通劳动者，其与“精英”有着明确的分野。在我国，党的十六大指出的“面向现代化、面向世界、面向未来、民族的、科学的、大众的先进文化”中的

① 孙长军. 中国大众文化批评中的精英主义之维. 信阳师范学院学报（哲学社会科学版），2004，(5)：87-91.

“大众”是指广大人民群众。事实上，我国“大众文化”概念中的“大众”应该是一个跨越政治、传播学、哲学、社会学的概念，是市场经济和都市化的产物，其内涵更加接近于语言学上的“大众”，即一切普通的“社会的人”，或者说特指生活于城市（城镇）之中的处于平均状态的人群——他们“彼此之间并不存在质的差别，而是在各方面都表现出明显的一致性”①。具体而言，在我国，包括市民和农民在内的大众媒体及其媒体文化的普遍消费人群，都可以称为大众文化中的大众。既然如此，我们就不能“站立于经典文化的‘孤岛’上，将杂芜且蓬勃的‘大众’文化指斥为‘垃圾’并慨叹当代文化的‘荒芜’或‘废都’”②。其实，中国传统文化中很早就有“天地之间，莫贵于人”“民为邦本，本固邦宁”等特别注重人的价值，强调以民为本的思想，反映了其朴素的利民、裕民、养民和惠民的治国主张。而自中国共产党开始领导中国革命和建设事业以来，以在媒体传播过程中的作用和地位来划分，“大众”和“媒体”的关系也大致经历了四个时代——“群众时代、观众时代、受众时代和公众时代”③。从群众、观众、受众到公众的变化，反映了我国大众文化在其发展历程中，作为媒体文化和大众文化的消费者及创造者，大众的地位由消极、被动到积极、主动、参与的不断提高的深刻变化。近年来，在科学发展观和“四个全面”理论的指导下，我国的大众文化更加强调坚持以人为本，坚持依靠大众，坚持把大众当作文化的主体，从而在一定程度上起着化解主流意识形态的作用，并为作为个体集合的大众的媒体参与、政治、民主诉求等提供了一些现实可能。

第二节　我国媒体素养教育的主要问题

在我国特有的媒体环境和大众文化背景中，自 20 世纪 90 年代末，媒体素养教育开始逐渐进入中国大陆学者的视野，至今已近20年，并俨然成为学界一个显性的话题。在中国当前语境中，我国媒体素养教育在其本土化的过程中，无论在理论层面，还是实践层面，其面临的最大问题，应该是一直沿袭西方媒体素养教育早期的过于严格的保护主义价值取向。

① 邹广文，崔唯航. 私人时间与当代中国大众文化的崛起. 长春市委党校学报，1999，(5)：58-62.
② 戴锦华. 隐形书写——90 年代中国文化研究. 南京：江苏人民出版社，1999：2-3.
③ 白传之，闫欢. 媒介教育论——起源、理论与应用. 北京：中国传媒大学出版社，2008：188.

一、文化层面：精英思维倾向颇为严重

通过前面的梳理，我们知道，不论是“免疫式”媒体素养教育、“流行艺术式”媒体素养教育和“屏幕教育”，还是后来的“超越保护主义”媒体素养教育，文化都曾作为一个极为重要的向度被纳入其研究视野。但是，即使涉及文化考量，上述媒体素养教育模式也大都采取一种精英文化取向、主流文化取向和面向社会精英阶层的精英思维。而且，媒体素养教育理应针对社会普通公众，但是众多的学者仍然立足于精英教育来确立媒体素养教育的目标。若以这种文化取向和思维看待其他非主流文化，则不难发现，在我们的现实生活中，“大众文化几乎已经成了‘自由’和‘个性’的代名词，它意味着反叛权威、精英和摆脱传统的束缚，拒斥诸如‘真’、‘善’、‘美’、‘圣’等终极价值或人类永恒的崇高追求目标对人的感性世界的制约，它依靠追求时髦和不断更新来寻找自身的价值”[①]。若将这种思维和观点运用于媒体素养教育，必然会产生灾难性后果。

学生、农民、少数民族或其他人群的媒体使用经验没有得到充分尊重，也几乎没有可能进入课程得以讨论。因为没有充分重视底层的媒体使用经验，研究者或教育者几乎是一厢情愿地认为：“媒介对青少年或受众有很多‘坏影响’（比如暴力和色情等），因此，要在教育者的帮助下‘修炼内功’，以抵制这些‘坏影响’；而没有看到底层人民和学生如何利用媒介对他们的生活产生的正面影响。”[②]还有学者认为，媒体素养教育的一项重要任务就是努力将青少年从其“对亚文化的强烈认同中转化过来”[③]。

从本质上讲，任何教育都存在一个文化立场。一般来说，学校教育的文化立场，在于促进人的全面、和谐、自由的发展，因此它总是倾向于选择代表了人类千百年来文化成果的提炼和浓缩——人类文化的“经典”作为教学内容，这本是无可厚非的。长期以来，“学校教育主要代表的是精英文化和主导文化的价值取向和审美趣味，在习惯了以‘经典’育人的学校教育看来，‘媒介文化’虽然为学生喜闻乐见，但是它天生是一种‘带菌的’、‘等而下之’的文化类型，所以学校教育应该对媒介文化坚决抵制以保护学生，维护经典的至高地位。学校教育所惯常的这种精英文化立场也对媒体素养教育的理论和实践产生了深远的影响”[④]。于是，在我们的媒体素养教育教材里，经常会出现“捍卫主流文化领导权”的内

① 王艳，张彭松. 大众文化及其本质. 理论界，2006,（2）：145-146.

② 陆晔. 媒介素养：理念、认知、参与. 北京：经济科学出版社，2010：202-203.

③ 陈龙. 青年亚文化与当代媒介素养教育. 国际新闻界，2005,（2）：17-22.

④ 李凡卓. 论媒介素养教育的文化立场——一种文化研究的视角. 当代教育科学，2012,（9）：6-9.

容，以及站在主流文化代言人的立场，要“挽救亚文化”，而不是肯定亚文化根本就是文化的一部分。应该说，当前大多数“草根文化”“网络文化”“点赞文化”“段子文化”等非主流文化，都具有亚文化的特点。亚文化固然有其不妥、不好的一面，但也不能一棍子打死，不能将其排除在媒体素养教育之外，或者作为被奚落、被转化的对象引入媒体素养教育。事实上，这种基于精英、主流文化取向的媒体素养教育理念至少存在着三个误区：“其一，没有充分考虑到亚文化本身也是媒体素养教育的重要内容和对象；其二，没有以一种介入性、参与性的立场将亚文化看成是青少年当下生动的、真实的生活实践，难免在衡量亚文化功能的时候失之偏颇，不当地把亚文化看成是需要纠偏和‘转化’的不良文化；其三，错误地把媒体素养教育对象和亚文化群体简单地对立起来，根本忽略了亚文化群体在媒体素养教育中所能发挥的重要作用。”[①]而且，从本质上讲，这种教育学与媒体素养教育学，特别是批判的媒体素养教育学是背道而驰的，其教育的结果不是提高思辨能力，而是顺应了不合理的社会秩序或意识形态，这可以说是媒体素养教育的反动。

二、价值层面：“妖魔化”媒体倾向依然存在

媒体素养教育滥觞于英国的主要原因，无外乎是当时社会精英出于对大众媒体的本能抵制而应该采取一种文化保护。大卫·帕金翰曾经归纳了媒体强效果论时期的三种代表性观点[②]：“道德恐慌”（moral panic）、“插电毒品”（plug-indrug）和“共意制造工业”（consciousness industry）。其中，“道德恐慌”首先指向当时世俗化、平庸化、媚俗化的大众媒体，无论是虚构的形式还是所谓“可靠的新闻”，总是偏向一些怪诞、小资和残暴等非道德甚或反道德的素材。而这种嗜好，势必使得社会公众普遍生活于一种道德危机的压力之下，并进而导致对普遍道德原则与社会整合丧失信心。“道德恐慌”实际上就是视媒体为社会道德沦落的罪魁祸首，媒体中有关暴力和色情的内容最易招致批评。“插电毒品”观点认为电视使儿童不再致力于更有意义的事，而是在电视影响下变得日趋懒惰和感情麻木。帕金翰进一步将有关性别角色和种族态度的主流意识形态也引入到媒体建构（即制造）的共同意识中，认为“共意制造工业”使得媒体成为各种（包括政治、经济、文化等）意识形态的强化者。而且，Cary Bazalgette 在回顾

① 胡疆锋. 亚文化语境中的素养教育. 当代文坛，2009，(6)：19-22.

② 转引自：Davis J F. Media literacy：From activism to exploration，a report of the national leadership conference on media literacy. http://files.eric.ed.gov/fulltext/ED365294.pdf[2017-10-12].

英国媒体素养教育的发展时，曾批评早期“免疫式”媒体素养教育是“灾难的开端”，理由是“责难媒体”的媒体素养教育连带地产生了“否定”媒体的误解。“而‘否定’媒体的思维在所有国家媒体素养教育理念中都有不同程度的体现。”[①]受英国媒体素养教育运动的启发，美国的媒体素养教育运动也一直伴随着“道德恐慌”和对媒体信息、媒体受众等概念的简单化理解。大卫·帕金翰对此评价道：“美国的媒体素养研究经常获得来自精神健康领域的资金资助，这意味着媒体素养问题可能是病理学或精神障碍等问题引起的。”[②]在他看来，受众在媒体道德失范的媒体信息面前往往是无能为力的；他们迫切地需要基于道德保护、文化保护、健康保护及政治保护的媒体素养教育。

基于保护主义价值取向的媒体素养教育似乎更适合于某一个国家媒体素养教育发展的起步阶段，我国当然也不例外。虽然极端化的“免疫式”媒体素养教育在 20 世纪 60 年代已渐式微，但其负面影响仍时隐时现。过去，台湾的学者认为，台湾的传媒有很多弊端，譬如“众声喧嚣、吵闹、真相模糊”“缺乏深度与内涵”等。而且，从中国台湾媒体素养教育的发展来看，在过去很长的一段时间内，一谈到媒体素养教育时，似乎就是跟媒体站在一个对抗的位置，觉得民众应该站起来，如何能骂媒体骂得好，这好像成为素养的一部分[①]。当前，在中国大陆，由于很多家长、老师甚至教育决策机构只是片面关注到媒体的负面影响，只是简单地停留在“媒体受众是媒体被动的受害者，被媒体的强大效果一击即倒”的传统媒体观念上；因此，在我国当前的媒体素养教育中，仍然“充斥着拒绝式、对立式和预防注射式的思考，以及只靠常识的批判思考，从而使媒体与媒体受众处于互为对立的角色”[③]。而且，由于政治制度和媒体制度的原因，我国的一些媒体机构也一度出现“去政治化”倾向，几乎都在考虑如何“经营”媒体上做文章——一些媒体越来越因为追逐利益而低劣化。

2017 年 6 月 21 日，贵阳××中学将全体学生集中在操场上观看被收缴的手机现场销毁。说起这件事，学校振振有词：“这是我们学校的规矩，不允许带手机，带到学校要交老师保管，不能自己藏起来玩，各种话都说了，还私藏的，我们学校只有这么处理，直接当着学生的面给它销毁。也是为了方便管理学生，家长是同意学校这么做的。”事实上，该校不仅公开砸手机，而且宣布：

① 转引自：邱伟. 台湾媒体素养教育的实践困境. 东南传播，2007，（1）：61-62.

② Buckingham D. Children Talking Television：the Making of Television Literacy. London：Falmer，1993：10-11.

③ 仇加勉. 超越保护主义：文化反哺视角的媒介素养教育. 现代传播（中国传媒大学学报），2007，（4）：112-115.

“以后所有的手机，只要私自带进来没有手机携带证的，全部泡水后砸烂处理！”[①]如此“用心良苦”的事件，我们时有耳闻，尽管出发点是好的，但总觉得有些不妥，学校、家长完全可以采取更加理性的方式解决问题。难道不能在发现后没收，等学期末或毕业后再还给学生吗？这表明，越来越多的家长、老师，甚至教育机构片面认识、夸大了媒体的负面影响，他们对孩子们留恋于手游无不痛心疾首：“那种专注、那种迷恋、那种爱慕、那种笑逐颜开……那种表情是我们一直渴望从孩子身上得到的，也是他们一点点都不舍得给予我们的，更是孩子在成长之后渐渐消逝掉的。我之所以痛恨是因为我不仅仅是一位家长，更是站在一线的教师。”[②]更有甚者，在“一切为了孩子”的前提下，在众多儿童家长中，“有不买电视、不看电视，以及拔掉插头，电视当摆设的；有不用手机、进门就关机的；有不买电脑、不用电脑，以及将电脑当摆设的……还有什么说看电视眼睛会烂，什么电视里的熊会跑出来吃人等”[③]。其实，如此做法，是不会起到家长们的预期效果的。更何况家长一般只在家庭内部才能发挥权力；一旦离开家门，大众媒体的影响又是铺天盖地、无孔不入、防不胜防。但他们就是喜欢简单的拒绝和严防死守，他们就是喜欢对大众媒体，特别是对基于网络对众多新媒体采取“抵制”“否定”甚至“妖魔化”的价值取向。与此相对应的是，从这种取向出发的媒体素养教育往往局限于对青少年媒体行为的片面约束、抵制和保护。

在这种思维主导下，2006 年寒假，复旦大学媒介素养研究中心在上海闸北区青少年举办的“离网离视体验周”教育活动，虽然获得一些媒体的好评，但也遭受到很多质疑。人们不禁要问，“离网离视”真能给孩子们带来阳光吗？理解新媒体对生活的影响，真的需要采用这种“铁腕”手段吗？这种教育是以促进学生的发展为出发点吗？2010 年全国政协委员严琦建议，“关闭所有社会网吧，政府办公共网吧”。她说，“网吧衍生的各种社会问题，已经成了社会顽疾，针对顽疾，就应该下猛药”[④]。可是，“关闭所有社会网吧”将是一个多么浩大的社会工程，将影响到多少人的切身利益，将引发多少矛盾冲突，又将牵涉多少个正当性和合法性问题？面对此提案，广大网民不愿意了。他们“以其人之道，还治其人之身”，建议“将餐馆全部关闭，改为政府开办的大食堂”。无独有偶，在

---

① 贵州一中学当众砸毁学生手机. http://www.thecover.cn/video/360060［2017-06-22］.

② 中学老师怒怼“王者荣耀”：手游成了“黑网吧”. http://www.thecover.cn/news/364683［2017-06-29］.

③ 孙爱琴. 儿童早期家庭媒介素养教育的困境及其关键点. 学前教育研究，2014，（9）：31-37.

④ 全国政协委员：关闭社会网吧，政府办公共网吧. http://tech.163.com/10/0302/09/60OQVEV1000915BF.html［2010-03-02］.

2011 年全国“两会”闭幕之际，“疯狂英语”创始人李阳先生在其微博上连续发博呼吁，“中国作为社会主义国家，应该坚决取缔所有的游戏机和游戏网站！这将是人类最伟大的创举！我为千千万万心在流血的父母发出这个呼吁！电子游戏有百害而无一益，比毒品还可怕，因为贩毒要判死刑，而游戏机和游戏网站披着高科技的外衣在大肆毒害青少年，这是在破坏成千上万家庭的幸福，动摇一个国家的根基……我建议再来一次虎门销烟，把游戏机、老虎机统统堆在一起烧掉！社会主义国家应该发挥自己独特的优越性，深入到人民生活的方方面面，对精神垃圾进行残酷的、彻底的清除，毫不留情。可以牺牲这个行业的所有就业机会，因为如果保护了他们的就业机会，就会导致一代人、两代人，甚至一个民族的整体堕落”[①]。作为在欧美和日本市场规模堪比电影业的游戏业，虽然有不好的一面，但往往也可以成为“很多孩子在繁重学习压力下放松身心、发泄情绪的‘出口’。学生在玩网络游戏时还可以学到合作团结的精神，如何一起同心协力打赢对方或做团队任务，这都要有足够的团队精神和默契才能够成功。游戏本身没有对错，错在缺乏正确的引导。未成年人沉迷于网络，最大的责任来自于家长”[②]。应该说，学生将主要精力投身到学校学习、书本学习本身并无可厚非；但一个人的媒体素养无论如何也不能简单地等同于与大众媒体和大众文化彻底绝缘的决心与意志。如果不停止无理责难媒体与否定媒体，媒体素养研究将难以摆脱“多年来一直在挣扎着，努力想得到社会认可的境地”[③]。

其实，在国家层面，这种“抵制”媒体、“归咎”媒体的态度和行动的影响或许更大。譬如，2002 年，台湾某偶像剧在社会上产生很大的负面影响的时候，国家广播电影电视总局下令停播。教育工作者和媒体管理部门认为，这部台湾偶像剧所宣扬的拜金主义等错误的价值观对青少年阅听人有巨大的毒害作用，所以应该禁播；只有这样，才能使青少年“摆脱电视”，并使其免于不良文化和不良价值观的荼毒。但是，他们忽视和低估了青少年本身所具有的批判性和解码能力。事实上，更多的青少年为了满足自己情感和娱乐需要，仅仅是把该剧当作一个纯美的爱情故事；他们通过“反抗式阅读”，从中获得了“友情、亲情高于金钱”的结论。

实际上，媒体素养是一个包涵多重维度、多重要素相互交融的复杂能力结构

---

① 李阳疯狂英语微博. http://weibo.com/lyce?refer_flag=1005055014_&is_hot=1[2017-10-12].

② 别再《怼天怼地怼王者荣耀》，家长们怎么不怼怼自己. http://www.toutiao.com/i6438757527587914241/[2017-07-04].

③ 伯金汉，张开，林子斌. 媒介素养教育在英国（上）——访谈与思考. 现代传播（中国传媒大学学报），2006，(5)：135-139.

和素质结构，它要求我们具备多重批评标准，并且把这些标准有机结合起来去把握和判断。而且，媒体素养教育作为一项价值性很强的教育活动，有关文化、审美、道德、意识形态等标准的价值尺度在其中扮演着十分重要的作用，忽视这些价值标准的存在，必然难以企及媒体文本的价值真谛，也难以企及媒体素养教育本身的价值真谛。当前我国的媒体素养教育所表现出的某些“抵制”媒体、“妖魔化”媒体的取向，其价值尺度无疑被应用得过于简单、机械、浅薄和粗暴，从而在价值判断时往往陷入诸如“好与坏”“正面与负面”“留与弃”这样非此即彼的二元对立中。

三、教育层面：灌输式教学尤为普遍

我国在引进西方媒体素养教育理念之初，卜卫就曾警告说，“在媒体素养教育中，教师不应以自己的体验代替学生的体验，不能以自己的判断代替学生的判断”[①]。然而，现实情况是，“我国一贯主张媒体舆论和思想的引导，在教育上，始终还是师道尊严，以灌输训解为要，耳提面命为豪，在这样的状况下，媒体素养教育的话语很容易消融于固有的劝说指导传统中，成为家长、教师调教孩子的又一个上好理由。但长此以往，最后往往流变成不能自我表达，不习惯主动思考，无法也不敢对媒体提出批判意见。教师本身是填鸭式教育制度的产物，普遍缺乏经验组织互动学习的教学环境，让学生能对媒体议题畅所欲言，有些老师更不能开放地接纳学生的观点。有些时候，即使老师带领学生对不负责任的传媒做出批判，他们还是很少考虑进一步建议学生把不满诉诸有关机构，主要原因是这些老师在成长时期同样缺乏公民参与意识与经验，我们的社会还没有形成容纳反对的声音的环境与机制，如果不从教育教学方式各个方面来一个全新的变革。最终的结果无非是又增加了一个对学生进行灌输式教育的机会，离提高学生素质的根本目的相差甚远”[②]。而且，不少媒体素养教师仍然相信他们可以教给学生正确价值观、正确知识和精英品味以及相应的能力。因此，大多数的文章或教材局限于教授知识，但缺少对一些关键问题的反省：这些知识是谁建构的？为谁建构的？为了达到何种目的？等等。这些问题的实质在于，“个人的批判自主权和赋权没有被放到应有的重要位置上。这实际上是来自教学的挑战。如果主流或传统的教育学没有任何改变的空间，比如，没有大规模的教育改革，那么在这种情

① 卜卫. 论媒介教育的意义、内容和方法. 现代传播（北京广播学院学报），1997，(1)：29-33.

② 仇加勉. 超越保护主义：文化反哺视角的媒介素养教育. 现代传播（中国传媒大学学报），2007，(4)：112-115.

景下，仅仅靠媒体素养教育来挑战教育制度可能收效甚微”[①]。

然而，西方媒体素养教育的历史嬗变过程不断提醒人们，媒体素养教育的对象在接受媒体素养教育之前并非对媒体一无所知。在我国，正如陆晔教授指出，“尽管从未冠以媒体素养之名，但是长期以来，由于中国大众传播媒体的喉舌功能，普通民众对媒体文本的解读、认知、理解，一直是他们间接参与社会政治生活中一个重要的领域。除了有组织的对重大政治事件的新闻报道和评论进行学习之外，公众在新闻使用上，业已形成相当深刻的领悟力。无论知识阶层还是普通百姓，对‘文以载道’的历史传统都有着来自民间的深厚理解，因此寻找媒体文本的‘弦外之音’，多年来从来就是公众媒体使用的目的之一”[②]。我国媒体使用者在其媒体化生存过程中，也早已积累了基于自己切身感受的、丰富的媒体体验和媒体素养，虽然这种媒体素养带有某种自发性和朴素性。在这种情况下，用灌输式的说教替代学生关于媒体识读的“批判性自主”体验，恐怕只能适得其反。无论上面提到的哪一种类型的问题，都在不同程度上反映了我国媒体素养教育当前立足于对媒体的防范和对受众保护，所采取的是一种过分严厉的保护主义取向的事实。当前，我国对青少年媒体接触的态度仍处于以防范、抵制为主的“家长制”阶段，青少年处于被动监管的情形下，主体性和积极性都没能得到开发，这既难收到实效，也与我国素质教育与媒体素养教育要实现学生自我全面发展的目标相违背。而究其主要原因，无外有三：一是“社会本位”的导向思想在作祟，只考虑社会负面因素对学生的影响，以一些极端的事例来推演到整个教育当中；二是以媒体学者为主干的媒体素养教育研究群体对当前如火如荼的教育改革指导思想认识模糊；三是媒体研究步伐未能跟进当前国内媒体发展形势，以及社会整体对于媒体文化的态度转变显得有些滞后。显而易见，这些原因并不能作为继续采取、推行严格保护主义媒体素养教育的借口。

平心而论，近20年来，我国的媒体素养教育研究和实践探索是十分艰苦的，也是难能可贵的。伴随这些探索的时代背景是，“中国社会目前正在进行着一次巨大的工业化、城市化变革，这场以‘时间迁徙’和‘空间迁徙’的方式同时进行着的变革，把西方国家持续了上百年甚至几百年的进程压缩在短短的数十年间内完成。与此对应的是，短短的十多年之内，西方媒体素养教育历史嬗变过程中历时态的多种价值取向在中国大陆几乎是共时态地涌入研究者的视野，由于对有关媒体素养理念、目标、实践形态和社会意义等各维度，不同的研究者之间尚缺

① 陆晔. 媒介素养：理念、认知、参与. 北京：经济科学出版社，2010：202.
② 陆晔. 媒介素养的全球视野与中国语境. 今传媒，2008，(2)：11-14.

乏比较一致的价值取向和理论起点，从保护主义的道德防范立场，到对媒体市场化商业化的意识形态批判；从对公民社会的认同，到强调主流意识形态控制；从技术决定论的乐观主义，到哀叹大众文化泛滥的悲观主义……这些，比 Hobbs 概括的美国围绕媒体素养的七大争论，要更加莫衷一是”[①]。但不管何种纷争，有一点却达成了共识：抛弃传统的“纯粹”保护主义取向的、“灌输式”的媒体素养教育，建构和开展一种“超越保护主义”的、“赋权”的媒体素养教育。

第三节　“超越保护主义”价值取向的媒体素养教育理论建构

如前所述，我国有着与西方社会迥然不同的政治、经济、文化背景。由此得出的逻辑结论是，我们在建构自己的媒体素养教育体系时，必须考虑不同的中西政治、经济、文化生存语境。但是，由于媒体素养教育遵循自由、平等、民主等普世价值观，每一位生活在世界不论任何国家或地区的当代公民，尤其是青少年，接受“媒体启蒙”已经成为其成长过程中的必要和必需；因此，我们不能过分强调媒体素养教育的中国特色，否则就根本没必要开展，也无法开展。正确的做法是，在条件还不太成熟时积极创造条件启动之，或许反过来会促进我国体制和制度层面的优化，向世界发展潮流看齐。本书尝试从以下几个方面对我国的媒体素养教育理论体系进行初步的探讨和建构。

一、“保护”不再需要吗

如前所述，从一开始，我国就站在批判的立场上开展媒体素养教育。“而这种立场，尽管后来经过学者的扬弃，尤其是经过了建立在顺应媒介和社会变革基础上的媒介素养理念的调整，但这种对批判意识的主动坚守不能不说是从利维斯开始便是一脉相承的。”[②]事实上，“超越保护主义”的媒体素养教育所摒弃的，是纯粹的、绝对的保护主义，但并不是一点保护都不要。因此，我国开展媒体素养教育，一些适度的、及时的和合理的保护还是不可或缺的。

---

① 陆晔. 媒介素养的全球视野与中国语境. 今传媒，2008，(2)：11-14.

② 常志刚. 媒介素养教育思想的嬗变：从 F. R. 利维斯到麦克卢汉//2014 联合国教科文组织-联合国文明联盟全球媒介信息素养与跨文化对话大会论文集. 2015：132-148.

首先，当前无论是对西方发达国家特别是美国文化霸权的抵制，还是对我国媒体市场化运作中出现的不良现象的应对，抑或是对不良意识形态的消除和对“身份政治”的矫正，媒体素养教育都是一种调适人和媒体之间失谐关系的相对有效的途径和方法，是我们对于社会和媒体中出现的问题的积极思考和主动应答。换句话说，在这一过程中存在着一定的保护色彩。因为面对媒体的负面影响，面对人-媒关系的种种不适，面对网络安全方面受到的种种威胁，采取完全放手、放任自流的态度和方式显然是不可取的。2014年2月27日，习近平同志在中央网络安全和信息化领导小组第一次会议上的讲话中明确指出：“没有网络安全就没有国家安全，没有信息化就没有现代化。建设网络强国，要有自己的技术，有过硬的技术；要有丰富全面的信息服务，繁荣发展的网络文化；要有良好的信息基础设施，形成实力雄厚的信息经济；要有高素质的网络安全和信息化人才队伍；要积极开展双边、多边的互联网国际交流合作。”[①]因此，我们不但要有网络安全意识、国家安全意识，还应有核心技术保护、核心人才保护意识。当年，赫胥黎曾戏谑道，如果向猴子提供足够多的打字机，总会有一些猴子最终能创造出诸如莎士比亚的戏剧、柏拉图的对话录等杰作。如今，在 Web2.0 的世界里，“很多‘业余者’用他们的电脑在网络上发布各种各样的东西：漫无边际的政治评论，不得体的家庭录像，令人尴尬的业余音乐，隐晦难懂的诗词、评论、散文和小说……在博客里，人们恬不知耻地公开了自己的私人经历、性生活、人生渴求、生活所缺甚至重新活一次的想法”[②]。难道在这样一个精英消解、“草根”为王的时代，成千上万的网民真要成为“猴子们”？无论如何，我们绝不能真的成为“一个娱乐至死的物种”。因此，在新媒体时代，人人都应该有一种自我保护意识，正确处理好自己与媒体的关系，以免使自己在媒体化生存中成为媒体的奴隶。

其次，我国的媒体素养教育，应该是一种继承、弘扬我国优秀传统文化的文化保护教育。我国传统文化源远流长，虽不免有其糟粕，但终以其独一无二的理念、智慧、气度、神韵、悠久历史，增添了中国人民和中华民族内心深处的自信和自豪，也以其海纳百川、地承万物的气魄和精深博大、兼容并蓄的亲和力，即使在当代仍彰显出超越时代和地域的文化熏陶和保护价值。然而，我国当前的文化语境，虽然有其值得肯定的一面，但也越来越受到诸如“消费主义”“享乐主

① 习近平谈互联网发展：核心技术受制于人是最大的隐患. http://cpc.people.com.cn/xuexi/n1/2017/0626/c385476-29361656.html[2017-06-26].

② 安德鲁·基恩. 关于互联网弊端的反思：网民的狂欢. 丁德良译. 海口：南海出版公司，2010：1.

义”“文化帝国主义”等媒体文化的威胁，其发展客观环境并不容乐观。尤为严重的是，当我国历史上一个个文化巨人和英雄人物被恶搞，如当“屈原投江并非因为爱国”“诸葛亮是中国最虚伪的男人”等奇谈怪论出现的时候，当诗仙李白变成了剑术高超的刺客、扁鹊变成了用毒高手、诸葛亮变成了职业法师的时候，我们知道，网络恶搞之风终于走向了对经典文本无节制、无原则“戏说”“大话”“水煮”的狂欢，终于走向了亵渎经典、开涮名人、调笑历史、不分是非、颠覆传统、颠倒黑白、不见敬畏的“无所不搞”。当前，网络上还充斥着种种挑战和风险：“与年龄不匹配的内容、未经核实的内容、非法内容（如种族主义和儿童色情等）、煽动危害、侵犯人权/诽谤、针对儿童的不当广告与营销、隐私权侵犯、版权侵犯、有害的建议、身份盗用、金钱诈骗/网络钓鱼、商业欺诈、诱拐、欺凌、披露私人信息、档案分析。”[①]但深具讽刺意味的是，一边是网络恶搞的盛行和“暴力文化”“黑客文化”“炫文化”“假文化”“丑文化”等俗文化的泛滥，一边却是书籍阅读率的一再下降和“浅阅读”现象的日渐普遍。而且，“很多人根本无法忍受一星期或几天不看电视的日子，却可以对几个月不读书泰然处之”[②]。在这种严峻形势下，提倡传统文化教育，提倡“文学文化”教育，提倡“对包括红楼梦这样的经典文学巨著，无论是原拍、戏说，还是翻拍，不看最好，少看次之，而要多读、多读、再多读”[③]，对于我国媒体素养教育的开展和社会民众媒体素养的提高，无疑具有一定的现实意义。

当前，在新媒体环境和参与式文化中，诸如个人隐私的侵犯、知识产权的侵犯、信息安全的失范、信息犯罪、文化的侵犯和信息污染等种种充满冲突、混乱和无序的弊端也导致了媒体道德观念的紊乱和沦丧。近些年来，由于接近于零的准入门槛和以追求回报最大化为目的，网络直播平台一时风靡于网络，但直播内容大都缺少内涵、缺少文化，显得过于肤浅、低俗、粗糙、功利，屡屡突破法律的底线。终于，“2016 年 4 月 14 日，文化部通报斗鱼、虎牙直播、YY、六间房等 19 家网络直播平台，涉嫌提供含有宣扬淫秽、暴力、教唆犯罪、危害社会公德内容的互联网文化产品。7 月 13 日，文化部公布了首批被查处的 26 个网络表演平台，关闭严重违规表演房间 4313 间，整改 15 795 间，处理违规网络表演者 16 881 人。虽然主播会与平台签订协议遵守相关法规，但在利益的刺激下，还是不断有

① Grizzle A，Wilson C. UNESCO’s media and information literacy curriculum for teachers . http:// unesdoc. unesco.org/images/0019/001929/192971e.pdf[2017-10-12].

② 高德胜. 道德教育的时代遭遇. 北京：教育科学出版社，2008：43.

③ 王旭明. 建议少看多读《红楼梦》. http://blog.sina.com.cn/s/blog_53402f740100lvza. html?tj=1.

主播越过红线，由于是直播，网络平台也只能被动地中断节目或事后封号。”[①]另外，大数据应用于新闻传播领域之后，“会因为受众数量的巨大和新闻时效性等条件的限制，无法一一对发给受众的新闻进行鉴别和考量，因此难免会有一些暴力色情、违法犯罪的新闻信息传播出去，如果不加以管理和约束，一味地依靠大数据技术来推送新闻，片面追逐受众喜好，甚至会传播一些危害国家安全、社会稳定的信息”[②]。可见，一些最新的传播技术、大数据技术在新闻传播领域、社会性方面的漏洞，也必须引起高度重视。为了营造一个健康、文明的网络文化环境，进行文化保护和意识形态保护，这些惩处、整改措施是很有必要的；否则，对其听之任之，不仅会严重破坏国民的审美情趣和文化品位，而且也会导致舆论混乱和社会无序。当然，针对这些不良现象，除了惩处和整改之外，正面引导和激励也是一项必不可少的措施。习近平同志强调指出：“网络空间是亿万民众共同的精神家园。网络空间天朗气清、生态良好，符合人民利益。网络空间乌烟瘴气、生态恶化，不符合人民利益。谁都不愿生活在一个充斥着虚假、诈骗、攻击、谩骂、恐怖、色情、暴力的空间。互联网不是法外之地。利用网络鼓吹推翻国家政权，煽动宗教极端主义，宣扬民族分裂思想，教唆暴力恐怖活动，等等，这样的行为要坚决制止和打击，决不能任其大行其道。利用网络进行欺诈活动，散布色情材料，进行人身攻击，兜售非法物品，等等，这样的言行也要坚决管控，决不能任其大行其道。没有哪个国家会允许这样的行为泛滥开来。我们要本着对社会负责、对人民负责的态度，依法加强网络空间治理，加强网络内容建设，做强网上正面宣传，培育积极健康、向上向善的网络文化，用社会主义核心价值观和人类优秀文明成果滋养人心、滋养社会，做到正能量充沛、主旋律高昂，为广大网民特别是青少年营造一个风清气正的网络空间。”[③]

从一定意义上讲，我国的媒体素养教育，是一种在西方一些发达国家媒体素养教育达到一定水平以后才开始启动的“后发型”媒体素养教育，也是在面对我国当前的媒体环境和大众文化环境及其所带来的种种问题所开展和实施的媒体素养教育，因此本能地有着文化保护、道德保护和政治保护等历史使命。当然，这种保护，并不是对包括大众文化等在内的非主流文化赶尽杀绝，而是有褒有贬，有打有压，有收有放，是一种理性而有序的保护。

---

① 贾毅. 网络秀场直播的“兴”与“衰”——人际交互·狂欢盛宴·文化陷阱. 编辑之友，2016，(11)：42-48.

② 王国鹏. 大数据时代媒介生产方式和传播机制的变革研究. 济南：山东大学，2014：62-63.

③ 习近平. 在网络安全和信息化工作座谈会上的讲话. 人民日报，2016-04-26（002）.

二、为何偏偏是赋权

本书在前面已经多次提到了“赋权”。赋权，本来也是一外来术语，其对应的英文为 empowerment，有不同的定义解释（光中文就有赋能、充权、充能、授权、授能等翻译）。一般来说，“赋权”乃是个人、组织与社区借由一种学习、参与、合作等过程或机制，使其获得掌控自己本身相关事务的力量，以提升个人生活、组织功能与社区生活品质的一种理念和行动。赋权广泛涉及公民参与、协同合作和社群意识等概念，具有“多层次性”（个人、团体、组织及社区）、“多面向性”（人际、社会、行为、组织及社区）、“草根性”（涉及由下而上）和“动态性”等典型特征，其对现代公民教育和媒体素养教育的重要性不言而喻。卜卫认为，“赋予权力是指一个过程，学生们在这个过程中获得了批判地运用存在于他们直接经验之外的知识和方法，目的是加深他们对自身和世界的理解……赋予权力的核心问题是寻找那些可以消除社会不公正和减少权力不平等的方法”①。她进一步强调，“媒体素养教育的目标应该包含个人的层面，即发展对媒体的批判性自主权，以及社会层面的，即提高发声的能力，这最终将有利于发展一个更为民主的社会”②。本书认为，作为“超越保护主义”媒体素养教育的核心价值取向，“赋权”在我国还具有如下的特殊意义和价值。

1. 赋权的超越保护指向

赋权的重要价值自然引起了教育界人士的广泛注意和研究。英国大卫·帕金翰博士正是通过将赋权引入媒体素养教育，并通过卓有成效的青少年媒体素养教育理论研究和实践，提出了“超越保护主义”价值取向的著名论断。他认为，赋权是与“绝对保护”相对的一个概念，是“超越保护主义”媒体素养教育的核心价值所在。他还认为，教育者对大众媒体的态度应该变“堵”为“导”，应以青少年为中心，尊重他们既有的媒体知识和媒体体验，引领青少年根据自身的利益对媒体信息做出明智的选择，尤其是要鼓励、赋权青少年参与媒体制作，以增进他们对传播的本质和新媒体技术的认识。“因此，这种新的媒体素养教育已不再是一种被动的保护主义策略，而是一种培养青少年对大众媒体进行批判分析的对话过程。”③大卫·帕金翰认为，该过程主要表现在以下几个方面：首先，学生

---

① 卜卫. 对媒介素养教育及其研究的反思//彭少健，王天德. 2008 中国媒介素养研究报告. 北京：中国广播电视出版社，2008：10.

② 卜卫. 对媒介素养教育及其研究的反思//彭少健，王天德. 2008 中国媒介素养研究报告. 北京：中国广播电视出版社，2008：12.

③ 秦学智. 帕金翰“超越保护主义”媒介教育观点解读. 比较教育研究，2006，（8）：49-53.

在成为媒体素养教育对象之前，业已积累了比较丰富的有关媒体的认知体验，那种认为青少年学生是媒体效果的被动的受害者的观点已经受到有力的挑战。而且，从更广泛的意义上讲，学生是比我们原来想象的更成熟、更具评价能力的受众。他们至少比许多媒体素养教育工作者原有的估计更复杂，更具批判性。当然，如果将原来认定的那种天真的、易受伤害的浪漫化的孩童形象，置换为世故的、具有十足媒体理性的小大人形象，也是非常危险的。青少年有关媒体的认识显然也是在不断发展的，这种发展有赖于媒体本身以及媒体向青少年学生提供的批评意识和观念。将媒体的力量和受众的力量简单化为“有、无”的争辩是没有多大益处的。其次，20 世纪末媒体技术的革命性发展，新媒体极大地改变了社会的媒体生态和人们的媒体观念。此时也正是参与式文化蓬勃发展的时候。相应地，媒体素养教育的价值取向必须有所改变，先前被动的、基于“读”和“堵”的保护主义取向已不再适用，取而代之的应该是一种主动的、基于探索和赋权的取向，也就是从被动的“防御性保护”逐步走向主动的、赋权式的“进攻性保护”，即所谓的“超越保护主义”。

2. 赋权的参与指向

媒体素养教育所强调的赋权，“不仅是对媒介的回应，也是对主流教育学的回应。这其中潜藏着自下而上的对媒介生产机制、媒介社会功能的反思和对一般意义上知识生产的精英立场的反思。媒介参与式现代社会公民权利的组成部分，旨在促进公平的社会表达和多样化的信息流动，因此所有自上而下的精英式的，对价值观、文化形态、生活方式的操控都值得警惕”[①]。因此，开展媒体素养教育，“如果以赋权为目标，以参与者的文化经验为基础反省主流文化并发展改变社会的行动，那么，就一定要采用参与式方法，而不是以往的灌输式教育”[②]。这需要我们，“第一，打破公民和媒介关系的框架，以公民生活经验为起点来看媒介的作用，而不是让公民去适应媒介的发展；第二，打破媒介的框架，媒介不仅是广播、电视、报纸或电影，媒介是一切进行信息交流的手段，包括传统媒介和人际传播等；第三，打破传统新闻价值的框架，民众新闻也是新闻等”[③]。具体来说，以赋权为目标的媒介素养教育，在教育内容上应打破由教师单方决定的教学模式：“媒介素养教育内容如何建构，不是教师自己可以决定的，按照批判

① 陆晔. 媒介素养：理念、认知、参与. 北京：经济科学出版社，2010：477-478.

② 卜卫. 对媒介素养教育及其研究的反思//彭少健，王天德. 2008 中国媒介素养研究报告. 北京：中国广播电视出版社，2008：21.

③ 陆晔. 媒介素养：理念、认知、参与. 北京：经济科学出版社，2010：203.

媒介素养教育学的原则，应该是在承认参与者的经验基础上，与参与者共同建构的。”[①]这样与受教者“共建”教育内容，是为赋权的教育目标所决定的，核心是以受教者为本位，其背后的教育哲学是教师与学生权利平等、施教者与受教者文化互动。这种与受教者共同建构教育内容的文化互动，不仅在针对教育对象的适应性上符合教育效果最大化的原理，而且本身就是一种培养现代公民的方式，“公民的概念和公共空间有关，是因为公共空间是由公民的社会文化互动构成”[②]。譬如，人们可以根据受教育对象的现实问题和媒介条件实施媒介活动，角色扮演、辩论会、情境分析、个案研究、实地采访、模拟报道、媒介监测、新闻报道评奖等都是受教育者可以参与创作的媒介活动。“在媒体素养中，媒体创作不是在仿制商业媒体，也不是个人喃喃自语的表达，而是在做准公共传播领域的准备和实践……目的是促使跨族群、跨团体的共同的越境跨界的对话。”[③]由此可见，参与式教育方法的核心是践行权利。受教者运用各类媒介的参与行动，实际上是在演练如何参与公共空间的民主生活，是让受教者在参与中学习如何利用媒介发出自己的声音。

值得指出的是，参与式方法的实质，与提倡网络面前人人平等的互联网精神有着天然的契合，Web2.0 的科技应用，又为实现网络社会人人参与呈现了无限广阔的平台。“传媒的制作权已经不再由传统媒介全面垄断，我们谈公民有没有发言权，科技已经有了答案，权力已经在每个人手上，问题是如何运用它。”[③]这为参与式教育方法提供了无限多样的手段，也对参与式教育方法如何培养现代公民提出了严峻的挑战。针对这些问题，卜卫认为，“第一，认识到媒介素养教育的目的是让我们对解读信息拥有更多的控制权，对利用媒介发出自己的声音有更多的控制权，这本身就是一种赋权的过程……第二，媒介素养是关于行动的知识，必须在行动中学习。媒介素养并不是教师可以教出来的，它一定要有实践，一定要有参与者的参与。媒介素养教育不是要让大家学会多少‘专家’认为应该学习的媒介知识，而是一个促进所有参与者主动学习和使用媒介的过程。参与者通过这种活动获得的是关于行动的知识。而要达到这个目的，就要使用参与式学习方法。没有参与就没有媒介素养教育。第三，应该特别尊重参与者的本土经验

① 卜卫. 对媒介素养教育及其研究的反思//彭少健，王天德. 2008 中国媒介素养研究报告. 北京：中国广播电视出版社，2008：17.

② 李月莲. 传媒教育、公共空间与公民批判力：香港传媒教育的理想与实践. 传播与社会学刊，2007，(3)：137.

③ 陆晔，卜卫，李月莲，等. 媒介素养的国际发展与本土经验. 传播与社会学刊，2009，(7)：11，16.

和地方知识，媒介素养教育不是自上而下的，应该是自下而上的，应该看参与者本人的知识和经验是什么，应该以参与者为中心，根据参与者需要来讨论要达到的目的。对参与者来说，媒介素养不应该是一种外来的知识”[①]。

3. 赋权的批判性自主指向

关于赋权，美国教育理论家亨利·吉鲁克斯认为，“它是一种批判性思维和行动的能力。这个概念具有双重指向，既对个人而言，也对社会而言。个人的自由和天赋能力必须得到最大限度的发展，但个人的能力又必须与民主紧密相连，这是因为社会改善一定是个人充分发展的必然结果。激进教育家把学校看作是社会形式，这些形式应当培养人们具有思考、行动、成为主体和能够理解其思想所承担义务的限制的能力。……而当今主流的教育哲学想要的却是教育人们去适应那些社会形式，而不是批判地质疑它们”[②]。由此可见，赋权具有研讨、协商、对话和行动的特征，它不能容忍将特定的文化价值观、政治价值观或意识形态强加于人。其目标显然不是培养简单的批判技能，而是建立人的批判自主权，以促成个人的解放。亨利·吉鲁克斯还指出，教育应当“反对以精英文化压制大众文化，反对文化统一性，同时也强调文化多元性、异质性”[③]。在亨利·吉鲁克斯等批判教育学学者看来，后现代文化环境纷繁复杂，文化元素多样多变，大众文化深入人们日常生活，因此，课程不能脱离现实生活，不能脱离基于大众文化的文化环境。否则，以阶级文化为表现形式的文化专制主义会依然盛行，社会弱势群体如女性、少数民族（种族）和大众文化就会遭到排斥和压制，学生的批判意识、主体性建构和自由解放就没有可能。亨利·吉鲁克斯的这些教育主张，不仅消解了课程文化的权威性、合法性，而且彰显了大众文化的教育价值，从而为将大众文化纳入媒体素养教育课程开拓了文化的空间，由此充分体现了他对教育民主化理想的执着追求。这些主张和媒体素养教育的赋权取向比较一致，因为赋权的一个指向就是必须认识文化的多元性和尊重多元文化。

其实，早在 20 世纪 60 年代，批判教育学的代表人物保罗·弗莱雷在其影响深远的《被压迫者教育学》一书中就提出，教育的首要任务是培养具有反思意识和批判精神的社会公民，也就是塑造能够在一个民主社会中发挥领导作用的、能

① 转引自：陆晔. 媒介素养：理念、认知、参与. 北京：经济科学出版社，2010：180.

② 吉罗克斯. 跨越边界：文化工作者与教育政治学. 1 版. 刘惠珍，张弛，黄宇红译. 上海：华东师范大学出版社，2002：11.

③ 吉罗克斯. 跨越边界：文化工作者与教育政治学. 1 版. 刘惠珍，张弛，黄宇红译. 上海：华东师范大学出版社，2002：24.

动的政治主体。保罗·弗莱雷敏锐地引入了“意识化”（conscientization）[①]的概念，并将人的意识化过程分为四个层次，“即未转移意识、神奇的意识、初转移意识、批判意识”[②]。显而易见，批判意识是意识化的最高层次，只有到达这个层次，人们才能够自主负责，深刻认识社会现实，从而采取主动的行动。相应地，基于意识化概念的批判教育学就应该是一种关于批判性思维方式和价值观的教育学，即关于批判意识的教育学。弗莱雷以批判教育学为理论指导，反对传统的学校教育。在他看来，传统的学校教育是一种“储蓄”知识的教育，只不过是从上到下传递被动的知识、静止的知识，并没有太大的社会意义。由此他提出了“对话式”教学和“问题呈现式”教育的主张，认为教育是在对话过程中的认识行为，师生在对话中是批判的合作者，他们在批判合作的过程中共同反省和行动。批判教育学极力推崇培养学生的批判意识和主体性思维，特别强调在教育和教学过程中对反思、行动和解放的重视；这与媒体素养教育的赋权取向的主体目标——“培养更主动和更有批判性的媒体使用者”——几乎不谋而合。媒体素养对批判性的要求决定了媒体素养教育既是批判性自主思维的养成教育，又是积极的行动教育，因此，其在本质上是一种更为开放的、更为民主的教育。当前，针对我国媒体素养教育中的灌输倾向，我们不仅应该强调媒体素养教育理论的批判性自主思维，更应该在实践上强调赋权的批判性自主行动，以便培养新媒体时代下会思辨、能批判、有见识、善参与、讲道德、颇具行动力的社会公民。因此，赋权取向的媒体素养教育，“不仅注重个体的认知能力，更注重个体在情感、道德、理性、媒体等方面的反思；它不是要将既存的客观价值或独立于个体之外的理论灌输给大众，而是要培育出个体主动性的行动力量”[③]。这种思维和行动其实是媒体素养教育需要“赋权”最重要的理由，也是现代媒体素养教育最根本的特征。针对当前诸如“媒介有多坏，受众有多傻，现在就看精英如何出来教育他们别上当受骗”的种种议论，有学者告诫我们，媒体素养教育“本质上是反对媒介和文化对人的操控，但不能从一种操控转到另外一种操控；媒介素养教育是一个个人解放的过程，不能造成新的文化压迫”[④]。而要真正摆脱被操控的命运，

---

① “意识化”（conscientization）是弗莱雷批判教育思想中的一个重要概念。也有学者将其译作“觉悟”或“良知”。意识化即意识的解放，意指学会如何去感知社会的、政治的和经济的矛盾并学会如何为反对现实中种种被压迫或不公正的因素而采取行动。参见：Freire P. The Politics of Education. London：MacMillan，1985：160.

② 常永才，哈经雄. 贫困乡村社区革新定位的扫盲教育：P. 弗莱雷人类学模式. 西南大学学报（人文社会科学版），2004，(6)：22-26.

③ 甘险峰，张成良. 新媒体素养教育的自组织境域研究. 现代传播（中国传媒大学学报），2016，38（5）：149-153.

④ 陆晔. 媒介素养：理念、认知、参与. 北京：经济科学出版社，2010：203.

真正做到“批判性自主”，必然涉及如下方面的建构：“①通过反思个人获得批判能力，用以质疑或挑战现有的主流文化，而不是适应——在这个层面上，个人批判能力是与社会相联系的；②知识不是孤立地存在的，将知识与权力联系起来；③检视差异如何表现以及如何主动获得、内化、挑战或改变的，并通过反思差异建构个人的主体性。因此媒体素养教育的目标应该包含个人层面，即发展对媒体的批判性自主权，以及社会层面，即提高发声的能力。这最终将有利于发展一个更为民主的社会。”[①]由此可见，赋权取向的媒体素养教育，并不属于传统的知识、技能型教育，其焦点并非技能的习得内容，而是更关键的批判性思维形成的过程，其目标的完成有赖于个体不断地自我诠释和社会各方面因素的影响和调适，因此具有广泛的参与性、动态性、累积性、批判性和建构性的特质。

综上所述，我国是一个有着两千余年封建专制历史的国家，以社会义务压抑个人权利的皇权文化源远流长，臣民意识在国人头脑中根深蒂固，批判性的思维、自主行动的能力、个人的自由、政治的民主、社会的公正等都是当代社会追求的目标，在这样的时代背景下，以赋权作为媒体素养教育的价值取向，具有借助媒体启发人们摆脱蒙昧和操作的意义，能够启蒙受教育者个人的权利意识，引导他们以批判的思维解构媒介，从而理解其自身的社会处境，学会利用媒介维护其自身利益，积极主动地争取其个人的自由幸福以及社会的民主公正。这正是培养现代公民的一条正途。正如卜卫所说，赋权其实是媒介素养教育的最重要的理由，也是现代媒介素养教育的最根本的特征。赋权取向体现了“超越保护主义”媒体素养教育从集权到分权再到赋权的权力转移的发展过程：媒体使用权、参与权从成人、教师的手中逐渐下放，最后再由新媒体直接分散、赋权给媒体使用者；权力的转移也反映了传播活动从传者中心向受者中心、教育活动从“教师中心”向“学生中心”的转移。这种转移，在网络时代往往又会产生文化民主化的结果：创作者与观众、生产者与消费者、专家与业余者之间的传统区隔一时轰然坍塌。这样的结果，也会反过来对媒体素养教育的开展产生深远的影响。

三、核心概念的多维建构

媒体素养概念是媒体素养教育理论体系确立的重要基础，媒体素养教育被引入我国后，我国学界对媒体素养给出的几个比较典型的定义。台湾媒体素养研究

① 陆晔. 媒介素养：理念、认知、参与. 北京：经济科学出版社，2010：182.

中心（Centre for Media Literacy in Taiwan）认为，媒体素养是“指大众能解读媒体、思辨媒体、欣赏媒体，进而使用媒体来发声，重新建立社区的媒体文化品位，并了解公民的传播权利和责任。即公民对媒体素养有了很好的认知和实践后，可以影响、优化媒介环境，它赋予了公民更高的责任和主动权，使他们有能力加入资讯生产、善用媒体进行公共监督”①。香港基督教服务处则认为，“媒体素养指增进对各种传媒的认识，用批判的态度去接收及分析大众传媒的讯息，能解读讯息背后的意识形态，了解传媒在日常生活中扮演的角色，做个主动的受众，不让传媒牵着鼻子走”②。卜卫认为，作为“培养公民媒体素养的教育”，媒体素养教育的内容应该包括四个方面：“第一，了解基础的媒体知识以及如何使用媒体；第二，学习判断媒体讯息的意义和价值；第三，学习创造和传播信息的知识和技巧；第四，了解如何有效利用大众媒体发展自己。”③张志安等学者认为，“媒体素养不仅包括接受媒介产品的能力，而且包括用独立的批判的眼光看传播媒介的内容和建设性地利用媒介的能力；媒体素养不仅是使用媒介的需要，还应该是一个现代社会公民素质的一部分”④。张开教授指出：“媒体素养是指人们面对媒介的各种讯息的选择能力、理解能力、质疑能力、评估能力、思辨性应变能力，以及创造和制作媒介讯息能力。也可再简化为获取、分析、传播和运用各种形式媒介讯息的能力。”⑤从上述这些定义可以看出，我国学者对媒体素养的认识和表述虽有所不同，但其中有些共同的基本要素，即媒体素养既是一种通过媒体观察世界、认识世界、发展自我的方法和手段，也是一种使用、欣赏、解读、鉴别、批判和产制媒体的技巧和能力，其中既有保护的要素，也有赋权的诉求。显然，和香港、台湾学者定义相比，大陆学者对媒体素养的定义虽然对参与、创造和制作媒体信息有所涉及，但其立足点基本上仍是对大众媒体及其所代表的大众文化的“谨慎”的认可，其“赋权”比重明显不足，基本上还是一种传统的保护主义取向。

针对媒体素养概念的上述研究，并参照西方媒体素养教育经验，本书认为，作为媒体素养教育的“后发型”国家，我们更应该立足于我国具体的媒体素养教育语境，采取一种“超越保护主义”媒体素养教育，即在价值取向上既要“保

① 邵瑞. 中国媒介教育. 北京：中国传媒大学出版社，2006：3.

② 林爱兵，王希华. 面对当代受众：媒体的素养教育. 科学新闻，2003，(24)：19-22.

③ 卜卫. 论媒介教育的意义、内容和方法. 现代传播（北京广播学院学报），1997，(1)：29-33.

④ 张志安，沈国麟. 媒介素养：一个亟待重视的全民教育课题——对中国大陆媒介素养研究的回顾和简评. 新闻记者，2004，(5)：11-13.

⑤ 张开. 媒介素养概论. 北京：中国传媒大学出版社，2006：99.

护”，又不能仅仅限于“保护”，而应在适当、理性保护之外“赋权”。在本书中，媒体素养是指社会公民近用、参与、批判、评价、创作和运用媒体的能力和素养，涉及认知、技能、文化、审美、情感、意识形态和伦理等多个维度。相应地，所谓媒体素养教育，就是根据教育学和新闻传播学理论，用以培养和提升媒体使用者媒体素养的种种教育活动。此定义蕴含着如下一些媒体素养教育教育理念。

1）媒体素养教育，应该是一种关涉文化、纳入文化的教育。表面上看，媒体素养是有关媒体的素养，媒体素养教育亦是有关媒体素养的教育，似乎与文化没有关系。但是，媒体作为文化的载体，其与文化的关系非常密切，有时甚至成了文化的代名词；因此，媒体素养离不开文化，文化终究是媒体素养教育的永恒主题。当初，“免疫式”媒体素养教育的形成离不开英国当时特定的社会文化背景，其发展过程也始终将其关注的重点聚焦在传统文化、精英文化和大众文化等文化场域。在文化霸权主义依然盛行的今天，文化自觉意识、文化认同意识、国家主权意识应该成为媒体使用者必不可少的素质要求。从历史上看，媒体素养中的文化维度，既是很多国家媒体素养教育的逻辑起点，又常常被看作是媒体素养教育的终极目标。因此，媒体素养也应该是文化素养的重要组成部分，与文明素养、政治素养、道德素养、科学素养等密切相关。也正因为如此，媒体素养被誉为“与科学文化素质和道德素质相比肩的另一种重要的公民素质”[①]。当前，在我国，媒体素养教育同样肩负着批判地继承中外文化的责任。事实上，在《教育原理》一书中，陈桂生教授就曾指出，教育本来是一门关涉文化的学科，教育对文化的选择实际经过了一个三度筛选的过程：①从一般文化中选择“有文化价值的文化”；②从有文化价值的文化中选择“合乎一定社会需求的文化”；③从适合特定社会需要的有价值的文化中挑选“适合教育过程的文化”。[②]但是，具体到我国当前媒体素养教育的理论与实践现状，“学界关于媒介素养教育的研究，大多采取的是一种‘信息主义’的分析方式而缺乏一种文化的视角。这在一定程度上忽视了媒介自身所包含的丰富文化内涵对于个体媒介素养形成的重要作用”[③]。而且，在实践上，我国的媒体素养教育往往更注重技巧的训练，更注重培养工具性的单向度的人。

我们发现，与利用媒体的教学有关的、相对重视技能的“信息技术教育”课

---

① 蔡骐. 媒介化社会的来临与媒介素养教育的三个维度. 现代传播（中国传媒大学学报），2008，（6）：106-108.

② 陈桂生. 教育原理. 上海：华东师范大学出版社，2000：29-30.

③ 李凡卓，班建武. 论媒介素养教育的文化研究向度. 当代教育科学，2009，（1）：7-11.

程早已进入中小学课程体系，但真正与媒体有关的教学、侧重文化的《媒体素养教育》课程迟迟未能进入该课程体系，这从一个侧面反映了我国媒体素养教育重技能、轻文化的倾向。在这种情况下，我们尤其应该自觉地把“媒体”和“文化”连接起来，并将“媒体”中所承载的文化、思想、价值观、信念、情操和趣味，作为媒体素养教育的重要向度和永恒主题。我们更加应该密切关注我国当前特定的文化场域，重点研究我国传统文化、主流文化、精英文化和大众文化等诸多文化形态和文化现象的特点和规律，还应该在保持中国文化立场的前提下主动学习和借鉴一切优秀的外来文化精髓，并能在各种跨文化的交际场合中得体、理性地使用各种媒体，自觉地将其作为媒体素养教育的重要研究主题，力争将一切优秀文化教育作为我国媒体素养教育的重要内容。换句话说，在我国开展媒体素养教育，不仅应该主动地拥抱和弘扬我国优秀的传统文化、主导文化和精英文化等主流文化，而且应该以包容、平等的态度和襟怀去关注、甄别甚至欣赏如摇滚乐、“大话文化”、“涂鸦文化”、“恶搞文化”、“博客文化”、“粉丝文化”、“山寨文化”及“草根文化”等形形色色有价值的亚文化风景，以充分汲取这些文化中先进的、民族的、大众的、科学的文化营养。

同时要注意的是，在媒体素养教育具体实践过程中，我们也不能过度强调主流文化，否则媒体素养教育课堂就可能成为枯燥与乏味的一言堂，教育者和受教育者的思维都会不同程度地僵化；另外，应坚决抵制大众文化的负面影响，不能一味迎合受教育者的喜好和社会时尚，否则过度沉迷于大众文化中的消极、低俗内容，也不利于受教育者的成长。尤为重要的是，鉴于媒体受众和大众文化的地位已然改变，精英与“草根”的界限、精英文化与大众文化的界限日益模糊，我国的媒体素养教育，不仅应该成为一种文化保护教育，而且更应成为一种超越文化保护的，最终能够使媒体受众理性地、自由地、批判性地“赋权”“参与”“表达”媒体的教育。只有如此，才能实现文化在媒体素养教育中的三个主要目的：“其一，不断增强广大公民的民族文化和社会主流文化认同感，以及民族自豪感、自信心和凝聚力；其二，从以往对西方优秀文化的仰视、引入、消化和吸收转向积极、自觉、平等的双向国际文化交流和传播，实现中西文化双赢；其三，对大众流行文化积极认识、理解和批判性地吸收和消化，树立正确的社会文化发展观念。”[①]而其中的关键，是要实现“文化自觉”。我国著名社会学家费孝通认为，文化自觉是“指生活在一定文化中的人对其文化有‘自知之明’，明

① 秦学智，王凌竹. 传媒素养教育者应有的教育观念. 现代传播（中国传媒大学学报），2010，(3)：129-133.

白它的来历，形成过程，所具的特色和它发展的趋向，不带任何‘文化回归’的意思，不是要‘复归’，同时也不主张‘全盘西化’或‘全盘他化’”[①]。从这个定义上来说，“文化自觉”对媒体素养教育而言至少有三层意蕴：一是通过让中国文化参与世界文化的建构，了解中华文化存在的价值、意义和责任；二是通过对中外文化的过去、现在和未来方向的回顾、鉴别和展望，让我们更好地面对当前的文化现实；三是要特别关注当前的外在文化环境和文化的全球化。[②]由此可见，将“文化自觉”的理念纳入媒体素养教育，有助于“把我们过去做的、现在做的和将来要做的聚合在一起了，变成了一种力量。在跨文化交流中，要善于用‘他者’的视角来认识世界”[③]。唯有如此，媒体使用者才可能拥有一定的“自我文化”意识，并在整个社会形成一个多元宽容、相互认同、相互借鉴，养成求同存异、和而不同的新型文化观。

2）媒体素养教育，应该是一种关涉意识形态、纳入意识形态的教育。如前所述，在莱恩·马斯特曼看来，“符号学方法能够提供一个冷静、客观、严谨、精确的方法和分析。它要求学生抛开主观偏好，通过系统分析找出隐藏在媒体文本背后的意识形态，从而使自己不受文本的影响。这一分析是以文化价值为基础，结合对媒体组织政治经济学的详细研究而进行的，是对文本背后的意识形态解密理论思想的精辟解读”[④]。这种观点认为，为了消解人们对大众媒体和大众文化中的错误信仰，缓解媒体工业产生的意识形态奴役，有必要提升广大公众的媒体素养。受此观点影响，媒体素养教育在西方多国受到越来越多的重视。“怯魅式”媒体素养教育正是借用“符号学”“神话”的文本分析方法，将文本语言、意识形态和再现等视为核心问题，其主要动机就是对意识形态密码“怯魅”。文本分析一般与文化、意识形态、历史背景相结合。从生产层面来说，媒体内容生产的过程就是一个符号化的过程。而媒体文本中的符号又具有遮蔽性、多义性，其所言之事不一定等于被言之物；因此，不管是出于自觉或不自觉，媒体文本都会充当特定意识形态和价值观的载体。相应地，“怯魅式”媒体素养教育要求学生们“以客观的态度抛弃个体的主观好恶，通过对媒体文本系统化的分析来发现文本背后所隐含的意识形态，达到将学生从媒介文本的意识形态影响中解放出来的目的……因此，文化的意识形态化过程其实就是对作为文化符号的物质载体的

---

① 费孝通. 费孝通论文化与文化自觉. 北京：群言出版社，2005：473.

② 乐黛云. 和谐社会与文化自觉. 广东社会科学，2006，(6)：48-52.

③ 乐黛云. 文化自觉：反对两种主义. 中图文化报，2002-08-30（03）.

④ 转引自：Buckingham D. Media education in the UK：Moving beyond protectionism. Journal of Communication，2010，48（1）：33-43.

操控过程。媒介素养教育要想寻求媒介文化背后的意识形态密码，就必须培养学生的解码能力和洞察能力，通过运用符号学冷静、科学、系统的分析方法，查找到文化符号是如何受到操控的”①。当前，随着时代的进步和科学技术的发展，互联网特别是移动互联网已经成为继报刊、广播、电视等传统大众媒体之后的“第四媒体”。同时，随着我国改革发展进入关键时期，各方利益格局的深刻调整和思想观念的深刻变化，使充分整合了文本、图片、语音、动画及视频等多种媒体形态的“第四媒体”日益成为各种“思想文化碰撞的平台、利益诉求的集散地和意识形态较量的战场”，也成为我国开展意识形态教育、价值观教育的崭新阵地。党的十八大从国家层面、社会层面和个人层面倡导的富强、民主、文明、和谐、自由、平等、公正、法治、爱国、敬业、诚信、友善，构成了社会主义核心价值观的基本内容。习近平同志也郑重指出：“一种价值观要真正发挥作用，必须融入社会生活，让人们在实践中感知它、领悟它……要利用各种时机和场合，形成有利于培育和弘扬社会主义核心价值观的生活情景和社会氛围，使核心价值观的影响像空气一样无所不在、无时不有。”②新媒体和移动互联网成为实现这一宏伟目标、成为传播和培育社会主义核心价值观的新型载体和重要场域。同时，新媒体“具有较强的信息权力、话语权力、政治参与权力等政治赋权功能，从而赋予普通民众建构意识形态的能力和权力，新媒体挑战精英群体对主流意识形态的塑造能力，这也与马克思认为的意识形态的人民性是相符合的”①。在这种情况下，媒体素养教育的动机就转为赋权和意识形态公民共建。通过赋权，媒体受众被赋予更多的意识形态认知与参与，更多的政治批判性讨论与商榷，更多的文化多元化包容与个性，从而实现了“从‘简单互动’到‘主动参与’，从‘大众化’到‘个性化’，从‘信息独享’到‘信息分享’的主体性建构”③。在这个过程中，他们还以“新的思维模式、新的创作方法、新的话语对以主流媒体为主导的社会意识形态、精英文化、社会价值体系等进行个性化的解构，并通过各自的创作实践，重构以自我个性、价值为主的新文化理念，以获得媒介再现的‘真实感’”④。

媒体创作者与媒体受众在情感与生活体悟上不断沟通，最终完成了这种个性化的、多元化的文化重构和意识形态重构。在这个“解构—颠覆—重构”的过程中，

① 邵瑞. 新媒体时代的意识形态安全——从媒介素养教育谈起. 菏泽学院学报，2017，39（1）：10-14.

② 习近平. 把培育和弘扬社会主义核心价值观作为凝魂聚气强基固本的基础工程. 人民日报，2014-02-26（01）.

③ 陈安妮. 从单向度到多维度：论数字化批判性媒介素养的形成. 东南传播，2014，（5）：80-83.

④ 邵瑞. 新媒体时代的意识形态安全——从媒介素养教育谈起. 菏泽学院学报，2017，39（1）：10-14.

由于新媒体网络环境的千变万化和个体媒体素养的千差万别，媒介再现就在不断的变化和矫正中可能无限逼近甚至达到“真实感”，但有时也可能越发偏离“真实感”。当前，网络上弥漫着一股网络民粹主义思潮，其主要特点是无体系、无纲领。在其影响下，部分网民热衷于通过微博、微信、新闻客户端等社交媒体与精英、专家、政府、官员所代表的权威和社会主流意识形态相对抗。他们通过网络论坛、网络流行语、网络段子，用极端、偏激、嘲讽、暴力性的话语恣意发泄对现实、对政府的不满。一些主流媒体话语的客观性和主流意识形态的可信度也遭到解构，反映了部分网民反讽社会主义核心价值观的一种心态。除此之外，我国主流意识形态和主流文化还“面临着来自文化多元化、市场经济逐利、大众心态浮躁以及西方意识形态渗透等多方面的挑战，从而导致‘意识形态的漂浮’和‘主流文化的边缘化’”①。若任其蔓延，势必会引发网络集群行为，给国家引导社会舆论、凝聚社会共识增加难度，甚至引发类似“颜色革命”“推特革命”“脸书革命”的社会动荡。这需要国家意识形态主管部门高度警觉、重视和反思。

在这种情况下，一方面，官方应该积极主动地去争抢舆论阵地，充分利用好网络媒体、融媒体等平台谈中国梦、讲中国故事、传递正能量话语，传播社会主义核心价值观，并通过对各种亚文化内容整合、吸收，最终将其纳入社会主义主流文化的轨道，推进社会主义核心价值观的渗透力、感染力、说服力、吸引力、凝聚力、抵御力和建设力，在意识形态领域里筑起国家安全的“万里长城”和“防火墙”。另一方面，社会主义核心价值观的传播并不是一种居高临下的说教，也不是一种单向的大话、套话、空话，而应该尽量通俗化、生活化、民间化，以揭露和消解压迫性的媒体语境，营造一种民主、平等而自由的社会氛围和民主政治文化，从而获得媒体素养教育的有效途径。“一个真正民主的社会，应该让其社会的每个成员对自己面前的各种文本如书籍、绘画作品、电视节目等拥有自己的解读。如果这些文本是由牧师、富豪或社团受益者向他们进行解读，换句话说，就是别人告诉他们应如何解读，该怎么思考，那么，他们就不是生活在真正的民主社会里。”②只有如此，广大受众才会成为主流意识形态和价值观的坚定拥护者，以及错误甚或反动意识形态的重要“怯魅者”。这才是一种令人心悦诚服的社会主义核心价值观教育和社会主义文化认同、道路认同、理论认同和制度认同教育，是“怯魅式”媒体素养教育给我们带来的最大现实意义。

3）媒体素养教育应该是关涉审美、纳入审美的教育。从历史发展来看，“审

① 张九海.“三俗文化”盛行的原因及对策分析. 青海社会科学，2013，(3)：117-120.

② 巴查尔格特，张开. 媒介素养与媒介. 现代传播（中国传媒大学学报），2005，(2)：18-19.

美”是指“可以经由感官察觉的实质性东西，而非那些只能经由学习而得的非物质、抽象之事物”[①]。简而言之，“审美”的核心机制在于感性，其寓意是感官印象、感官察觉，通过视觉、听觉等感觉器官进行感觉、感知。相应地，媒体素养的审美维度，是指“媒介的知识生产将‘声色之美’的听觉和视觉的感知性一并列入知识的生产范畴，受众只有具备媒介的审美能力，方能洞见媒体的再现特性，领悟再现魅力、意涵和动因，领略对世界、人生、和生活的某种体认”[②]。在当前的网络时代和参与式文化中，艺术和审美开始超越技术、技能的范畴，向文化、道德和政治等领域渗透，“在这一扩展和渗透过程中，不是艺术和美学低就文化的其它领域，更不是艺术和审美原则消失在政治生活和普通生活之中，被其吞并和消解，而是文化的其他领域受到美学和艺术原则的指导和熏陶，成为审美的或准审美的，成为艺术的或准艺术的”[③]。由此看来，在网络时代，为了满足大审美时代文化产业发展的内在需求，人们的审美鉴赏能力亟待提高。

当前，在我国新媒体环境所主导的参与式文化场域中开展媒体素养教育，还要辩证看待“俗文化”和“雅文化”的关系。正如王国维所言：“雅俗古今之分，不过时代之差，其间固无界限也。”[④]我们要充分认识到，因为时间、地域、法律制度、政治制度、风俗习惯、宗教信仰等方面的差异，文化雅俗之间并没有一条泾渭分明的分界线。毋庸讳言，在虚拟网络空间，不乏一些庸俗、低俗和媚俗趣味。譬如，有人崇尚“暴力美学”，“只欣赏其中的电影技术、动画特技、血腥场面，忽视了文艺作品承担的社会责任；有人借口艺术创新，无处不‘裸’，裸体、裸婚、裸模、裸死、裸替，好像这样才能抓人眼球；有人大搞‘人体欣赏’、穿越、恶搞；有人乱创、乱用网络流行语，如‘屌丝’瞬间传遍大江南北，好像很‘时髦’，殊不知污染了语言的纯洁性”[⑤]。针对这类低俗审美现象，2010年7月23日，中共中央政治局就深化我国文化体制改革进行了第二十二次集体学习，时任中共中央总书记胡锦涛同志郑重指出：“要加强对文化产品创作生产的引导，真正从群众需要出发，继承和发扬中华文化优良传统，吸收借鉴世界有益文化成果，推出更多深受群众喜爱、思想性艺术性观赏性相统一的精品力作。要引导广大文化工作者和文化单位自觉践行社会主义核心价值体系，坚持

---

① 威廉斯. 关键词：文化与社会的语汇. 刘建基译. 北京：生活·读书·新知三联书店，2005：1.

② 张开. 从草根运动到政策推动——全球媒介素养教育正走向理性化的发展道路. 现代远距离教育，2012，(4)：38-46.

③ 聂振斌，滕守尧，章建刚. 艺术化生存：中西审美文化比较. 成都：四川人民出版社，1997：527.

④ 王国维. 海宁王静安先生遗书. 北京：商务印书馆，1940：3.

⑤ 卢懿，尤潇文. 美育视阈下新媒介素养教育提升路径策略研究. 浙江传媒学院学报，2017，24(2)：20-24.

社会主义先进文化前进方向，坚决抵制庸俗、低俗、媚俗之风。”[①]这应该是党中央第一次旗帜鲜明地反“三俗”，确实很有必要。但一向处于文化边缘地位的种种亚文化和俗文化，同样可以出高贵和优美的精品；而作为文化标杆的种种“主流文化”和雅文化，也难保不出一些俗气、无聊和空洞的垃圾之作。正可谓，“雅俗相通，但不能认为雅俗无别，否则就会犯相对主义和大而化之的错误，给贩卖‘三俗文化’的人以可乘之机。同时要看到每一个人都有高雅和世俗的一面，正所谓‘一半是天使，一半是野兽’。‘俗’也可以分为通俗、平俗、习俗、风俗、低俗庸俗媚俗等，我们反对的是庸俗低俗媚俗”[②]。在这种情况下，一位具有“审美趣味”的媒体受众，首先，要有分辨美丑的能力：“一是通过自己的理性分辨真实信息和虚假信息，时刻保持冷静、客观、克制的媒介使用态度；对于虚假信息不轻信、不作二次传播，并可以适时劝阻他人的行为。二是坚守个人正确的立场和健康的价值观，对于立场、态度有问题的信息坚决抵制、不受影响。三是维持一定的品位，分辨低俗信息和高雅信息。对低俗信息不追捧、不热爱，对高雅信息有追求。”[③]其次，在此基础上，一位具有“审美趣味”的媒体受众，还应自觉对“丑”进行批判。因为对网络中的“审丑”批判，“有利于抵制危害社会和谐稳定的负面信息、谣言，批判打着‘民主、自由、人权’旗号扰乱人们思想的外来信息；有利于辨别一些利益集团引导下的混淆人们是非、转移矛盾焦点的报道、观点、态度；有利于避免‘娱乐至死’的媒介感官刺激与快乐主义，拒绝大众文化的简单复制品对于独立精神的侵蚀”[④]。

事实上，这些文化审美表象的背后，隐藏的是传统意义上的单一、严肃、精英、理性的审美趣味已逐渐被多样化、平民化、原生态、个性化的审美品格所取代的现实。鉴于此，我们应自觉地通过训练审美感觉和审美思维，提升审美理想，并将其外化为恒定的可持续的发现美、鉴赏美、创造美的能力与态度，进而将健康的审美趣味作为媒体素养的另一个重要向度，把“求真、向善、尚美”作为媒体素养教育的审美基座、出发点和落脚点。唯有如此，我们才可以在“雅俗兼顾，雅俗共赏，以雅至俗，以俗至雅”与“各美其美，美人之美，美美与共，天下大同”[⑤]的过程中对各种媒体艺术形态的审美价值和艺术价值进行独创性、

---

① 胡锦涛. 顺应时代要求深化文化体制改革 推动社会主义文化大发展大繁荣. 党建，2010,（9）：4.

② 张九海. 抵制“三俗文化”要有四种思维. 学术论坛，2014，37（5）：129-133.

③ 卢懿，尤潇文. 美育视阈下新媒介素养教育提升路径策略研究. 浙江传媒学院学报，2017，24（2）：20-24.

④ 郭舒然. 网络媒介素养提升的策略与现实意义. 浙江传媒学院学报，2010，17（3）：22-25.

⑤ 费孝通. 费孝通文集（第14卷）. 北京：群言出版社，1999：196.

超越性和包容性的审美观察、审美感觉、审美鉴赏和审美创造。也唯有如此，媒体素养教育才能有效地消除雅俗间的根本对立，才能有的放矢地反“三俗”，才能义不容辞地承担起其对审美滑落的救赎责任。

4）媒体素养教育是关涉多维向度的教育。如前所述，媒体素养教育至少建构了文化和审美两个向度，但随着媒体形态和文化艺术形式日新月异的变化发展，仅有这两个向度还是很不够的。有鉴于此，美国媒体素养教育专家詹姆斯·波特（W. James Potter）指出[①]：

> 媒体素养是多维度的（multidimensional）。说到信息时，我们通常会想到诸如教科书、报纸或杂志文章之类的事实。但这只是一种认知类信息。媒体素养要求我们不仅在认知层面上获取信息和建立知识，还要从情感、审美和道德维度来考虑信息。每一个维度都重点关注一个不同的理解域。其中，认知领域指的是事实信息——日期、名称、定义等诸如此类的信息。
>
> 情感领域（emotional domain）包含了关于情感的信息，如爱恨、愤怒、幸福和挫折等。面对媒体时，一些人几乎没有能力体验情感，而另一些人对产生各种情绪的暗示非常敏感。例如，我们都有感知愤怒、恐惧、欲望、憎恨和其他强烈情感的能力。生产者使用易于识别的符号来对其进行触发，因此不需要高度的媒体素养就可以感知和理解。但我们中的一些人在感知诸如矛盾、困惑和谨慎等更为微妙的情感时，会比别人做得更好。制作这些情绪的信息要求作家、导演和演员更多的制作技巧。准确地感知这些微妙的情感需要观众更高程度的媒体素养。
>
> 美学领域（aesthetic domain）包含了如何生成消息的信息。这些信息是我们判断谁是伟大作家、摄影师、演员、舞蹈家、编舞、歌唱家、音乐家、作曲家、导演和其他艺术家的基础。这也有助于我们对诸如编辑、照明、布景设计、服装、录音和布局等其他利用创新技术的产品作出判断。我们的眼睛和耳朵负责审美信息。我们中有些人对对话或音乐创作很有欣赏力，有些人对照明、摄影构图或运动有很好的眼光。我们在审美领域拥有的信息越多，我们就越能在伟大的演员和优秀演员之间、伟大的传世音乐和“昙花一现”的流行歌曲之间、伟大的电影和优秀电影之间，以及艺术和人造物之间作出精细的区分。
>
> 道德领域（moral domain）包含有关价值的信息。我们的良心或灵魂负责

① Potter W J. Media Literacy. 2nd ed. London：Sage Publishers，2001：8-9.

道德信息。这类信息为我们提供了判断价值对错的依据。我们依据故事中角色的决策，来对其道德维度作出善或恶的价值判断。我们的道德信息越详细、越精细，我们就越能深刻地感受到媒体中信息的价值，我们对这些价值观的判断就越精密和合理。一个具有高度媒体素养的人能很好地理解道德主题。你需要能够区分角色和他们的行为，你可能不喜欢某个特定的角色，但你仍然可以欣赏他或她的行为，以适应（或加强）你的价值观。

从詹姆斯·波特的这段论述可以看出，完善的媒体素养应该是一套完整的视野。正是有了这个视野，我们才能积极地接触大众媒体，处理和解释我们遇到的信息的含义。媒体素养的“视野”说，实际上反映了媒体素养的一种知识观。“比如你想要了解北京全貌，站在地面上是不可能办到的，只有借助一观景塔，你的视野才不会被遮挡；若要领略林海浩瀚的森林，你需要在森林里建筑森林观景塔；如要欣赏大山之雄伟，需站在山顶观景塔上。这里所说的支撑视野的观景塔便是每个人的知识结构，是培养媒介素养能力所必须的知识结构。”[①]从这个意义上说，媒体素养也可以看成是一个范围宽泛的连续统，它涉及个人定位、知识结构和技能，包括认知、情感、审美和道德四个维度。如果缺少某个维度的素养，那么就会造成媒体素养的不平衡。如果缺乏认知和情感方面的素养，将不能很好地欣赏影视节目；缺乏审美方面的素养，则不能更深刻地理解媒体内容；缺乏伦理方面的素养，则不能更深刻地规范自己的媒体意识和行为。譬如，“当你看一部电影时，你可能会有很强的分析能力，能够引用许多关于该流派的历史、导演观点和基本主题方面的事实。但是如果你不能唤起某种情感反应，你只不过是在做一个枯燥的、学术性的练习”[②]。而且，詹姆斯·波特对媒体素养的理解深刻地反映了新时代的媒体素养教育所受到的心理学、美学、伦理学的广泛影响，也反映了进入新世纪后媒体素养教育在学科建设方面的多学科取向和心理学转向。

关于媒体素养的伦理维度，霍华德·加德纳（Howard Gardner）博士和他的同事认为，年轻一代在数字化世界中至少涉及五个方面的伦理问题：“①身份，即网上的自我表达和称谓；②隐私，即如何、在哪里、和谁分享信息等问题；③信誉，即在网络世界如何信守承诺；④著作权和所有权，即知识产权和下载、分享的法律问题；⑤参与，即如何在网络中做一个负责任的公民。”[③]近年来，欧盟

① 张开. 媒介素养学科建立刍议. 现代传播（中国传媒大学学报），2016，38（1）：143-146.

② Potter W J. Media Literacy. 2nd ed. London：Sage Publishers，2001：8-9.

③ 转引自：Domine V. The coming of age of media literacy. Journal of Media Literacy Education，2013，3（1）：8-10.

媒体素养学者斯蒂芬·奥费南格（Stefan Aufenanger）则认为，媒体素养应该包括认知、参与、道德、社会、情感和审美等多个向度。其中，“认知维度的要点是掌握媒介基础知识，学会理解媒介和分析媒介的本领。参与维度的重点不仅落在作为媒介消费者的能力上，而是更强调作为参与者的普通民众在传播系统中信息处理和构架的能力上。道德维度强调用社会认可的道德标准衡量和审视媒体，审视的不仅有媒介的传播内容，还有媒介的传播过程，媒介的环境，传播的效果、传播的互动，和媒介的传播特色。社会维度是将媒体植入一定的社会和政治的情境之中，着重个体捍卫其政治权利的能力和应对因媒体而起的社会后果能力。情感维度关照的是受众面对媒体情感攻势的能力和驾驭自身情感反应的能力。审美维度指从审美的角度理解、欣赏和运用媒介信息”[①]。应该说，詹姆斯·波特和斯蒂芬·奥费南格关于媒体素养维度的界定大同小异，可以互为补充。

其实，除了认知、情感、审美、伦理、社会、参与、道德等几个维度之外，出于对媒体文化和媒体信息认识和处理的需要，一个更加完善的媒体素养还应该包括本书前面重点论述的技能、文化和意识形态等向度，它们一起构成了一个多维向度的媒体素养系统。在这个系统中，如果缺少任何一个向度的素养，就会造成媒体素养的不平衡。事实上，对媒体素养进行多维向度的全新解读，也深刻地反映了新时代的媒体素养教育所受到的文化研究、传播学、社会学、政治学、教育学、心理学、美学、伦理学及信息科学的广泛影响。鉴于此，媒体素养教育要想真正在理论建构和学科建设方面有所作为，就需要吸取更多的理论资源和吸引更多的跨学科学者的研究，更需要在多学科融合的基础上最终形成自己的理论体系。

当前，鉴于新媒体和参与式文化的地位已然确立，精英与“草根”的界限日益模糊，我国的媒体素养教育势必应该是一种对媒体素养中的文化、认知、情感、美学、伦理及技能等多个向度的立体甄别与赋权，一种对话式、参与式、批判式、创造式的甄别与赋权，一种“既不是将媒介文化置放于审判席上，也不是领奖台上，而是置放于师生可以交流对话的实验室里和手术台上”[②]的甄别与赋权，一种既有保护又有发声的超越保护主义的甄别与赋权。从历史本源上来讲，“媒介素养教育问题起源于文化领域，政治化、经济化、技术化为导向的倾向会导致不断远离发展人本性的教育实质。政治因素的导向，会使媒介素养教育染上很强的功利色

① 张开. 从草根运动到政策推动——全球媒介素养教育正走向理性化的发展道路. 现代远距离教育，2012，（4）：38-46.

② 胡疆锋. 亚文化语境中的素养教育. 当代文坛，2009，（6）：19-22.

彩，跟在政治要求后面亦步亦趋，把媒介素养教育变为教化工具；经济因素的导向，会使媒介素养教育成为某些媒体垄断集团的利益玩偶。诚然今日学者高度热衷于媒介素养问题，技术迅猛发展是其主要的客观因素，但技术因素的导向会强化媒介技术的应用，使媒介素养教育容易淹没在逻辑思维的结果中，失去了批判性潜能”①。因此，我们不能偏向媒体素养教育多个维度中的任何单一的维度，必须将其置身于整个媒体形态演化和文化发展的历史脉络中去考察和实施。而且，从中国国情来看，我们要通过媒体素养教育，一方面使公众自觉抵制媒体不良信息，最大限度地减弱媒体的负面影响；另一方面使公众自主利用媒体，创造自身平等占有信息资源的机会，提升对信息资源的支配能力。在这种要求下，我国媒体素养教育不能是纯粹的精英教育，而应该是一种大众化的、渗透对人的健全素质的人文关怀的全民教育；不能是单纯的学校阶段性教育，而应该是包括家庭、媒体、社会和政府等在内的多途径的终身教育；不能是仅对学生的教育，而应该是包括教育工作者自身在内的面对全体媒体接触者、全体公民的教育；不能是基于保护主义的灌输式教育，而应该是一种主动的、超越保护主义的、商讨式、赋权式的教育。

第四节　多路径的媒体素养教育实践策略

在系统研究了西方各国媒体素养教育的实践之后，加拿大媒体素养教育专家 John Pungente 总结、提出了媒体素养教育的九大成功标准②。

① 和其他创新项目一样，媒体教育必须是草根运动，教师应该为其向政府主动游说。

② 教育主管部门必须对媒体教育项目给予明确支持，通过开展媒体研究教学，制定指导方针，提供相关图书资源的书籍，以确保相关课程得到开发，相关教学材料能够获得利用。

③ 在相关研究机构、组织和协会的扶持下，为在职教师和媒体素养教育者提供足够的相关师资培训课程。大学教育院系应该聘用能够培训该领域未来师资的教职员工，并提供媒体教育课程。在编写媒体素养课程和可持续

---

① 王帆. 视觉文化为导向的媒介素养教育：超越保护主义. 中国电化教育，2011，(9)：9-13.

② Pungente J. Criteria for a successful media education program. http://www.medialit.org/reading-room/criteria-successful-media-education-program[2017-10-12].

咨询建议时，也应得到高等院校的学术支持。

④ 学区级的在职培训必须是媒体教育方案实施的一个有机组成部分。

⑤ 学区需要有媒体教育方面的专家顾问，以及建立沟通网络的顾问。

⑥ 必须提供与该国/该地区有关的适当教材和视听材料。

⑦ 为了工作坊、会议、新闻简报的传播和课程单元的开发，必须建立一个支持组织。这样一个专业组织必须跨越校董和学区，让对媒体教育有兴趣的人都参与进来。

⑧ 必须要有具有独特品质的、适合于媒体研究的、适当的评价工具。

⑨ 由于媒体教育涉及如此多样的技能和专门知识，教师、家长、研究人员和媒体专业人员必须通力协作。

John Pungente 的九大成功标准虽然主要是针对媒体素养教育的学校教育而言的，但我们仍然不难发现，它其实也为我们展示了一条成功的媒体素养教育“草根运动”路线。这一自下而上的、涉及社会方方面面的路线图可简略地概括为一个三部曲：“第一步，自下而上成立相关媒体素养教育协会、团体和组织，积极开展媒体素养教育的相关工作；第二步，争取政府当局，特别是教育当局在政策和资金方面的认可和支持；第三步，由教育等部门组织制定媒体素养教育计划纲要并负责实施。”①事实上，这条带有“草根”性、自发性、广泛性的路线也正是包括英国、加拿大、澳大利亚和美国等国在内的大多数西方国家媒体素养教育实践发展的真实写照。西方媒体素养教育在其发展之初，往往表现为一种缓慢的、渐进的“草根”运动，但这一运动逐渐赢得了其各自所在国教育部门的有效支持，使其最终得以真正地落实到学校的课程教学中。然后，媒体素养教育专业团体、专业协会组织的艰巨努力，同时还有学校、家庭、社区、媒体机构和民间组织的参与推动，一起构成了媒体素养教育全面开展的不可忽视的重要因素。

我国学者卜卫也认为，“媒体素养教育的主要途径是学校教育、社会教育和媒体宣传”②。这一论述成为我国很多学者讨论媒体素养教育建构策略的基本框架。本书认为，如果在我国实施“超越保护主义”的媒体素养教育，我们就应该立足于我国当前的媒体环境和大众文化现状和媒体素养现状，审时度势，主动求变，从媒体素养教育这一庞大的系统工程所涉及的各个主要因素着手考虑，进行多路径、多主体、多对象，各环节的实践探索。自然，该系统工程应该是学校教

① 转引自：张玲. 教育学对媒介素养教育的解读. 现代传播（中国传媒大学学报），2005，（6）：119-121.
② 卜卫. 论媒介教育的意义、内容和方法. 现代传播（北京广播学院学报），1997，（1）：29-33.

育，家庭教育、自我修养与教育等教育形式的多方联动，当然也少不了政府机构、媒体组织、社区活动、专业科研等各方力量的参与和支持。

一、学校教育：正规化与系统化

喻国明教授曾经这样说：“媒体的选择和使用是一种素养，它的养成需要知识、经验和积累。也需要智慧、悟性和更新。虽然它本质上属于‘终身学习’的范畴，但是媒体素养的学校教育却是其中最为重要的一个环节。”[①]诚然，由于学校教育的目的性、计划性、强制性、权威性和持续性、规模化、系统化、正规化的特点有助于媒体素养教育在我国的迅速普及，更由于学校教育的教育对象本身也是媒体素养教育对象的主体，因此学校理应成为媒体素养教育的基础、核心和主要担当者。当前，尽管我国的一些学校已经零星地开设了与媒体素养教育有关的课程。但总体而言，相关的媒体教育一般开始于一些大城市的大学选修课程，且普及率不高；而中小学普遍面临升学的压力，根本无法顾及。当然，各类各级学校也有一些自发的媒体教育实践活动，如校刊、板报的编辑出版、校园广播和校园电视台的制作、播放等。2000 年，教育部下发了《关于在中小学实施“校校通”工程的通知》和《中小学信息技术课程指导纲要（试行）的通知》，决定在中小学实施“校校通”工程和“信息技术教育课程”工程。这两大重点建设工程，使得我国中小学的信息技术条件日益改观，也初步构成了在中小学开展媒体素养教育的物质基础和技术基础。在这种情况下，推进媒体素养教育课程正式进入各级各类学校的课程体系，推进媒体素养教育课堂化、日常化、制度化，便显得极为必要和迫切。

1）我国媒体素养教育的开展困难重重，在现阶段的国情条件下，在高校率先开展具有实施的可行性。当前，“上海交通大学、南京大学、浙江大学、山东大学、安徽大学、浙江传媒学院等一些高校开设了面向全校大学生的媒介素养课程，一批相关媒介素养的教材陆续出版。复旦大学、中国传媒大学、浙江传媒学院等高校成立了媒介素养研究中心，并分别组织相关师生到上海、北京、浙江的中小学开展了面向中小学生的媒介素养教育实践活动。中国传媒大学等少数高校还获准设立了传媒教育硕士点，培养媒介素养教育的专业师资。复旦大学媒介素质研究中心、中国社会科学院的卜卫研究员等还开辟了开展媒介素养教育的专门

① 喻国明. 从青少年抓起提高全民族的媒介素养. 中国青年研究，2003，(7)：9-10.

网站。在理论研究和教育实践上的这些进展，是难能可贵的”[①]。另外，我国几乎所有综合性大学都开设了新闻学、传播学学科点，这些学科点作为培养传媒专业人才的主要输出基地，经过多年的建设，无论在师资力量还是在学生的传媒专业理论和实践知识方面都具有了相当的基础和平台，这些点应该成为启动和推广中国媒介素养教育的龙头和骨干力量。

2）将媒体素养教育自觉纳入我国的素质教育特别是人文素养教育体系中共同推进。早在 1997 年，国家教育委员会在其下达的《关于目前积极推进中小学实施素质教育的若干意见》中郑重指出，“素质教育是以提高民族素质为宗旨的教育。它是依据《教育法》规定的国家教育方针，着眼于受教育者及社会长远发展的要求，以面向全体学生，全面提高学生的基本素质为根本宗旨，以注重培养受教育者的态度、能力，促进他们在德智体等方面生动、活泼、主动地发展为基本特征的教育。素质教育要使学生学会做人、学会求知、学会劳动、学会生活、学会健体和学会审美，为培养他们成为有理想、有道德、有文化、有纪律的社会主义公民奠定基础”[②]。到了 2006 年 6 月，新修订的《中华人民共和国义务教育法》又以法律形式对素质教育作出了规定：“义务教育必须贯彻国家的教育方针，实施素质教育，提高教育质量，使适龄儿童、少年在品德、智力、体质等方面全面发展，为培养有理想、有道德、有文化、有纪律的社会主义建设者和接班人奠定基础。”[③]由此可见，我国素质教育不仅重视开发和培养智力因素，而且重视开发和培养非智力因素，其重要目标就是要使学生的德、智、体、美、劳等各项基本素质得到充分、自由、和谐、全面的发展。而且，令人欣慰的是，“在现实中，素质教育的推进已经取得了一定的实效；从全局来说，实施素质教育正处在国家推进、重点突破、全面展开的过程之中，已经成为一个不可逆转的趋势”[④]。另外，在当今媒体化生存的社会，媒体素养教育是一种有关媒体使用的综合能力的培养，其必然是素质教育真正取得实效所必须具备的基础性的教育，也理应成为素质教育的重要组成部分。因此，我们理应明确媒体素养教育在素质教育中的意义，将媒体素养教育与素质教育很好地结合起来，在学校教学中及时更新教育观念，在有关课程的学习中重点培养学生的媒体素养，以提高其综合素质，促进

① 王渊明. 高等院校与媒介素养教育. 中国广播电视学刊，2010，（4）：32-33.

② 国家教育委员会. 关于当前积极推进中小学实施素质教育的若干意见. http://www.edu.cn/zheng_ce_210/20060323/t20060323_12902.shtml[2001-08-27].

③ 国家教育委员会. 中华人民共和国义务教育法. http://old.moe.gov.cn//publicfiles/business/htmlfiles/moe/moe_619/200606/15687.html[2017-10-12].

④ 涂艳国. 中国儿童教育 30 年变革与反思. 教育研究与实验，2009，（1）：1.

其全面、自由发展。

3）我国存在着明显的城乡差异、地域差异，教育发展参差不齐，因此应结合我国国情，实事求是地在我国各级各类学校选择、制定合适的媒体素养教育课程模式，开展媒体素养教育。根据莱恩·马斯特曼的观点，在欧洲主要有四种媒体素养教育课程模式："①将媒体研究作为一门独立的科目；②将媒体研究作为某一科目中的组成部分；③把媒体素养教育融和于相关学科课程中；④将媒体研究作为一门整合的、跨学科的课程。"[①]当前，中国仍然还是一个典型的二元结构的社会，农村和城市的差别明显。"由于整个社会基础教育，特别是农村基础教育薄弱的状况并没有得到根本上的扭转；因此，加大对教育特别是基础教育投入的力度，是开展媒体素养教育的重要条件和保障。我们可以在经济较为发达的东部沿海地区的学校，率先开设独立的媒体素养教育课程，这是与其较好的教育发展水平和教育条件是适应的；在中西部地区的学校，由于其教育发展水平较低，教育条件相对落后，则可将相关媒体素养教育内容融合在其他课程中潜移默化地进行。"[②]具体的媒体素养教育课程内容编排，可对照媒体素养教育的目标体系，充分遵循学生认知能力的阶段性特征，形成符合青少年心智水平的课程内容编排体系。2017年6月27日，北京师范大学新闻传播学院和光明日报智库研究与发布中心联合发表了《2017 青少年网络素养调查报告》。该报告"建议在学校中开设网络素养教育的独立式课程或融入式课程。教师使用多媒体课件的频率，影响青少年网络素养的培养。建议进一步提升教师的网络素养水平，在教师的培训和继续教育课程中，增加网络素养模块。教育相关部门要研发教师网络素养指导手册。发挥社会大课堂育人的作用，学校要积极引入社会、媒体、企业、公益组织等第三方力量，开展媒体进校园、进课堂、进社团等系列活动"[③]。这反映了新时代对媒体素养学校教育的最新要求。

4）学校教育包括小学、中学和大学等不同阶段的教育，相应地，应根据受教育者年龄阶段的不同，灵活地选择媒体素养教育的具体内容、教学手段和教学方式。当前，"在国外中小学媒体素养教育强调从技术掌握走向创新学习的课程文化研究的影响与启示下，我国中小学媒体素养教育也正在进行各种变革，以努力实现课程的文化转向。这不仅是全球教育改革与课程改革的发展诉求，也是我国

① Masterman L. A rationale for media education//Kubey R. Media Literacy in the Information Age：Current Perspectives. New Brunswick，NJ：Transaction Publishers，2001：47-48.

② 陈先元. 大众传媒素养论. 上海：上海交通大学出版社，2005：209.

③ 代睿. 北师大调查报告称：我国初中生网络素养水平高于高中生. http://www.thecover.cn/news/363028［2017-06-28］.

基础教育课程改革与发展的必然要求，更是中小学生媒介素养的培育需求与召唤。课程文化转向主要是指我国中小学媒体素养教育的课程设置与实施从过去的教育技术取向转变为新型的文化取向，以适应国际中小学媒体素养教育发展的整体趋势”[①]。在文化取向的关照下，小学阶段应重点培养学生的新闻意识。可在教师指导下定期集体读报、集体讨论当日新闻焦点，以对新闻传播活动形成感性认识。同时，“了解并辨识广告，认知广告及广告商的意图，明确广告内容与表现形式的真实与夸张程度；区别事实与虚构，分辨电视节目中部分情节的真实程度，了解抗日、历史题材影片的真实故事等；理解节目的形态，区分电视剧、纪录片、新闻、戏剧等不同节目形态的特征和意义；了解新媒体与传统媒体的区别，清楚不同媒介的信息特点、功能、利弊；对自己的媒介接触行为有所了解并给予评估，能明确认知自身媒介接触意图，以及此类行为给自己带来的影响等”[②]。此外，小学阶段的媒体素养教育还可以与历史教育、国学教育、法律教育、传统文化教育、传统价值和传统道德教育相结合，力求通过媒体素养教育为青少年养成健康的媒体意识和习惯，初步树立正确的文化观、价值观、历史观、世界观和人生观而奠定基础。在中学阶段，青少年的思维开始从经验上升到理论，从形象思维向抽象思维发展。因此，学校应有意识地培养其媒体批判、使用和管理能力，强化其对媒体及信息、文化的辩证思维能力。在这一阶段，学校可逐步开设“‘新闻媒体基础’和‘时事新闻评论’等通俗易懂的媒体素养教育基础理论课程”[③]，以培养学生“理解媒介与生活的关系，学会利用媒介促进自我解决学习与生活中的问题；理解不同媒介的编播策略、拍摄技巧潜藏的制作者意图，正确看待网络标题党、网络煽情片面报道等；学会自我认知与媒介认知的结合，懂得分析自我兴趣与需求；帮助其评估和管理个人媒介接触、使用及媒介信息再传播行为，使其能对媒介及信息有质疑能力，能辨别媒介及信息的说服意图，能明确认知媒介的功能与利弊，能意识到媒介对人类生活可能产生的影响等”[④]。高等教育应该为国家、政府在媒体素养教育方面做好调研、咨询、规划、参谋和服务工作，为新闻机构和社会各行各业培养具有较高媒体素养的人才，为各级各类中小学做好媒体素养教育人才的培养和储备工作。同时，由于大学生的自我意识、独立意识与批判性思维日渐提升；因此，在大学阶段，作为大

① 罗生全，欧露梅. 国外中小学媒介素养教育新进展. 中国电化教育，2012，(7)：23-28.

② 唐婵. 我国青少年媒介素养教育现状与核心议题. 新闻研究导刊，2016，7 (3)：228-229.

③ 童兵，高金萍. 21 世纪中国新闻传播教育发展趋势初探. 湖南大学学报（社会科学版），2001，(1)：112-115.

④ 唐婵. 我国青少年媒介素养教育现状与核心议题. 新闻研究导刊，2016，7 (3)：228-229.

多数高校的一门通识课程或选修课程，针对普通大学生的媒体素养教育课程应该“上升到媒体价值观念判断、媒体道德观念的判断以及媒体生存环境、媒体运作机制和媒体素养教育价值取向选取等理论层面的探讨上。在媒体素养教育实践上，则应强调参与和赋权的重要意义，侧重掌握具体的媒体制作、参与技巧，了解节目创意的过程以及媒体的具体节目形态等。”[①]同时，高校媒体资源丰富，可以在媒体素养教育中充分发挥校广播台、校报、校园网，以及学校官方的两微一端（微博、微信、新闻客户端）等媒体资源的作用，利用其进行媒体名人讲座、媒介知识普及、媒体素养主题征文、宣传和专题报告、微信公众号维护、小电影及微电影创作、媒体素养观影会等活动。这些课程和活动的开设和举办，势必会为大学生独立认知与思考提供更广阔的视野，从而使其具备更为理智的媒体接触习惯、更为丰富的媒体使用经验、以及更为成熟的舆论观察、文化批评、意识形态判断、媒体批评与媒体监督能力。

5）加强各级各类学校在媒体素养教育上的联系和合作。在英国、加拿大和美国等媒体素养教育开展得比较好的一些西方国家，高等教育一直是其推行媒体素养教育的生力军。一直以来，我国的高等教育与基础教育联系较为松散，导致媒体素养教育理论研究和教学实践脱节，难以与中小学形成推进媒体素养教育的合力。不过，近年来，随着中国传媒大学、复旦大学、南京师范大学等一些著名科研院校陆续启动一些省部属重大媒体素养教育科研课题，这种情况开始有了好转。譬如，2007 年 4 月，复旦大学新闻学院发起成立了国内第一个“媒介素养教育行动小组”，小组成员包括数十位教授、副教授、博士研究生和硕士研究生。该小组正式与复旦小学和同济小学开展合作，在这两所小学的四年级学生中普及媒体素养教育。通过运用多种授课方式，该小组在培养小学生理性面对媒体意识，帮助其形成独立思考习惯，增强媒体使用的自我约束能力及提高自身媒体素养方面已取得了初步成果。这些富有成效的案例表明，我国高校也应与中小学紧密合作，自觉将先进的媒体素养教育理念和丰富的资源运用到中小学媒体素养课程教学中去。当然，不管是中小学教育，还是大学教育，在我国开展媒体素养教育都应该遵循如下七项原则：“首先，媒体素养教育应该涉及几大主题——政治、经济、文化、环境保护。其次，媒体素养教育应该针对不同年龄段人的特点制定出不同的教育目标，而中国由于城乡差异的缘故，还应该制定出针对农村广大人群的媒体素养教育目标。第三，媒体素养教育要充分利用媒体资源。第

① 衷菱. 论媒介信息教育. 声屏世界，2004，（4）：7-8.

四，加强学生在媒体素养教育中的主体地位和主导作用，教学中充分重视合作、探寻、质疑、互动、参与和创新的方法。第五，重视媒体传播所包含的各个部分——媒体信息的传播者和媒体信息的受众、媒体产业以及与媒体有关的各种制度。第六，加强媒体素养教育师资的培训，引进国外成功的媒体素养教育观念和模式。第七，实现中国优秀的传统文化与媒体素养教育的融合，促进中华民族文化的发展与创新。”①

二、社会教育：全民性和终身化

20 世纪 70 年代以来，随着新的社会冲突的出现，西方社会开始了一系列的新社会运动。伴随着诸如环保运动、反战与和平运动、女权运动、消费者权益运动和多元文化运动等新社会运动轰轰烈烈的开展，世界范围内的媒体素养教育运动开始形成高潮。李月莲博士认为，媒体素养教育运动几乎具备了新社会运动的所有特征：“第一，它是议题主导型的社会运动，其议题跨越国界，是具有普遍性的社会问题；第二，参与运动的活跃分子主要不是直接为了自身利益，而是为了广大受众；第三，抱有社会改革的目标，希望发挥促进社会公平正义等作用；第四，提倡尊重自由、个人自主、反对社会不公等基本信念；第五，并非作用于政治和经济制度层面，而是在民间社会针对价值变迁和生活方式变革而行动；第六，与传统的正规渠道动员与科层式组织不同，‘新社会运动’的组织方式往往比较松散，大多属于非正式的民间机构。”②正因为如此，许多研究者称媒体素养教育活动的开展为媒体素养教育运动。这就使西方的媒体素养教育不仅限于学校教育，还包括形式广泛的社会教育，社会这个大舞台可以看作是这些国家实施媒体素养教育的另一个重要途径。

事实上，媒体素养教育“是传播学中受众研究的开拓和延伸，同时也受传播社会学、社会心理学和教育社会学的影响，是一门传播学、社会学、心理学、教育学相互交叉的分支学科。它以受众为主体研究对象，对受众、对媒介的体验、感受、认知，乃至对媒介的分析、判断、扬弃进行成长式的实践。媒体素养教育从根本上来说是一种实践性的社会教育活动，它赋予社会教育新的含义和内容，是一种全新内容的社会教育”③。如此一来，媒体素养教育就直接面对整个社

① 蔡帼芬，张开，刘笑盈. 媒介素养. 北京：中国传媒大学出版社，2005：69-70.

② 李月莲. 从“网络模式”分析：香港回归十年传媒教育运动的发展//媒介素养与公民素养论文集：2007：20.

③ 王天德. 中国的媒介素养研究重在社会教育——兼述浙江省媒介素养社会教育体悟. 中国广播电视学刊，2013，(3)：61-62.

会，其教育对象就不仅限于在校学生，还应该包括学龄前儿童、成年人和老年退休人员等在内的所有社会公民。从历史发展来看，英国、加拿大和美国等媒体素养教育开展得比较好的一些西方国家，大都是以新社会运动的形式来推广媒体素养教育的，它们开展了广泛的媒体素养社会教育。譬如，由于基层中小学教师和社会各阶层关心教育的人士的一再呼吁，更由于多个民间团体的非正式的联合争取，加拿大教育部门被迫将媒体素养教育课程列入中学必修课，从而开始了加拿大 20 世纪 70—80 年代的影响深远的媒体素养教育运动。同样，在我国，媒体素养教育“首先是一种社会运动，其主旨是反对价值观和生活方式对个人的操控，反对文化压迫，通过媒介表达多元的声音。……并正在影响主流媒介甚至有关媒介的决策”[①]。具体来说，我们可以从以下几个方面来考虑如何在社会教育这个宏大的背景中开展媒体素养教育。

1）可以通过一些社会团体、民间机构和学术单位或科研院校等单位形成的媒体素养教育专业组织或专业协会，通过举办各种媒体素养教育专题短训班、联谊会、研讨会、演讲会乃至进行媒体素养知识比赛等形式直接对社会公民进行媒体素养教育，或者通过出版媒体素养教育通信、期刊和相关媒体素养教育培训教材，召开媒体素养教育国际会议及游说政府部门来间接推广媒体素养教育运动。民间团体或组织在媒体素养教育方面的作用不可小觑。在社会层面，“台湾先后成立了富邦文教基金会、媒体公民教育研发小组、妈妈监督媒体基金会、媒体观察教育基金会、媒体素养教育委员会等民间组织，定期深入居民社区和学校开展媒体推广讲座、教师培训和儿童影视观摩展等活动”[②]。在香港地区，“民间团体是香港开展媒介素养教育和陪练服务的重要力量。他们针对初中和高中生，编印媒介知识普及读本《传媒教育教材初阶本》和《传媒教育教材进阶本》；设计媒介教育训练课程，为青少年设计工作坊、夏令营、网上互动平台和开发媒介教育游戏。后来成立的香港传媒教育协会通过举办教育研讨会、讲座、工作坊、出版会刊、分发教材等，教导年轻人如何认识、辨析、批评和制作大众传媒，逐渐使他们成为精明而有品位的传媒消费者”[①]。这些经验给我们很好的借鉴和启示。我国大陆也要大力鼓励、支持建立民间媒体素养教育组织，以及具有官方背景的某些媒体素养教育专业团体，并给予一定的政策与资金倾斜。我们欣喜地看到，近年来，大陆在媒体素养教育专业团体建设方面已有一定进展。

① 陆晔，卜卫，李月莲，等. 媒介素养的国际发展与本土经验. 传播与社会学刊，2009，(7)：1-24.
② 转引自：冯飞芸. 国内外媒介素养教育发展综述. 科教文汇（下旬刊），2015，(33)：3-4.

2）社区教育也是开展媒体素养社会教育的一种很好的形式。媒体素养教育“参与”取向的一个重要内涵，就是培养大众参与社区行动的能力。在我国，“社区”是一个比较笼统的说法，它既包括地区性生活共同体，即非正式的基层社会组织，如城市的街道、小区办事处、居委会等机构的实际物理社区，也包括虚拟的网络社区、媒体社区。以服务于本社区居民生活为宗旨的实际物理社区，倾重于社区生活、文化、教育、健康和政治等内容。相应地，社区教育“旨在提高全体成员素质，优化社会环境、密切人际关系，消除社会问题，构建终身教育体系，建立学习化社区，促进社区建设和发展的一系列教育活动”[①]。在现实生活中，我国城市社区一般拥有宣传栏、读报栏、小区电影、有线电视、网络虚拟社区等媒体形式。由此可见，城市社区生活与媒体具有非常密切的联系。在城市社区内开展媒体素养教育，其对象就是同一社区内有一定认同感、人际交往等特征的社会公民；其不但参与度高、可操作性强，而且针对性也强。具体来说，“可以充分利用社区教育活动、教育设施，把媒体素养教育导入社区教育的内容之中。这种路径不仅扩展了社区教育的内容，也让媒体素养教育更便利地接触到教育对象，从而取得良好的社会效果”[②]。随着我国城市化进程的不断加快，社区在社会事务中发挥的作用越来越大，也使其越来越成为媒体素养教育所应重视的新领域之一。

而网络虚拟社区和媒体社区也是开展参与式媒体素养教育的一种重要形式。当前，媒体素养越来越成为现代社会公民的一种综合能力和基本素养，而判断公民是否具有媒体素养的显著标志之一就在于他是否能够充分利用媒体资源参与到社会公共事务中来。“赋权”的重要使命之一，就是推进健康的媒体社区“参与”运动，让广大社会公民积极参与社会公共事务。在网络技术和新媒体不断发展的背景下，Web2.0 的各种典型应用如 BBS、论坛发帖跟帖、博客、播客、SNS（社会化网络服务）、IM（即时通信，如 MSN、QQ 等），以及微博、微信、新闻客户端等各种社会化软件，在大众的日常生活中发挥着越来越重要的作用。实践证明，通过这些工具平台或应用软件来搭建新媒体时代的个人“参与”“发声”系统，是公民利用媒体服务个人生活与工作、实现民主参与、促进社会发展的一种较为有效的方法与途径，也是在我国当前新媒体所主导的参与式文化背景中提高社会公民媒体素养的一个极为重要的方法。事实上，党和国家领导人多次赞扬互联网上的公民参与与监督作用。2009 年 10 月 9 日，胡锦涛同志在“世界媒体峰

① 卓斯廉，汪志广. 社区教育与学习型社区. 北京：中国社会出版社，2005：1.
② 马林靖. 社区在媒介素养教育中的角色定位. 新闻爱好者月刊（理论版），2008，(7)：21-22.

会”上倡导：“……应鼓励和支持中国媒体贴近实际、贴近生活、贴近群众，创新观念、创新内容、创新形式、创新方法、创新手段，增强亲和力、吸引力、感染力，在弘扬社会正气、通达社情民意、引导社会热点、疏导公众情绪、搞好舆论监督和保障人民知情权、参与权、表达权、监督权等方面发挥重要作用。”①事实上，的确有不少公民积极参与了媒体活动，他们能够通过媒体发出自己的声音，以行使宪法所赋予自己的神圣权利。近些年来，“张鸽子”“刘羚羊”“王云彩”“林一爆”“邱非典”“李手印”“黄断桥”等一系列虚假新闻正是在广大网友的穷追猛打下一个个现了原形；山西“黑砖窑”、云南“躲猫猫”、贵州“黔驴三撑”、湖北“牵尸绳”、杭州“欺实马”、上海“钓鱼”执法等一时轰动全国的公共危机事件，也是在广大网民锲而不舍的网络发帖、跟帖的推动下，最终能够逐渐还原或接近事件真相。一些网络成语新编也从某些侧面表明，在网络事件发酵、处理、真相还原过程中，网络社区、微博、微信等社交媒体和应用的评论、转发和互动，实在是功不可没。正如胡泳分析，微博发挥了巨大作用并不稀奇：“这是微博媒体属性决定的必然结果。媒体在中国的政治生态中从来都不只是一种表达工具，更是一种解决问题的方式。人们习惯了把媒体视作政府的某种组成部分，把媒体当成了青天。媒体成为权力的某种化身正是这种逻辑推演的结果。在正常的国家，人们遇到问题了，有立法系统和民意代表、独立的法院，当然也有媒体”②。这些典型的案例也强有力地昭示了公民“参与”的力量——“历史将会记录在这个社会转型期，最大的悲剧不是坏人的嚣张喧闹，而是好人的过度沉默。”“参与”究竟是什么？“你们知道的。如果你不行动，至少要说话吧？如果你不人肉，至少要转帖吧！如果你不围观，至少要知道吧！知道，围观，转帖，人肉，说话，行动……来来来，一起来吧！”其实，这些行动就是最鲜活的“参与”，也正是广大公民各种形式、合理合法有序的媒体参与，我国社会在政治文明、民主法制、人权自由等各方面有了点点滴滴的进步；当然，这些进步也自然可以看成是其媒体素养随之进步的绝好例证。而且，媒体“参与”不是仅限于政治领域、公共事务领域，也可以涉及文化、教育、经济等一切正当的可“参与”的领域。

3）通过形式广泛的社会教育，使媒体素养教育在我国成为纳入全体国民的终身教育。卜卫早就建议，“多采用专题短训班形式对成人进行媒体素养教

① 胡锦涛. 中国政府始终支持媒体搞好舆论监督. http://news.sina.com.cn/c/2009-10-09/100918794567.shtml［2017-10-12］.

② 张欢. 微博搅动的世界. http://www.alibuybuy.com/posts/51666.html［2010-12-25］.

育。比如网络培训班，专门讲解和讨论使用网络的技术。或者性别培训班，专门提高公众的性别敏感。在我国可利用家长学校，对家长进行专门培训，使家长能对孩子的媒体使用进行指导”[①]。但这些建议似乎把媒体素养社会教育的对象主要限定在家长等成年人身上，显得过于狭窄。其实，在当今这个终身学习化的社会，媒体素养社会教育的对象不仅应该拓展为所有社会公民，即全民教育；而且还应该延续他们的一生，即终身教育。换句话说，由于社会的范围远远大于学校，通过社会对社会公民进行媒体素养教育的方法也应该要丰富得多，复杂得多。

三、家庭教育：温馨互哺

现代社会，与学校教育相比，家庭教育强调潜移默化、点滴积累、水到渠成，因此少了些“教化”色彩，多了一些“自然”本色，毫无疑问成为大多数人一生中接触时间最早、最长、影响最为深远的教育。而且，媒体在现代家庭及其教育中扮演着越来越重要的角色，家庭已越来越成为人们绝大部分媒体行为和体验的发生地；作为具有高度亲密性、分散性、灵活性和群众性特征的非正规教育，家庭教育比学校教育更多地受到大众媒体的影响。如此看来，媒体素养教育在社会的最小单元——家庭中推进，既可以盘活现有的教育资源，又可以增进家庭成员之间的情感交流；因此，要提高广大民众的媒体素养，家庭教育的参与不失为一个较好的途径。

1）媒体素养的家庭教育，可以是双向的，甚或多向的媒体素养教育。1970年，美国人类学家玛格丽特·米德（Margaret Mead）提出的“后喻文化”理论认为，“前喻文化是指晚辈主要向长辈学习；并喻文化，是指晚辈和长辈的学习都发生在同辈人之间；而后喻文化则是指长辈反过来向晚辈学习”[②]。有调查显示，我国当代的新家庭教育，是在以前喻式家庭教育为主导的前提下，后喻和前喻、同喻三种模式融合与共存的家庭教育。因此，严格地说，家长在媒体素养教育中始终扮演着双重身份，一是作为教育子女的施教主体，二是作为受社会教育和子女反哺教育的施教客体。在家庭教育中开展的媒体素养教育，应该是一种父辈和子辈之间关于媒体素养的双向教育，或者更应该是一种家庭成员各辈分之间就媒体意识、行为和经验的多向交流与教育。具体来说，其既可以表现为父母长

① 卜卫. 论媒介教育的意义、内容和方法. 现代传播（北京广播学院学报），1997，(1)：29-33.
② 米德. 文化与承诺. 周晓虹译. 石家庄：河北人民出版社，1988：27.

辈对子女等晚辈的关于媒体使用的指导和教育，也可以表现为子女在新媒体使用方面对父辈的帮助和“反哺”，同样也可以是同辈成员之间在媒体经验方面的互帮互助、互相分享。古人云：“三人行，必有我师焉。”其套用在我国大多数“三口之家”的媒体素养家庭教育方面，也是较为贴切的。

2）发挥家长在媒体素养的家庭教育中对子女的示范、引导和督促作用。苏联著名教育学家瓦·阿·苏霍姆林斯基认为，“不要以为只有你们对儿童教导、命令的时候才是教育，你们怎样穿戴、怎样同别人讲话、怎样谈论别人、怎样快乐和发怒、怎样对待朋友和人、怎样笑、怎样读书，这一切，对儿童都有重要意义”[①]。由此推而广之，在实际的家庭教育中，家长可以利用其可能在解读媒体信息方面稍胜一筹，以及对传统文化具有更深厚的体认等方面的优势，用自己的言语举止、行为习惯和媒体意识、媒体态度对其子女的媒体接触行为进行言传身教、潜移默化的影响。然而，现实生活中，我们时常听到孩子们类似的吐槽和抱怨，“他们说我是他们的宝贝，但我现在觉得手机才是他们的宝贝”[②]。在手机和子女之间，年轻的父母究竟应该视谁为宝贝？这似乎是一个不言自明的问题。但与其将智能手机视为“亲子互动萎缩、亲子关系断裂”的罪魁祸首，不如从家长自身找原因，想办法。如果父母以身作则，有很好的媒体接触习惯，能理智使用手机、不沉迷于手机，孩子们还会争风吃醋吗？还会沉迷于手游吗？另外，出于保护的心理，一些家长难免担心自己的子女受到网络等新媒体的负面影响。他们要么对其子女的看电视、上网活动等媒体行为动辄粗暴地干涉、严厉地训斥，要么不闻不问、放任自流，任其接受“电子保姆”的陪伴。这些极端的态度和方式被证明都是不恰当的、不可取的。其实，对于让广大中小学生甚至大学生家长谈之色变的《王者荣耀》类手游，“如果家庭成员，尤其是家长对孩子或者不管不问，或者一封到底，纵使气急败坏也无济于事，与其关上游戏的门还不如打开疏导陪伴的窗”[③]。正确的做法是，家长在具备了相关的媒体素养知识之后，应积极对其子女可能产生的媒体误读、沉溺和焦虑等媒体行为偏差进行矫正，引导、督促他们更好地实现媒体化生存。同时，从积极方面来讲，家长还应主动地根据自己已有的人生经验、媒体经验，帮助其未成年子女学会正确地选择、筛选媒体信息，以提高其对有用媒体信息的鉴别、利用能力。其关键是帮助其子女养成正确的媒体意识和良好的媒体习惯。

① 转引自：陈一筠. 家庭与下一代. 北京：社会科学文献出版社，1996：121.

② 蒋璟璟. 手机摧毁亲子关系，本质上是一种责任回避. http://www.thecover.cn/news/369529［2017-07-06］.

③ 人民网. 人民网二评《王者荣耀》：“社交游戏”监管刻不容缓. http://www.thecover.cn/news/368828［2017-07-04］.

3）发挥子女在媒体素养的家庭教育中对家长在新媒体“功能性文盲”方面的扫盲作用。我们必须看到，媒体技术的进步与子女辈对媒体较强的接触、学习和使用能力也为媒体素养教育的“文化反哺”提供了可能性，为长辈就媒体素养向晚辈咨询、学习提供了可能性。这是因为前喻文化与后喻文化不是断裂的，而是并行的。而且，作为“数字原居民”的子女可能在媒体素养的技能素养方面具有先天的驾驭禀赋和优势，也可能对属于自己的新型文化或青年亚文化具有更为独到的认知。在现实生活中，许多父母虽然也很关心其子女的媒体接触行为，但他们自己对网络新媒体的了解和认识极为有限，致使这种关心和指导就显得有些不得要领、力不从心。譬如，作为子女一辈的青少年，往往能迅速地掌握网络新媒体的有关知识和技能，其所缺乏的只是对其媒体行为的控制和良好媒体习惯的养成；但一部分家长由于缺乏对新媒体相关知识和技能的掌握而成为边缘化的“功能性文盲”，结果就无法与其子女在新媒体、媒体素养等方面进行平等对话。因此，问题的关键是，家长必须具备一定的媒体使用能力和一定的媒体素养，否则对其子女的媒体素养教育就只能是空谈。家长只有在熟悉、掌握了一些常用的新媒体，有了相关的媒体素养基本知识之后，才可以尽快消除与其子女之间的“信息沟”和“代沟”，才可以逐渐进入、融入其子女的媒体活动世界，并与他们在媒体问题上进行真正意义上的民主对话。如此看来，对于第二重身份，家长应该明白，在现代社会，他们已不再是知识的绝对权威，相反，他们应当重视其子女的作用，并虚心向他们学习网络、智能手机、微信等新媒体。在向其子女学习的过程中，家长会发现，自己的子女原来在媒体行为方面也有许多优点，并非一无是处。在此基础上，家长与其子女以及家庭各辈成员之间便可逐渐营造出一个信任、和谐、健康、互动式媒体接触氛围，大家共同学习，共同进步，与时俱进；彼此的信任和互动又使家庭各成员之间的关系得到改善，特别是亲子关系得到增强。当然，为帮助家长尽快提高其媒体素养，除了向其子女反向学习媒体素养知识外，社会有关部门也可以出版专门书籍、杂志或制作特别的节目来指导、帮助家长开展媒体素养教育。同时，家长应通过参加单位培训、社区教育或者其他一些有效的媒体素养教育活动等方式积极学习网络等新媒体知识，力图使自己的新媒体知识水平与其子女保持同步增长。

4）创造温馨的家庭氛围，养成良好的亲子阅读、亲子学习习惯，接受传统文化、优秀文化熏陶教育。在当前电视文化、网络文化、手机文化等视觉文化占主导的媒体环境中，家长在自己养成良好的阅读习惯的同时，尤其要注意培养其子女良好的纸质媒体阅读习惯。据最新的《第十四次全国国民阅读调查》，“2016年我国国民人均图书阅读量为7.86本，较2015年增加了0.02本。人均每天微信阅读时长为26.00分钟，较2015年增加了3.37分钟。数字化阅读的发展，提升了国民综合阅读率和数字化阅读方式接触率，整体阅读人群持续增加，但也带来了图书阅读率增长放缓的新趋势……2016年我国成年国民手机阅读接触率高达66.1%。我国成年国民手机阅读接触率、手机阅读时长连续八年增长。超过两成手机阅读接触者喜爱‘都市言情’类小说”①。种种迹象表明，人们越来越偏爱手机阅读、浅阅读、碎片阅读，而对纸质阅读、严肃阅读、学术阅读总可以找到时间不够、爱莫能助的理由。产生这样的结果自然有多方面的原因，当然也和我国“书的价钱越来越贵，而质量却越来越次；书的种类越来越多，却内容大多雷同；书的字体越来越大，而字却越来越错；写书的越来越多，看书的越来越少”有关。更重要的是，网上免费的、主动推送来的、迎合读者口味的阅读资源实在太多了，实在令人爱不释手。真正对自己有用的阅读材料又太少，又不愿意读。有关研究还表明，长时间地接触电子媒体，长时间的网上“浅阅读”，不仅对成年人的生活不利，而且对青少年儿童的健康成长极为不利，对他们的文化底蕴的养成极为不利。利维斯学派所倡导的“文学文化”教育、文学经典教育，在当前我国国民阅读率普遍不高的情况下，仍有一定的现实意义。因此，家长一方面要自己养成良好的阅读习惯，另一方面应帮助其子女选择其喜欢的书刊，特别是一些代表中国传统文化的经典书籍，为其创造良好的阅读环境，并尽量安排时间与他们一起阅读，鼓励他们写读书笔记，时常与他们交流读书感受等。

四、媒体责任：任重道远

通过前面的研究，我们知道，西方社会早期对媒体素养教育的重视，大都源于对大众媒体副作用的警觉。低级庸俗的内容消解了精英文化，左右了大众的视听，尤其是毒害了青少年。西方的大众媒体建立于自由主义传媒理论和体制的基础之上。这种理论强调自由创办传媒、报道消息、发表言论和其他内容的权利。因而要抑制传媒的副作用，很大程度上要靠大众传播过程的另一端——接受者的辨别、防范、抵制能力，也就是靠受众的媒体素养。而我国主要是通过加强对传

① 新浪网. 第十四次全国国民阅读调查报告出炉：2016 年人均阅读 7.86 本书. http://book.sina.com.cn/news/ whxw/2017-04-18/doc-ifyeimqy2574493.shtml［2017-04-18］.

播者的管理控制，来解决大众媒体的副作用。但随着大众传播的市场化、全球化、网络化和技术手段不断发展更新，“堵”的作用越来越小，因此，受众媒体素养的作用日显重要。与此同时，我国还要改进媒体体制、提高媒体质量等。媒体（机构）作为社会公器，一方面沟通受众，另一方面沟通政府，成为社会中不可或缺的桥梁，其角色十分重要。这样的特点使媒体（机构）既是媒体素养教育的实体样本，又是媒体素养教育中最具优势的主体。因此，媒体作为信息源、作为媒体素养教育最显而易见的传达工具、主力军和中坚力量，在媒体素养教育体系的建构中，必将发挥中流砥柱的作用。具体来说，媒体理应对媒体素养教育承担媒体自律和教育平台两个方面的重要责任。

媒体应当坚决做到自律，从源头上净化媒体环境，消除媒体内容对媒体受众及社会发展所造成的消极影响，充分当好“守门员”的角色。Bill Kovach 和 Tom Rosenstiel 曾在 *Elements of Journalism* 一书中写道：“文明已经产生了一个比另一个想法——人们能够支配自己——更强大的想法，并且还创造了一项远未阐明的信息理论来支撑该想法，这就是所谓的新闻工作。二者兴衰与共。”[①]由此可见新闻工作的紧迫性和重要性。同时，正如 Walter Lippmann 在 *News Reporting and Writing* 中所说，“在当天的新闻到达报社时，它是一堆难以置信的、由事实、宣传、谣言、怀疑、线索、希望和恐惧组成的大杂烩，选择和整理新闻的工作是民主国家真正神圣的任务之一”[②]。由此可见新闻工作、媒体工作的艰巨性和媒体自律的重大责任。事实上，自律本是一个伦理学范畴的概念，即“不受外界的约束，不为感情所支配，根据自己的良心，为追求道德本身的目的而指定的伦理原则”[③]。马克思曾经说过，“道德的基础是人类精神的自律”[④]。相应地，媒体自律是指媒体主体将媒体伦理道德规范内化为媒体本身的伦理道德观念，以形成其职业良心、职业荣誉心和职业伦理的过程。媒体自律也可以被认为是媒体伦理道德的直接体现，是来自媒体机构和媒体从业人员自身的自我修养和自我约束。而且，这种自我约束的力量是发自内心深处的、自觉的，因而是真正的自律、高境界的自律。正因为如此，媒体自律不管是对其自身建设而言，还是对民主社会公众的权利和媒体素养教育的建构而言，都显得非常重要。具体而言，在我国，要

① 转引自：Grizzle A，Wilson C. UNESCO’s media and information literacy curriculum for teachers . http://unesdoc.unesco.org/images/0019/001929/192971e.pdf. 2011：79.

② 转引自：Grizzle A，Wilson C. UNESCO’s media and information literacy curriculum for teachers . http://unesdoc.unesco.org/images/0019/001929/192971e.pdf. 2011：87.

③ 辞海编辑委员会. 辞海. 上海：上海辞书出版社，1989：4592.

④ 中共中央马克思恩格斯列宁斯大林著作编译局. 马克思恩格斯全集（第 1 卷）. 北京：人民出版社，1972：15.

加强媒体自律，可采取这样一些措施。

1）加强媒体从业人员的自律教育。有一家大型互联网公司将“不作恶”作为企业的核心价值，他们坚信，“作为一个为世界做善事的公司，从长远来看，我们会在股东利益和所有方面得到更好的回馈——即使我们要放弃一些短期收益”①。既然选择了媒体行业，媒体从业人员就应该心存敬畏，不要作恶。媒体人的自律，其目的是防止媒体及其从业人员滥用言论权利，以对媒体自身传播的信息进行严格的把关，尽量避免或减少新闻报道中的虚假、暴力、色情等不良和低俗内容。要做到这一点，有关机构可以对媒体从业者进行媒体素养知识方面的专门培训，促使他们在日常的新闻报道、媒体活动中注意规避自己的媒体行为。更重要的是，要在媒体同行中倡导一种新闻媒体的自我规范和自我约束机制。

2）针对我国当前严峻的媒体环境，制定严格、具体、细致、可操作性强的媒体自律规约显得十分必要、十分迫切。英国学者约翰·罗斯金曾经说过：“明智的法规和适当的克制，对于高尚的民族而言，虽说在某种程度上不免有点累赘，但它们毕竟不是束人手足的锁链，而是护身的铠甲，是力量的体现。”②同样的道理，适当的媒体克制、收敛和自律也是十分必要的，它会更有利于媒体环境的有序发展和媒体的自由表达。2000 年以来，中国报业协会、 中国互联网协会等行业协会陆续出台了《中国报业自律公约》《互联网站禁止传播淫秽、色情等不良信息自律规范》《中国互联网行业自律公约》《抵制恶意软件自律公约》《博客服务自律公约》《反网络病毒自律公约》《中国互联网行业版权自律宣言》等一系列媒体行业自律规范。2009 年 11 月，新修订的《中国新闻工作者职业道德准则》明确指出，“坚决反对和抵制各种有偿新闻和有偿不闻行为，不利用职业之便谋取不正当利益，不利用新闻报道发泄私愤，不以任何名义索取、接受采访报道对象或利害关系人的财物或其他利益，不向采访报道对象提出工作以外的要求”③。应该说，这一系列行业规范，对于传统报业和互联网新媒体的健康发展和自律意识的强化，具有非常重要的促进作用。但这些规约和倡导的初衷都是弘扬主旋律，在操作性方面似乎过于温和。因此，政府相关部门很有必要制定出更加严格、具体、细致、操作性更强的和媒体相关的法律、法规，这样才能为媒体自律提供法理上的依据，也才能为媒体从业人员的自律提供可参照的对象和标

① Shira O. What would 2004 google say about antitrust probe?. https://blogs.wsj.com/deals/2011/06/23/what-would-2004-google-say-about-antitrust-probe/[2017-10-12].

② 罗斯金. 罗斯金经典散文选. 刘坤尊译. 长沙：湖南文艺出版社，2000：167.

③ 《中国新闻工作者职业道德准则》修订版全文. http://www.chinanews.com/gn/news/2009/11-27/1988722.shtml[2009-11-27].

准。针对网络谣言的危害，2015 年 11 月 1 日起施行的《中华人民共和国刑法修正案（九）》第二百九十一条之一中新增加的一款（第二款）明确规定，“编造虚假的险情、疫情、灾情、警情，在信息网络或者其他媒体上传播，或者明知是上述虚假信息，故意在信息网络或者其他媒体上传播，严重扰乱社会秩序的，处三年以下有期徒刑、拘役或者管制；造成严重后果的，处三年以上七年以下有期徒刑”[①]。应该说，这一法律条款的颁布实施，是针对社会全体公民的，对于假新闻、谣言等在新媒体上的泛滥，必定会起到积极的震慑和遏制作用。在此法律面前，作为媒体机构及其从业人员，在自媒体时代更应该以身作则，坚守媒体道德，坚决不写假新闻，不做“标题党”，不传播假新闻；坚决不唯点击量、收视率而放弃新闻真实性原则。

3）可以结合当前社会的热点媒体景观，开展形式多样的媒体批评。“媒体批评（media criticism）其实就是对大众传播媒体的批评，是对媒体产品以及媒体自身作用的理性思考。”[②]具体而言，媒体批评就是通过在报纸、刊物、广播、电视、网络等媒体上设立专栏、专刊、专题、频道和栏目等形式，对媒体自身的种种媒体行为和媒体现象以及媒体产品进行及时的评价和批评。譬如，2007 年 3 月 30 日，清华大学新闻与传播学院和人民网共同开通了国内第一个综合性的媒体批评专业站点——媒介批评网。该网站密切关注我国当前的媒体生态环境，分析、批评我国当代的种种媒体行为、媒体现象和媒体产品，旨在“以理性批评构建和谐媒体社会”[③]。作为政府管理和法律监督的有效补充，媒体批评与监督必然会逐渐成为我国最为活跃、最为重要的一种媒体自律和监督形式。当然，个人博客等也可充分发挥其批判性，为媒体自律施以强大的舆论压力。媒体作为政府“喉舌”，应义不容辞地承担起媒体素养教育平台和协同教育的职责。的确，解铃还须系铃人，与受众积极互动是媒体组织开展媒体素养教育的又一途径。但是，缺乏媒体从业者的积极参与，往往是媒体素养教育面对的最大问题，其中原因似乎不难理解。本来，媒体素养教育期望受众能够成为一个主动积极、不易受媒体摆布的阅听人。但这不是要让媒体从业者搬起石头砸自己的脚的吗？试想，媒体会希望自己的受众聪明、理性地抛弃媒体吗？这在逻辑上应该说不过去。

事实上，从世界上其他国家和地区来看，一些世界著名商业媒体如 ABC、NBC 等企业赞助的不少媒体素养计划和媒体素养教育经费一直是主要的争论问题

① 中国人大网. 中华人民共和国刑法修正案（九）. http://www.npc.gov.cn/npc/xinwen/2015-08/31/content_1945587.htm[2015-08-30].

② 吴迪. 媒介批评：特性与职责. 现代传播（北京广播学院学报），1995，（5）：1-6.

③ 媒介批评网. http://mediawatch.people.com.cn/[2017-10-12].

之一。但让媒体参与到针对它自身的媒体素养教育中去，其实并不矛盾，是媒体自律最高境界的体现。况且，自我纠正错误、发扬优点，有何不可？因此，媒体至少可从以下几个方面开展媒体素养教育：①应发挥媒体的正面教育功能，弥补学校教育的不足。大众媒体正日益成为当代社会具有强大教育功能的传播机构，它极大地带来了教育的普及和民智的开启。其传递社会文化遗产的功能，可以让社会公民了解和掌握社会的价值观、社会伦理规范和社会文化遗产；其无与伦比的娱乐功能也可以在无形中培养社会公众的文化情趣和审美情趣，从而倡导良好的社会风尚。这些都是学校教育所不能及的，每一位民主社会的公民都应该善于加以利用。②媒体应充分发挥其作为“全民媒体素养教育活生生的教科书”的宣传、教育优势，呼吁全社会支持、重视媒体素养教育，最大力度地宣传和普及媒体素养知识。针对我国媒体素养教育普遍落后的现状，大众媒体应该参与进来，积极推广、宣传媒体素养的概念和内涵，以促成全社会对媒体素养的重要性的认识，进而加强社会各界对媒体素养教育的关注和支持。有条件的报纸、期刊、广播电台、电视台和网站等，可以开设固定的版面或提供固定的栏目、频道或专题页面，针对读者、听众、观众和网友进行媒体知识、媒体素养知识的普及传播。③媒体机构还可以进一步开展较深层次的媒体素养教育活动；可以利用媒体自身制作媒体节目的优势，制作与媒体素养相关的专题片、纪录片以及和媒体素养教育相关的网站、网页；协同学校教育、家庭教育广泛开展工作观察、教学材料制作与放映、宣传等媒体素养教育活动。譬如，随着微博的兴起，新浪邀请了15位社会名人/行业专家、4家政府机构、4家知名企业、5位“草根达”人协同拍摄制作了12集的微博纪录片（每集10分钟左右），从“微博是什么”“微博的魅力”“普世的爱心”“透明公益之路”“谣言与真相”“政务微博”“微博达人”“微博与创新”“微博与媒体”“手机微博”“微博营销”“微博养成计划”等12个热门命题，揭开微博繁荣背后的深层原因，对引导网友正确认识、使用微博及发挥微博等社交媒体的积极作用，避免其负面影响，提高媒体素养具有重要意义。

五、政府支持：刚柔并济

西方媒体素养教育成功开展的经验告诉我们，具有“草根”性质的媒体素养教育运动发展到一定规模，在社会已有一定影响后，若想能够进入学校、成为国家法定课程，各国政府的政策支持自然是必不可少的重要因素。这是因为，官方对媒体素养教育在法理上的支持和认可对媒体素养教育来说至少具有几点意义：“一是承认其在课程体系中学科地位；二是教学时间、人员、资金等相关资源有了保障；三是能够促进教育系统内外对本学科的重视；四是促进媒体素养教育的稳定发展。”[①]由此可见，国家层面的支持是媒体素养教育获得合法性的最有效保障，政府和教育相关部门需要在媒体素养教育培养理念、法律制度完善和教育资金投入等方面，提供有力的政策支持和制度保障，最终将媒体素养教育纳入国家的正规教育系统。我国台湾地区自 20 世纪 90 年代引进了“媒体素养”概念后，于 2002 年 10 月 24 日又颁布了关于媒体素养教育政策的文件；与此同时，台湾教育部门专门设立了旨在通过媒体素养教育来解放民众，打造健康媒体社区的媒体素养教育委员会。作为当时“亚洲推动媒体素养教育政策之创举”的第一个“官方”文件，该白皮书从媒体素养教育的重要性、媒体素养教育的远景和媒体素养教育的政策三个方面，指出要把相关媒体素养教育课程内容融入小学、中学、高职、专科及大学院校和成人教育的各个层面，旨在通过媒体素养教育，强化全民对媒体的“释放”与“赋权”，建立“健康媒体社区”。我国是一个中央集权式国家，中央和地方各级政府拥有很大的权力，这在某些方面还有意想不到的优势。因为只有掌握着公权力的政府，才能承担起有效调配、整合及利用社会资源的重任，进而有效地开展媒体素养教育。在我国，只有充分发挥我国政府及相关部门的调度优势，才能成立专门的媒体素养教育管理部门，制订中长期的媒体素养教育规划，组织相关研究机构开展媒体素养教育课题研究，进而在国家层面构建媒体素养教育体系。从理论上说，我国政府可以从以下几个方面发挥媒体素养教育的主导作用：“①政府可以决定媒体素养教育的力度。要不要在社会上开展媒体素养教育，大众对媒体素养应该达到什么层次，需要多大的力度，政府完全可以采取政治措施或经济措施加以调节。②政府可以决定媒体素养教育的广度。在多大范围内开展媒体素养教育，在教育体系中进行媒体素养教育还是在社会上进行媒体素养教育，在青少年中间进行媒体素养教育还是在全民中间进行媒体素养教育，在国家机关内部开展媒体素养教育还是在企事业单位开展媒体素养教育，政府都可以根据具体情况加以决定。③政府可以决定媒体素养教育的深度。对于传统媒体如何认识，对于新媒体如何认识，都有个深浅层次的问题。”[②]

政府可以牵头成立或委托相关部门或科研机构负责领导全国媒体素养教育的

① 白传之，闫欢. 媒介教育论：起源、理论与应用. 北京：中国传媒大学出版社，2008：233.
② 陈先元. 大众传媒素养论. 上海：上海交通大学出版社，2005：213.

试点和推广，在法令政策方面引导媒体素养教育的开展，并在人力、财力上对其理论研究和教育实践加以扶持。应该说，到目前为止，在我国现行的一些法律法规中也有一些条款涉及媒体和媒体素养教育的内容。1991年10月8日，国务院办公厅转发了国家教育委员会等部门发布的《关于创造良好的社会教育环境保护中小学健康成长的若干意见的通知》。1992年1月1日，《中华人民共和国未成年人保护法》得以颁布实施。随后，国家相关部门又陆续颁布了《中华人民共和国计算机信息系统安全保护条例》《中华人民共和国教育法》《计算机信息网络国际联网安全保护管理办法》《中华人民共和国电信条例》《互联网信息服务管理办法》《互联网电子公告服务管理规定》《全国人民代表大会常务委员会关于维护互联网安全的决定》《公民道德建设实施纲要》《音像制品管理条例》《全国青少年网络文明公约》《中共中央国务院关于进一步加强和改进未成年人思想道德建设的若干意见》《中华人民共和国电子签名法》《互联网站管理工作细则》《互联网电子邮件服务管理办法》《信息网络传播权保护条例》《关于保护未成年人身心健康实施网络游戏防沉迷系统的通知》《即时通信工具公众信息服务发展管理暂行规定》《互联网用户账号名称管理规定》《互联网新闻信息服务单位约谈工作规定》《关于进一步加强管理制止虚假新闻的通知》《互联网直播服务管理规定》《文化部关于规范网络游戏运营加强事中事后监管工作的通知》《互联网新闻信息服务管理规定》《互联网新闻信息服务许可管理实施细则》《关于进一步加强网络视听节目创作播出管理的通知》等法律法规。这些法律法规，分别对最近20年来互联网上先后出现的互联网站、应用程序、论坛、贴吧、电子公告牌系统（BBS）、电子邮箱、博客、微博、即时通信工具、微信、新闻客户端、评论跟帖、网络游戏、手游、网络直播等新媒体的发展和使用，提出了规范化的管理要求，其对加强对新媒体内容监管、审查，进一步提高新媒体服务管理规范化、科学化水平，促进新媒体行业的健康有序、规范发展，是必不可少的。应该说，这些法律法规的部分条款旨在鼓励、“赋权”社会公民特别是青少年规范使用媒体的条款，部分涉及政治、色情和暴力内容的禁止性条款，无疑是在对社会公民和青少年进行“保护”。这些都直接或间接地推动了媒体素养教育政策、理念的制定和媒体素养教育实践的开展。

为了为我国媒体素养教育提供法律上的、上层路线的支持，从制度上保证媒体素养教育的顺利开展，中华人民共和国教育部、国家广播电视总局、中华人民共和国工业和信息化部，一些关心和指导未成年人健康成长的机构如中国关心下一代工作委员会、中国共产主义青年团、全国妇联等部门，以及省市区有关部门在认识到媒体素养教育的重要性和必要性后，可能还会进一步出台一些明晰、权威的媒体素养教育政策文件。应该说，适当的法律、法规是必要的，但也不可监管、保护过度。绝不能以扫黄、打击“三俗”的名义，阻断和剥夺民众的知情权，限制正当的信息流通自由；不能借着反“三俗”运动，“醉翁之意不在酒”，无缘无故地控制对政府不利的信息，尤其是屏蔽互联网和手机上的一些“不顺眼”的信息和阻止新媒体创新。在2017年的一次国务院常务会议上，李克强总理曾举例说道：“几年前微信刚出现的时候，相关方面不赞成的声音也很大，但我们还是顶住了这种声音，决定先‘看一看’再规范。如果仍沿用老办法去管制，就可能没有今天的微信了！”[①]由此可见，政府部门应该顺势而为，审慎监管、有效监管、科学监管、合理监管，以包容、审慎的态度对待各类新媒体、新业态、新模式，否则很可能一管就死，把像微信这样的未来“巨无霸”媒体扼杀在摇篮襁褓之中，岂不痛哉。

回到媒体素养教育上来，比严厉监管更重要的是，各级政府部门尤其教育机构，应将媒体素养教育提高到素质教育、公民教育的高度上来，真正重视、支持和引导媒体素养教育。首先，党和政府工作人员应自觉提高媒体素养意识，积极探索多样化的其自身的媒体素养教育路径。他们应该明白，其良好的媒体素养是党和政府提高执政能力、改善社会形象、推动媒体素养教育实施的一个至关重要的方面。在当前网络时代，习近平同志在网络安全和信息化工作座谈会上指出，“古人说：‘知屋漏者在宇下，知政失者在草野。’很多网民称自己为‘草根’，那网络就是现在的一个‘草野’。网民来自老百姓，老百姓上了网，民意也就上了网。群众在哪儿，我们的领导干部就要到哪儿去，不然怎么联系群众呢？各级党政机关和领导干部要学会通过网络走群众路线，经常上网看看，潜潜水、聊聊天、发发声，了解群众所思所愿，收集好想法好建议，积极回应网民关切、解疑释惑。善于运用网络了解民意、开展工作，是新形势下领导干部做好工作的基本功。各级干部特别是领导干部一定要不断提高这项本领”[②]。这项本领，其实就是新媒体素养，或者网络素养。各级党和政府官员应该努力提高新媒体素养，应该自觉地重视网络及其所表达的民意，并将网络视作同民众平等对话的渠道。特别是在应急传播过程中，应该好好地珍惜和重视这个渠道。其次，政

① 李克强：如果沿用老办法管制就可能没有今天的微信. http://politics.people.com.cn/n1/2017/0621/c1001-29354494.html[2017-06-21].

② 习近平. 在网络安全和信息化工作座谈会上的讲话. 人民日报，2016-04-26（002）.

府应该加强各级教育部门对媒体素养教育的财政支持力度，逐步将媒体素养教育纳入正规的学校教育体系，让媒体素养教育成为学校素质教育的重要内容，进入课程设置范围。再次，由于到目前为止，还没有就媒体素养教育制定专门的政策法规，我国媒体素养教育缺乏政策导向和保障，我们还可以由政府部门发起并联合相关机构成立专门的媒体素养教育机构或组织，制定具体的、操作性强的媒体素养教育政策和规划，并承担计划实施、教育普及、协调推广等主要工作。最后，在此基础上，政府的教育部门还应当主动牵头撰写和发行有关媒体素养教育教学大纲、课程指南，编写适合老师和媒体素养教育者使用的本地媒体素养教育教材及教科书，定期出版媒体素养教育的专业刊物及举办媒体素养教育师资培训班等。

六、自我教育：重塑主体

现代教育科学研究认为，教育这种培养人的社会活动，是由他人教育和自我教育协同活动构成的。其中，他人教育主要有学校教育、社会教育及家庭教育等形式，它是促进自我教育的基础。在正规的学校教育中，“我们的教育如能引导学生真正掌握自我教育，并对其产生热情，他们便不会停顿下来，而将循此推进，愈加自觉地进行自我修养、自我锻炼、自我学习，使自己的个性全面而和谐地发展，使主体性达到较高的程度，成为合格的社会主体”①。苏联著名教育家苏霍姆林斯基也说过，“只有能够激发学生去进行自我教育的教育，才是真正的教育”②。当然，在当今这个日益媒体化的社会里，在当今这个全民学习化、终身化的社会里，这里的“学生”应该泛指社会所有的公民，并不仅仅只是在校学生。当越来越多、越来越新的媒体以种种符号或数字的形式一再对社会个体所具有的社会特征进行弱化时，当一个个社会成员一再被置于一个无边无形、让我们浑然不觉的媒体世界中时，当“人们的自由多了，自由精神却没了；自我选择多了，主体性却死了；个人主义实现了，个性却消弭了”③的时候，社会公民的媒体接触行为越发需要一种自我导向、自我醒悟、自我约束、自我调整、自我管理、自我实现和自我体验的媒体素养自我教育。因此，媒体素养教育的实施，不是仅仅将有关媒体的知识、道德评判和意识等“灌进等待装载的心理和道德洞穴

① 王道俊，郭文安. 主体教育论. 北京：人民教育出版社，2005：70.
② 苏霍姆林斯基. 给教师的建议. 杜殿坤译. 北京：教育科学出版社，1984：350.
③ 张光芒. 道德嬗变与文学转型. 北京：昆仑出版社，2013：149.

中去”[①]，而是必须正视媒体使用者自我内化和自我教育等主体性因素。与学校教育相比，媒体素养自我教育完全是出自个体内心的强烈愿望，其动机不仅要强于前者，而且其丰富多彩的自我教育形式也要多于前者。如果说学校的媒体素养教育还带些强制的教育色彩的话，那么公民的媒体素养自我教育则完全是一种主动的教育，即社会公民为了摆脱媒体的潜在控制，提高自身的媒体素养水平而主动、积极、努力地学习。因此，从某种意义上说，媒体素养教育过程不只是媒体素养教育者对媒体素养受教育者进行媒体素养教育的过程，更是媒体素养受教育者自主建构“媒体真实”、自觉实现个体媒体素养发展的自我教育过程。从更加深远的意义而言，媒体素养的自我教育是一种对待媒体的人生态度，总是和一个人在接触媒体、发生媒体行为时所表现出的自警、自重、自尊和自强等相联系的，从而彰显出其强烈的自主性、实践性和体验性等特征。总体来看，媒体素养的自我教育，当前主要有自我学习和自我修养两种方式。

媒体素养的自我学习过程其实就是社会公民对媒体素养知识和技能的自我认同、自我选择和自我接受的过程。要加强媒体素养的自我学习，就应该通过各种途径，不断丰富自己的知识结构，尤其是有关媒体的知识、有关媒体素养的知识。只有这样，我们才能理智地处理人-媒关系，合理地分配时间利用媒体信息，从而避免无用的、有害的媒体信息造成的时间的浪费和错误引导。因此，置身于一个媒体化的世界，“你需要做的第一件事就是制定一个提高你的媒体素养的个人策略。制定个人媒体素养策略的目的，是要重获对媒体影响过程的控制权。这并不是说要你放弃对所有信息的自动处理——这是一个不切实际的目标。相反，你的策略应该是逐步提高你对该影响过程的认识，并逐渐对它施加更多的控制”[②]。换句话说，不管是主动还是被动地过上了这种“媒体化生存”的日子，我们所应具有的技能和素养必须得到及时的调整和提升，必须超出传统的听、说、读、写的文字素养范畴，拓展为媒体素养。而这种主要属于个人行为的媒体素养，当然主要是通过个人的自我学习而获得。有鉴于此，詹姆斯·波特（James Potter）提出了提高个人媒体素养的十大策略[③]：

1. 强化个人定位

记住，你的个人定位是你的目标意识（an awareness of your goal）和为实现这

① 赵祥麟，王承绪编译. 杜威教育论著选. 上海：华东师范大学出版社，1981：349.

② Potter W J. Media Literacy. 8th ed. Los Augeles，London，Washingtion ed SAGE Publications，Inc.，2016：647-654.

③ Potter W J. Media Literacy.8th ed. Los Angeles，London，Washington：SAGE Publications，Inc.，2016：647-654.

些目标寻找信息和经验的驱动力（drive energy）的结合。通过两个问题来分析你的个人目标。第一个问题：你的目标有多清晰？如果你的目标是模糊的，那么你可能会四处寻找更好的生活，却又永远找不到它。因此，目标越清晰，越能给你指明方向。第二个问题：这些目标在多大程度上是我的目标？如果你想实现的目标是由其他人如媒体制定的，那么实现这些目标不可能让你感到高兴或满意。一旦你清楚地知道你的目标是什么，你就需要分析你实现目标所需要的驱动力。有了媒体素养，关键的动力就是要花费更多精力在过滤媒体信息上做出更好的决定，然后用自己的标准来分析和评估这些信息，以取代广告商强迫你使用的标准。

我们阅读一本书、听一场演讲、玩一个视频游戏或看一个电视节目，都需要适当的心力（mental effort）。每种媒介都需要不同的心力和认知参与（cognitive engagement）。我们对此都有一定的预期。当某个消息符合我们的预期时，我们通常会在自动状态下继续我们对该媒体的接触。然而，当遇到一个需要费更多心力的信息时，我们可能会知难而退，转而寻找另一个费神较少的信息。这是一种自然的反应，但有时坚持接触挑战性的信息并努力克服这些挑战是有益的。我们付出的心力越大，我们的理解力、学习力和最终能记住的就越高。另外，当你愿意在某些媒体信息中投入更多心力的时候，你就会从中获得更多的价值，并形成一种更强大的视角，从而使你与众不同。

2. 提高媒体接触意识的准确性

你可以定期（譬如一年一次）记录一周的媒体使用情况。通过反复练习，你可以监控你对媒体、媒介渠道和消息的兴趣变化。在此过程中，你可以问自己以下的问题：①我是否扩大了我对不同媒体的接触范围，还是仅仅局限于一、两种媒体类型？②我是否扩大了对不同媒介渠道的接触？如果你过去主要在电视上观看体育和动作/冒险，你现在是不是把你的收看范围扩展到了更广泛的类型？

探索更广泛的网站、新的音乐艺术家、新的电视节目和不同种类的杂志。你不必喜欢所有这些接触到的媒体信息。事实上，你可能会讨厌它们。但是，通过尝试新的媒介渠道，你就有机会获得合适的信息，这些信息比你习惯性的媒体接触得到的信息更好。你可能会发现新的信息，相对于你通常在习惯性的媒体接触模式中得到的信息，你可能会更喜欢这些新发现的信息。如果您不偶尔探索媒体消息的范围，随着时间的推移，你关注的媒体范围就会越来越窄。那么，你提高媒体素养的个人目标究竟是什么呢？思考一下你目前的接触媒体模式达到你个人目标的程度。问问自己：我的媒体接触计划是否可以满足我自己的需要？还是随遇而安，碰到什么媒体就接触什么媒体？如果你习惯于没有个人目标的习惯性接触模式，那么你显然会成为大众媒体的工具。

3. 获得广泛的有用知识

知识的关键在于它有用；获取无用的知识对人没有帮助。这意味着我们必须不断地意识到我们对知识的需求，然后集中精力满足这些需求。在你的一生中，你获得了什么样的、有助于你媒体知识库的支持性经验？如果你的评估揭示了差距，不要让这些缺陷导致你认为自己在某种程度上的不足。相反，要将这种诊断作为一种手段，以指导你通过自己的努力，最大限度地夯实你的知识库。我们所拥有的知识和我们需要更好地了解世界的知识之间总是存在着鸿沟。只有你能缩小你自己的知识鸿沟。围绕某个主题缩小知识鸿沟的方法，只能由你自己控制掌握，因为这种知识鸿沟更多地受到你对某个主题的兴趣的影响，而不是你受到的一般教育水平影响。如果我们对某个话题兴致盎然，我们会从许多不同的媒体和许多不同的来源寻找信息。但是当我们对某个话题索然无味，我们便会任由媒体摆布，任其为我们确定信息的多寡。

4. 检查心理代码

当你形成了一定的媒体接触习惯时，定期问自己为什么你的习惯是这样的。你在多大程度上掌控了你的习惯，以满足你的需要？大众媒体在多大程度上左右了你的习惯，以满足它们的需要？在你考虑这些问题的答案之后，重新思考、规划你的心理代码，以更好地满足你自己的需要。如此这般，你又可以自动地回到日常的媒体接触状态，但是这次心理代码将会遵从你自己的目标而不是媒体的目标。定期通过你的心理代码来判断你当前所持有的信念是否会让你不快乐，因为它们不现实，也不能反映你真正是谁。检查你对生活的目的、友谊的意义、家庭的意义、成功的本质、事业在你生活中的作用、魅力意味着什么，以及浪漫和爱的价值等的信念。

5. 反思自己的观点

问问自己：我的观点是否合理？譬如，虽然人们一般都对电视颇有微词，但他们的批评意见并不一致。在形成你自己的观点之前，你是否系统地收集了有效信息？

6. 改变行为

你的行为在多大程度上与你的信念相吻合？例如，如果你认为社会过于物质化，你是否会尽可能地避免购买过多的物质商品？如果你尽量减少物质消费，那么你的行为就和你的信念匹配。但在物欲横流的社会里，有些人一边不断地抱怨浪费，一边又出去购买大量他们不需要的物品。据调查，82%的美国人认为，大多数人购买和消费的东西远远超出了其需要。67%的人认为，美国人造成了世界上许多环境问题，因为他们消耗的资源比世界上任何其他国家都要多。而且，美国人口尽管不到世界人口的 5%，每年却消耗近 30%的地球资源和服务。具有讽刺意味的是，在美国，个人一般不愿通过减少消费或回收来减少浪费。许多人正在指望政府或其他人来解决他们自身的问题。

改变你的行为，使其与你的信念相吻合，表明你有责任遵循自己的信念，而不是简单地责怪别人，什么也不做，这已成为解决许多社会问题的正确策略。行为改变的第一步，是对你的信念和现有行为之间的匹配进行现实的评估。当你在媒体上看到你不喜欢的东西时，你可以抵制广告商，取消订阅，或写信投诉。当然，这一行动几乎不会对媒体本身产生影响，除非很多人和你一样感同身受，并和你一样身体力行。然而，这不是阻止你做这些事情的理由。通过采取行动，你会给自己带来一种掌控媒体的感觉，这种新的权力感会对你的个人生活产生影响。

7. 思考现实-虚幻连续统

不断地问自己某事的真实程度或虚幻程度，是一个连续统（continuum）。一些信息会很容易知道是虚幻的，如兔宝宝（looney toons）。但另外一些信息可能并不那么明显。它们虽然有一个真实的场景和真实情景，但仍然是虚幻的，如《实习医生格蕾》（*Grey's Anatomy*）或《好汉两个半》（*Two and A Half Men*）。还有一些节目可能有一个虚幻场景，却以真实的方式处理情景，如《星际旅行》（*Star Trek*）。在媒体中区分现实和虚幻通常是一项艰巨的任务，需要你思考信息的许多不同特性。你必须分析思考，把相关信息分解成不同的组成部分，然后评估哪些是现实的，哪些是虚幻的。不要试图将信息归类为简单的真实或虚幻；媒体消息通常包含这两个方面的要素。

当电视上有这么多所谓的真人秀节目时，我们要意识到虚幻-现实连续统的重要性。虽然所有这些节目都有现实元素，但它们也包含许多虚幻元素。这些真人秀节目成分复杂多样，使得它们比一些虚构节目更不真实。其实，以真实为标签的节目和以虚幻为标签的节目之间的界限并不是那么清晰明显。因此，我们要小心接受有关消息的简单标签。重要的是要知道你什么时候接触虚幻信息，这样你就可以以不同方式对其进行处理了。如果你没有足够的分析能力，许多嵌入虚幻的消息可能会显得很真实。不要因为虚幻元素无法应用于现实世界就对其避而远之。我们享受媒体之乐之时，虚幻内容也有其用武之地。虚幻信息可以是非常有趣的，因为他们富有想象力或幽默感，还能激发我们的创造性思维。但是，我们也必须认识到，虚幻只是激发想象力的工具，而不能成为模仿的榜样。

8. 熟练设计消息

现在，许多媒体为你提供了创建你自己的信息的机会。最好的例子是，当你创建一个脸书账号时，你必须设计你自己的页面，并且要不断地对其更新。你的脸书网页面和你朋友的页面相比如何？设计得美观吗？你的照片和图片有文字吗？人们想访问你的页面只是为了看看它是否设计的好吗？从个人信息的角度来看，你的脸书网页面设计得如何？你决定透露关于你自己的什么事情？你主页上的信息会如何影响你的朋友、你的父母、未来的雇主？

9. 不要对隐私不以为然

在过去的几代人中，个人对媒体的使用是相对个人的私事。然而，今天你的媒体接触被仔细地追踪，信息被卖给广告商或者其他对你的媒体使用习惯感兴趣的人。当你在自己的网页、博客或推特上发布信息的时候，你最初对谁会看到你的信息有一定的控制权。但你很快就会失去这种控制，因为网页服务器、Web 浏览器、博主或互联网服务供应商可以复制、重新打包你的信息，然后再贩卖给其他的互联网用户。一旦你的信息以数字的形式发送出去，它就可以不断地复制、存储和分发给任何人。因此，在你把一条信息数字化并把它放在网上之前，想想所有能读到这个信息的潜在观众——营销者、雇主、朋友、未来的配偶、孩子、父母、政府官员，等等。想一想，你在这些观众中会产生什么样的印象？

10. 承担个人责任

这可能是最难做的。美国人喜欢责备别人，因为这让他们觉得问题出在别处，应当由他人解决。例如，让我们考虑一下吃得过多的问题。美国医学会（American Medical Association）告诉我们，1/3 的美国人肥胖，另外 1/3 的人超重。这似乎是一个个人的问题，但大多数人依然我行我素，吃得太多，锻炼得太少。

他们等待政府采取措施。2006年，美国16个州对公立学校的垃圾食品销售实行了限制，这些限制对控制体重增加似乎有效。在对40个州的6300所公立学校的儿童进行的一项研究中也发现，五年级到八年级的孩子们，如果生活在有严格法律规定的州，与没有法律规定禁止出售零食的学校相比，其体重明显减少了。这是一个好消息，但我们需要问自己，我们的意志是否太薄弱，以至于需要政府在我们减少消费某些有害物品之前就对其禁止。很多人都那么脆弱。你是他们中的一员吗？一旦你在一个网页上发布了一篇博文或一条信息，它就可以被跟踪并被出售给任何对你的媒体使用习惯感兴趣的人。你知道吗？

詹姆斯·波特从个人定位、媒体接触意识、有用知识的获得、心理代码检查、观点反思、言行一致、现实-虚幻辨析、消息设计、善待隐私、责任承担等十个方面，虽然初衷是针对美国公民，但也为世界各国公民养成良好的媒体接触习惯，提高其媒体素养提供了一些很有针对性、实践性和可操作性的策略指南，这对我国公民通过自我学习、自我修养、自我帮助，提升其自身媒体素养，也有重要的借鉴和启发意义。其实，中国古代也非常重视个人修养的培养，我们耳熟能详的改过迁善、反求诸已和慎独，无不提倡个体主动地净化自己的灵魂和修炼自己的德行。“自我审视”一词并不是一个新词，国内外早有学者提出该概念。我国思想家、教育家孔子曾说过“见贤思齐焉，见不贤而内自省也”，曾子也认为“吾日三省吾身：为人谋而不忠乎？与朋友交而不信乎？传不习乎”。从本质上讲，修养是道德主体的自我道德教育，而媒体素养也往往是人们在与媒体单独打交道时所具备的素质和修养。因此，媒体素养教育的自我修养，应该是以社会公民个体对待媒体的态度、媒体意识和媒体伦理道德为基本内容的修养活动，其具体形式主要有媒体自省、媒体克己和媒体慎独等。

其中，媒体自省是指进行媒体素养自我修养的主体具有自省自讼的媒体自我批判意识、改过迁善的自我媒体行为。在当前复杂的媒体环境中，我国公民应该高度重视其自我意识、公民意识，以及其媒体参与判断、选择的意识，要清楚自己应该什么时候接触媒体，接触什么媒体，接触多长时间，并付诸实践。媒体自省主要是对自己的业已发生的媒体行为的衡量、反省，自讼是对自己的不道德、不健康媒体行为的自责。在此基础上，再改过迁善，即对自己的媒体行为不足表现出追悔和觉醒的诚意，并且要知错能改。媒体克己是指面对不良的媒体诱惑，能够自我约束，自我克制。在面对信息泛滥的环境时，在大多数人“抵御信息泛滥的防线崩溃了”[①]的时候，还能真正做到“非礼勿视，非礼勿听，非礼勿言，非礼勿动”。这里所谓的“礼”，可以理解为人们公认的媒体伦理道德规范和媒体的核心价值体系。我们只有自觉遵守媒体的伦理道德规范和核心价值体系，才能坚定自身的媒体立场和信念，形成内在的防御系统，自觉抵制媒体不良的影响。要知道，在一个媒体信息多元化的社会里，受众所具有的高度的媒体素养，其实就是“最坚固的防火墙、最有效的筛选网、最强大的杀毒软件”[②]。慎独则是指在完全没有外在监控和压力的情况下，能够保持自己的媒体伦理道德自觉，能够按照媒体伦理规范行事。毕竟，由于当前网络等新媒体的广泛开放性、参与性，不用说是缺乏自制力的青少年儿童，就是成年人，一旦以某个正当目的（或借口）上网，也很少有目不斜视、直奔主题的，多数人会顺便在 QQ、微博、微信、新闻头条等上面溜达、闲逛几分钟甚或几个小时。由此看来，在这个媒体接触的因果链条中，媒体意识固然重要，但关键还是行动，即要有健康、有效的媒体意志和行动。古人云：积行成习，积习成性，积性成命。即使当你独身一个时，也不要说坏话或做坏事，而要学得在你自己面前比在别人面前更知耻。”[③]这种知耻的精神，其实就是一种素养、一种修养，也是一种信息时代的媒体道德境界。在当前这个媒体化生存的世界里，这句话完全可以套用为：“要当心，即使当你独自上网时，也不要长时间地沉溺于不健康信息，而要学得在你自己单独上网比在别人监督面前更知耻。”因为一个人独处，实际上是给自己提供了一个没有外在指导、监督的环境，这个时候自身的不健康思想很容易滋生，不健康的媒体行为也很容易触发，“是故君子戒慎乎不睹，恐惧乎其所不闻，莫见乎隐，莫显乎微，是故君子慎其独也”[④]。因此，慎独是高度的媒体道德自觉，不仅是一种有效的媒体素养自我修养的方法，也是一项重要的检验媒体素养境界的尺标。

当然，媒体的慎独也应该与其反省、克己等方法配合使用；在一个人独自与媒体相伴时，只有不断反省自身的不良媒体行为，克服自己内在的不健康媒体意识，才能达到慎独的境界。其实，对于媒体素养来说，其最高境界是对媒体信息具有独立自主选择的意识和能力，这突出表现为对自我媒体行为的超越和对社会现存媒体的超越两个方面。“其中，对自我的超越，也就是媒体素养教育主体不满足于现有的媒体行为，而是通过各种主体媒体认识活动和实践活动提升媒体自

① 波斯曼. 技术垄断：文化向技术投降. 何道宽译. 北京：北京大学出版社，2007：45.
② 陈先元. 大众传媒素养论. 上海：上海交通大学出版社，2005：42.
③ 北京大学外国哲学史教研室. 古希腊罗马哲学. 北京：商务印书馆，1961：149.
④ 朱熹. 四书章句集注. 北京：中华书局，1983：26.

主意识，其表现为：第一，形成和不断提升媒体需要。第二，媒体素养结构的不断发展、不断完善、不断超越。对社会现存媒体超越，亦即对媒体内容的‘理解’，是媒体素养教育主体从‘媒体文本’出发，借助想象，体验、直觉、移情等，进入‘媒体文本’的精神世界，达到自我认识和自我理解。”[①]本质上，媒体的独立自主是一种自由选择，它应该是媒体素养教育的基本方向。但是，媒体素养教育主体的媒体行为选择自由并不是绝对的自由，而只能是相对的自由：“如果他要进行选择，他也总是必须在他的生活范围里面，在绝不由他的独立性所造成的一定的事物中间去进行选择的。”[②]由此可见，媒体行为中的慎独、反省和克己正是我们走向媒体自由的重要条件，从某种意义上说，也是媒体自由的重要形式。

综上所述，媒体素养教育在我国是一项需要全社会都动员起来的、庞大的系统工程，无论学校、家庭、政府、媒体、民间团体以及教育科研等相关部门，还是社会公民个人，都应该自觉参与其中并承担各自的责任。我们只有以政府政策支持为后盾，以学校教育为主体，以家庭教育、社会教育和一些方方面面的力量为其重要的辅助形式，只有通过多部门、多阶层、多渠道、多角度、多面向的齐心协力的推动，我国的媒体素养教育才有可能最终发展成为“教育对象全面化、教育内容梯度化、教育主体社会化、教育手段多样化、教育过程终身化”的教育事业。归根结底，在当前这个媒体化生存的世界里，媒体素养从根本上是一种调试、促使人—媒关系更加和谐的素养。媒体素养教育中“人”的因素、“社会公民”的因素至关重要；“人”才是媒体素养教育的根本和内因，也才是媒体素养教育的出发点和归宿。关于人—媒关系和媒体对人的影响，詹姆斯·波特（James Potter）有一个形象的比喻[③]：

> 在许多方面，媒体效应（media effects）就像天气一样。天气无处不在，无时不有，千变万化。它有时使你冷得发抖，有时令你浑身湿漉，有时又会让你酷热难耐、遍体晒斑。天气很难准确预测，因为影响天气的因素太多，而且相互之间的影响又非常复杂。当前，基于高度复杂的模型，超级计算机可用于综合处理所有这些因素。这有助于在更广泛的层面上提高天气预报的准确率，也就是说，它们能预告本年度的降雨量和特定地区的晴天天数。但

① 王帆. 教育技术学视野中的媒介素养教育研究. 南京：南京师范大学，2009：131.

② 中共中央马克思恩格斯列宁斯大林著作编译局. 马克思恩格斯全集（第3卷）. 北京：人民出版社，1960：355.

③ Potter W J. Media Literacy（8th edition）. Los Angeles，London，Washington DC：SAGE Publications，Inc.，2016：633.

> 是他们不能准确地告诉我们谁在哪天会淋湿。虽然气象局无法控制天气，但作为个人，我们可以掌控天气对我们的影响。我们可以带上雨伞，使用防晒霜，或者远离我们不喜欢的东西。我们也可以走到室外去拥抱美好的一天。
>
> 像天气一样，媒体也总是围绕在我们周围，无处不在。同样，像天气一样，媒体的影响很难预测的，因为解释媒体影响的因素很多，而且这些因素之间的相互作用也是非常复杂的。我们使用功能强大的计算机来检查大量的变量，以便做出这样的预测，我们已经学到了很多关于媒体效应的知识。我们知道，某些类型的信息通常会导致某些类型的意见和行为，但我们不能精确地预测谁的观点或行为会改变。作为个人，我们没有太多的权力来控制媒体，但是我们有很大的权力（如果我们使用它）来掌控媒体对我们的影响。要知道如何使用这种力量，我们必须深谙媒体的影响。
>
> 天气和媒体对我们的影响也有着重要的区别。天气变化莫测，我们对此深谙于心，并知道什么时候发生。区分雨、雾和雪是很容易的，因为伴随它们的发生都有许多确凿的证据。但是媒体的影响，往往是很难察觉的，直到有人指出才变得更容易被发现。我们需要训练自己能够发现媒体效应的表现特征（manifestations）——正面的和负面的。我们还需要注意的是，除了显性效应（manifested effects）外，还有过程效应。

詹姆斯·波特的这个比喻浅显易懂，也十分贴切。它形象地描绘了在当今大众传播时代，媒体为我们所塑造的一种全新的生活环境，也让我们真切地感受到媒体与人的密切关系：就像我们一刻也不能挣脱天气的影响一样，我们任何时候、任何地方也都摆脱不了媒体对我们的影响。更重要的是，它让我们不得不思考如何识读媒体这个重要的问题，即如何和媒体打交道的问题；同时，它也无比鲜明地指出，在人—媒关系中，“人”绝对应该掌握主动权，而不能任由媒体的摆布而沦为媒体的奴隶。对于大众媒体来说，我们当然希望它总是“和煦的春风”“温暖的阳光”，但天往往不遂人愿，恐怕很多时候是“雷鸣电闪”和“风雨交加”。媒体中自有很多有价值的、正面的信息，但负面的、毫无价值的信息也比比皆是；正可谓“五色可以乱目，也可以醒目；五音可以惑耳，也可以震耳”[①]。也许我们无法改变媒体，但我们却可以武装自己，那就是：绝不作被动的“受”众，而是要直面现实，批判性地把握媒体，使之为我所用。另外，“媒体素养最好被视为一个连续统，就像温度计一样，是有度数的。我们都在媒体素

---

① 麦克卢汉. 理解媒介. 何道宽译. 北京：商务印书馆，2000：426.

养连续统上占据某个位置。不存在一个最低点，我们不可以说某人一点媒体素养都没有；我们也不可以说某人的媒体素养满分，因为总有提升的余地。基于对媒体的整体看法，人们沿着这一连续统定位。一个人视野的开阔，取决于其知识结构的数量和质量。知识结构的质量又取决于一个人的技能和经验水平。因为人们在技能和经验上有很大的不同，所以他们在知识结构的数量和质量上也会有所不同。因此，人们的媒体素养水平千差万别。媒体素养水平较低的人看待媒体的视角狭窄。其视角受到信息量低、缺乏组织的知识结构支配。因此，媒体素养较低的人对媒体的理解能力较差，无法领略媒体的美妙优势，并保护自己不受其危险的威胁。这些人也习惯于不太情愿使用他们的技能，这些技能尚不发达，因此很难成功地驾驭”[①]。从个人的角度看，我们当然都不愿意自己的媒体素养在“刻度”上的度数过低，否则我们只会在媒体的汪洋大海中不断的迷失、沉沦，只会在媒体的统治中永远无法解放出来；也无法“从统治着的主体中解放出来，解放到存在的深厚与宽广中，回到内在的世界”[②]。只有当我们拥有了真正的媒体素养，只有当我们有了充分的媒体素养知识、技能和经验，只有当我们在媒体素养“刻度”上的度数尽可能高的时候，我们才会以开阔的媒体视角，从被媒体统治着的世界中解放出来，成为媒体化社会中会思考、会分析、会判断、会决策、会选择、会沟通的数字“媒体人”，才会自如地分析、阐释、运用、近用、善用和乐用媒体，使自己不断地延伸、延伸……

① Potter W J. Media Literacy. 8th Ed. Los Angles，London，Washington DC：SAGE Publications，Inc.，2016：95.

② 孙周兴. 海德格尔选集（下卷）. 上海：上海三联书店，1999：947.

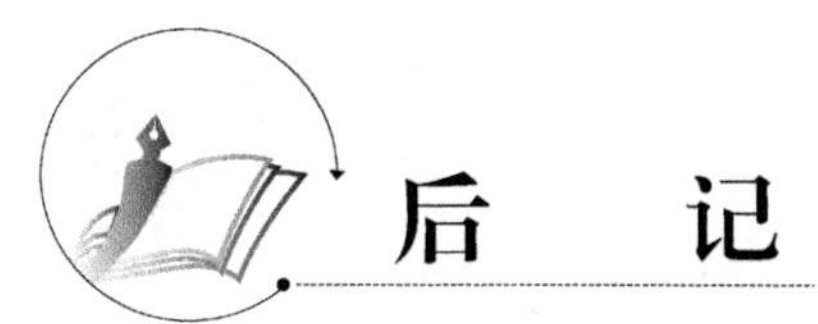

后　记

本书是在我的博士学位论文的基础上完成的。论文的开题、撰写、答辩和修改出版始终得到了导师涂艳国先生的亲切关怀和悉心指导。在此对涂先生致以崇高的敬意！

本书也获得了江汉大学武汉市重点学科“教育学”建设项目（项目编号：2014JYX006）的资助。江汉大学教育学院孔晓东教授对本书的写作、出版给予了大力支持和协助。科学出版社的编辑袁玲、崔文燕、王丽娟为本书的编辑、出版花费了大量心力。在此一并向他们表示由衷的感谢！

同时，作为湖北省第六批“博士服务团”中的一员，本人得到了团风县广播电影电视局局长孙黄东先生和各位亲爱同事们的无私帮助。挂职服务期间，他们为我提供的宽松研究平台、工作环境和便利的生活条件，为本书的顺利、及时完稿提供了有力的保障。在此也向他们表示衷心的感谢！

最后，向对本书的写作提供了重要启发、指导、帮助和文献引用、参考作用的教育、新闻传播、教育技术、媒体素养和文化研究等领域内的中外学术前辈、学术同行表示衷心的感谢！由于作者水平有限，书中不妥之处在所难免，也恳请并真诚感谢广大读者批评指正！

李廷军

2018年5月9日